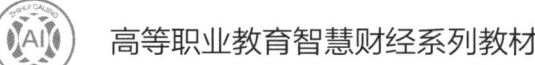
高等职业教育智慧财经系列教材

U0771921

智能化成本核算与管理

ZHINENGHUA CHENGBEN HESUAN YU GUANLI

主　编　季学芳　徐　婧　鲁学生

副主编　涂霜霜　何秀秀

新形态
教材

本书另配：教学课件
　　　　　教　案
　　　　　课程标准
　　　　　习题答案

中国教育出版传媒集团
高等教育出版社·北京

内容提要

本书是高等职业教育智慧财经系列教材之一。

本书主要内容包括认知成本会计基本原理、确定产品成本计算方法、归集和分配要素费用、归集和分配辅助生产费用、归集和分配制造费用、归集和分配生产费用、运用分批法计算产品成本、运用分步法计算产品成本、编制和分析成本报表、运用和拓展成本核算十个项目。为利教便学,部分学习资源(如实操视频)以二维码形式提供在相关内容旁,读者可扫码观看。此外,本书另配有教学课件等教学资源,供教师教学使用。

本书既可作为高等职业本科院校、高等职业专科院校财务会计类专业教学用书,也可作为在职会计人员培训及企业管理人员的参考用书。

图书在版编目(CIP)数据

智能化成本核算与管理 / 季学芳,徐婧,鲁学生主编.-- 北京 : 高等教育出版社,2024.9(2025.7重印).-- ISBN 978-7-04-062455-7

Ⅰ. F231.2-39

中国国家版本馆 CIP 数据核字第 2024WM2732 号

策划编辑	毕颖娟	刘智豪	**责任编辑**	刘智豪	毕颖娟	**封面设计** 张文豪	**责任印制** 高忠富

出版发行	高等教育出版社	**网　　址**	http://www.hep.edu.cn	
社　　址	北京市西城区德外大街4号		http://www.hep.com.cn	
邮政编码	100120	**网上订购**	http://www.hepmall.com.cn	
印　　刷	上海盛通时代印刷有限公司		http://www.hepmall.com	
开　　本	787mm×1092mm　1/16		http://www.hepmall.cn	
印　　张	18			
字　　数	416 千字	**版　　次**	2024 年 9 月第 1 版	
购书热线	010-58581118	**印　　次**	2025 年 7 月第 2 次印刷	
咨询电话	400-810-0598	**定　　价**	39.00 元	

本书如有缺页、倒页、脱页等质量问题,请到所购图书销售部门联系调换

版权所有　侵权必究

物　料　号　62455-00

前　言

本书是高等职业教育智慧财经系列教材之一。

本书以职业技能为导向,对成本会计各岗位的核算职责及要求进行介绍,让学生对成本核算体系有一个基本的认识,有利于专业知识的学习及技能的培养。在此基础上,结合初级会计职称考试,以电算化相关内容充实教材体系,兼顾企业实际要求及职业发展趋势,满足高素质会计人才培养的要求。

通过对以往成本会计课程教学情况的总结,本书在保留成本会计原有知识体系的基础上进行了调整,与企业合作进行基于工作过程的课程开发与设计,符合现代职业教育理念的成本会计教学需要。本书在编写过程中,坚持基础理论够用、应用能力为主、注重素质教育、完善实训体系、培养职业道德等编写理念。本书具有如下特点:

1. 立德树人,融入课程思政

党的二十大报告明确提出"育人的根本在于立德"。本书全面贯彻党的二十大精神,落实立德树人根本任务,贴切融入课程思政内容,将价值塑造、知识传授和能力培养三者融为一体,突出正确的价值导向。在学习目标中设"素养目标",在每个项目中设【素养园地】模块,提炼思政元素,加强思政教育。

2. 以"能力本位"作为编写理念

本书以职业技能为导向,按照"任务引领"的指导思想进行整体规划,紧紧围绕成本会计核算工作任务的需要,按照我国企业实际会计工作程序设计学习项目与任务,并辅以具体习题和实训,培养学生的综合职业能力;另考虑到部分院校对学生参赛能力培养的需求,本书例题尤其是品种法相关例题,充分融合了国赛试题编写,以期提升学生对大赛试题的掌握程度。

3. 采用"任务式教学"编写体例

本书共包括十个项目,为便于学生理解和掌握所学知识,巩固并增强专业实践能力,每个项目设计了【学习导入】【任务提出】【理论学习】【任务解答】【知识拓展】【素养园地】

【练习巩固】【项目总结】多个模块。开篇以学习导入吸引学生兴趣；接着用思考题作为任务提出，引导学生思考；然后通过理论学习、任务解答对开篇任务进行解答；并通过知识拓展和素养园地加深理解；最后进行练习巩固并自我总结和评价，从而形成完整的学习体系。以往教材大多采用理论教学与实务训练分开的教学模式，本书将其合二为一，帮助学生建立成本核算思维，以职业能力培养为导向，融合理论与实践，培养学生的综合能力。

4. 注重与现代化手段结合

为适应企业现代化管理的需要，本书在相关项目中增设了运用 Excel 处理成本会计方法的详细介绍，与成本岗位职业能力需求更加贴合。

5. 体现最新会计改革相关文件精神

本书以《企业产品成本核算制度（试行）》、现行企业会计准则和其他相关最新制度文件规定为依据进行编写，适应时代的发展和经济业务实际的变化。

除此之外，本书的创新点还有：大赛融合；会计视角与审计视角的切换；环境成本的介绍；商业企业与服务业企业成本的补充；将 FMS 弹性制造系统、大数据处理、财务机器人、Python 软件运用等行业发展最新趋势作为知识拓展，完善学生知识架构。

本书既可作为高等职业本科院校、高等职业专科院校财务会计类专业教学用书，也可作为相关行业在职人员继续教育和业务培训用书。

本书由安徽商贸职业技术学院季学芳、徐婧和鲁学生任主编，江苏商贸职业学院涂霜霜、安徽商贸职业技术学院何秀秀为副主编，参与编写的人员还有浙江经济职业技术学院谢冰，安徽商贸职业技术学院的张之君、凤麟，新道科技股份有限公司任子宜。具体编写分工如下：季学芳拟定全书架构和内容要点，编写项目十，并负责全书的总纂定稿工作；徐婧编写项目九和附录一、附录二，并负责全书的审核与修改工作；鲁学生编写全书的【素养园地】；涂霜霜编写项目四、项目五；何秀秀编写项目六；谢冰编写项目八；张之君编写项目三、项目七；凤麟编写项目一、项目二；任子宜编写部分任务实训题，并提供了大量的资料和建议。

在本书的编写过程中，得到了哥伦布数字科技（深圳）有限公司、新道科技股份有限公司和芜湖市会计师事务所的大力支持，尤其是哥伦布数字科技（深圳）有限公司为本书提供了宝贵的实务资料和行业前瞻性意见。各支持单位在编写过程中积极参与、群策群力，在此表示深深的谢意。

限于作者的理论水平和实践经验，错漏之处在所难免，恳请广大读者不吝指教。

编　者

2024 年 9 月

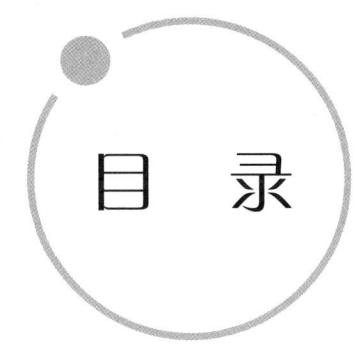

目　录

资源导航

知识详解

操作示范

项目一

认知成本会计基本原理

 学习目标

知识目标：

1. 了解成本的含义，理解成本会计的核算对象；
2. 掌握要素费用和成本项目的含义和内容；
3. 掌握成本核算的作用和基本要求；
4. 了解成本会计的职能。

技能目标：

1. 能够对成本费用进行分类；
2. 能够正确划分费用界限；
3. 能够描述成本核算的一般程序。

素养目标：

1. 培养开源节流的意识；
2. 具备成本意识，形成成本控制的思维方式。

随着我国市场经济的蓬勃发展，工业制造业企业（以下简称工业企业）作为我国经济发展中的重要组成部分，越来越受到重视。成本是工业企业持续发展的关键，成本管理可以使企业有效控制成本，为企业带来更高的经济效益，从而进一步提高企业的核心竞争力。在智能化的发展趋势下，中国的制造业面临着全面升级转型，这就对成本管理的理念和成本核算的方式提出了新的要求。

任务一　了解成本的内涵

任务提出

2023年4月彩虹公司发生以下经济业务：

（1）生产车间生产产品领用材料200万元；

（2）分配本月工资100万元，其中生产工人工资30万元，车间管理人员工资20万元，行政管理人员工资25万元，销售人员工资25万元；

（3）计提生产车间机器设备的折旧费用20万元；

（4）公司总经理报销出差费用1万元；

（5）支付当月广告费用5万元。

要求：请区分上述支出，指出哪些应计入产品成本。

理论学习

一、成本的含义和内容

（一）成本的含义

1. 马克思《资本论》中的论述

马克思在《资本论》中指出："按照资本主义方式生产的每一个商品W的价值，用公式来表示为W＝C＋V＋M。如果我们从这个产品价值中减去剩余价值M，那么在商品中剩下的只是一个生产要素上耗费的资本价值（C＋V）的等价物或补偿价值……商品价值的这个部分，即补偿所消耗的生产资料价格和所使用的劳动力价格的部分，只是补偿商品使资本家自身耗费的东西，所以，对资本家来说，这就是商品的成本价格。"根据马克思的观点，产品成本指的是商品价值中C＋V的部分。

知识详解：成本会计课程导入

2. 美国会计学会的定义

美国会计学会所属的成本概念与标准委员会于1951年提出："成本是为了达到特定目的而发生的或应该发生的价值牺牲，它可以用货币单位加以衡量。"即成本是指企业制造产品、取得存货、销售商品、对外投资以及各项管理活动中耗费的能以货币计量的各项资源。

3. 成本的会计表述

制造业企业按照会计分期假设和权责发生制原则要求所确定的应当属于一定种类和数量的产品的生产耗费，即对象化的生产耗费，才构成产品成本。用会计语言表达就是：特定的会计主体为了达到一定的目的或目标而发生的可以用货币计量的代价。为此，通常将产品成本定义为：生产者为生产一定种类和数量的产品所消耗而又必须补偿的物化劳动和活劳动中必要劳动的货币表现。

（二）产品成本开支范围

成本开支范围的规定是财务制度的重要组成部分，直接影响企业生产经营活动耗费的补偿和利润的多少，对加强成本管理，正确评价企业经济效益，保证企业生产的顺利进行有着重要意义。根据《企业产品成本核算制度（试行）》《企业财务通则》和企业会计准则等的有关规定，产品成本开支范围主要包括：

（1）为制造产品而消耗的材料费用。

（2）为制造产品而耗费的动力费用。

（3）支付给生产车间人员的职工薪酬。

（4）生产用固定资产的折旧费、租赁费、修理费和周转材料的摊销费用。

（5）废品损失以及季节性和修理期间的停工损失。

（6）为组织和管理生产而支付的有关费用等。

二、成本的作用

在市场经济环境下，成本在企业经营管理活动中的作用主要体现在以下四个方面。

（一）成本是补偿生产耗费的尺度

企业产品生产过程也是物化劳动和活劳动的耗费过程，对于再生产过程中的生产耗费，必须按照成本数据得到相应的补偿，才能维持企业再生产的顺利进行。产品成本就是衡量生产耗费补偿份额的标准，按照成本这个标准补偿生产过程中的耗费，是企业维持简单再生产的基础条件，也是进行扩大再生产的起点。同时在商品价格不变的前提下，成本越低，企业的利润就越多，企业为社会和自身发展创造的财富就越多；反之，则相反。所以成本作为补偿生产耗费的尺度，对于促进企业加强成本管理，降低生产耗费，取得最大的经济效益有着重要的意义。

（二）成本是制定产品价格的重要依据

产品价格是产品价值的货币表现，由于准确确定产品的价值是一项比较困难的工作，在生产实践中，只能通过计算产品成本间接地、相对地反映产品的价值，因此，成本为确定近似的产品价值提供了可靠的依据。产品的价格是以产品的价值为基础，结合市场供求关系、国家价格政策、企业的盈利水平等因素决定的。需要说明的是，作为制定产品价格依据的成本，不是指一个企业的个别成本，而往往是由社会成本或部门平均成本水平确定的，产品价格应以社会成本或部门平均成本为基础再加上一定的社会平均利润所形成，以便使大多数企业的生产耗费能得到补偿并有所获利。可见在同等情况下，如果一个企业采取成本领先战略，将成本尽可能地降低，就越能占据主动，在激烈的市场竞争中立于不败之地。

（三）成本是反映企业管理水平的综合指标

成本作为一项经济指标，企业生产经营管理各方面工作的好坏都会直接或间接地在成本上反映出来，因此可以用成本来评价企业在生产经营管理中的研发、材料供应、生产管理、产品销售、财务管理等方面的工作业绩。也就是说，成本的高低最终体现着企业全部工作的好坏。通过成本这个指标，可以对企业一定时期的工作业绩进行正确评价，促使企业努力改进管理，降低成本，提高经济效益。

（四）成本是企业进行生产经营预测、决策的重要依据

现代企业在市场经济环境下的竞争越来越激烈，企业要想立于不败之地，就必须在生产经营过程中进行正确的预测、决策，企业生产经营决策的正确与否，直接影响企业的生存与发展，而这些都离不开对成本信息的分析。在进行生产经营决策时，需要考虑的因素很多，成本是一项很重要的因素，因为在价格等因素一定的情况下，成本的高低直接影响着企业的盈利水平，而较低的成本可以提升企业的竞争力，使企业在激烈的市场竞争中处于有利地位。因此，成本作为重要的数据资料对企业经营预测、决策具有不可或缺的依据。

三、成本会计的含义和对象

现代会计两大分支为财务会计和管理会计，成本会计是管理会计的一个分支（也有观点认为是财务会计的一个分支），它是以货币为主要计量单位，全面、系统、连续、综合地核算和监督企业生产经营过程中耗费情况的一项经济管理活动。成本会计作为一种管理经济的手段，是商品生产发展到一定阶段的产物。由于成本会计兼具财务会计的会计核算职能和管理会计的决策控制职能，现在也渐渐延伸出了"成本管理会计"的分支。

成本会计的对象是指成本会计核算和监督的内容。在工业企业中，由于成本会计研究的主要是企业为生产产品而发生的成本，即产品生产成本，所以成本会计的对象主要是指产品成本。需要指出的是，在产品生产经营过程中，除了发生生产耗费外，还会发生筹资耗费、管理耗费和销售耗费，即财务费用、管理费用和销售费用。由于这些费用的支出大多按时期发生，难以按产品归集，因此，一般将它们作为期间费用直接计入当期损益，而不作为产品成本的构成内容。但这些费用的发生与企业生产经营活动密切相关，为了促使企业更好地降低耗费，增加盈利，所以将它们连同产品成本都作为成本会计的对象。由此可见，工业企业成本会计对象是指企业生产经营过程中发生的产品生产成本和期间费用。简称"成本"和"费用"。

📖　任务解答

本任务中计入产品成本的支出包括：生产车间生产产品领用的材料，生产工人和车间管理人员的工资，生产车间机器设备计提的折旧。其他支出都应计入当期损益。

任务二　熟悉成本费用的分类

📝　任务提出

彩虹公司 2023 年 5 月发生以下成本费用：

（1）生产产品领用直接材料成本；

（2）生产产品的工人工资；

（3）生产车间管理人员的工资；

（4）销售机构相关的固定资产修理费用。

思考：以上成本费用涉及哪一项成本费用界限的划分？

 **理论学习**

一、费用的分类

工业企业在生产经营过程中的耗费是多种多样的。为了科学地进行成本管理，正确计算产品成本和期间费用，需要对种类繁多的费用进行合理分类。费用可以按不同的标准分类，如按经济内容分类会形成要素费用；按经济用途分类则形成生产费用和期间费用等。

二、正确划分各项费用的界限

（一）正确划分经营性支出与非经营性支出的界限

企业在生产过程中会发生各种各样的支出，在成本核算时对支出的划分显得至关重要，直接影响着企业产品成本计算的准确性。按照支出与生产经营的关系划分，可以将支出划分为经营性支出与非经营性支出。企业日常经营生产过程中的支出属于经营性支出，比如用于产品生产和销售、用于组织和管理生产经营活动，以及为筹集生产经营资金所发生的各种支出，这些支出应计入产品成本或期间费用。而对于资本性支出、投资性支出、营业外支出以及利润分配支出等均不应计入成本、费用。

（二）正确划分各期费用的界限

会计核算当中的持续经营假设与会计分期假设不仅适用于财务会计，在成本会计中同样适用。由于企业的经营是持续不断的，而产品的成本与利润一般都是按月进行计算的。所以要正确划分各期间的产品成本及期间费用。划分的原则就是按照权责发生制，坚决防止任意调节各期产品成本的错误做法。凡是由本期产品负担的生产成本和期间费用，均在本月入账；凡是由本期和以后各期受益的费用，要在受益期间进行摊销。只有正确划分各期的费用界限，才能准确进行各期的费用核算，才能准确反映各期间的利润水平。

（三）正确划分产品生产成本与期间费用的界限

企业发生的各种经营性支出，并非全部计入产品生产成本。具体的划分标准是：用于产品生产的原材料、直接人工和相关的制造费用划分为产品生产成本；用于组织和管理生产经营活动、产品销售、资金筹集而发生的费用划分为期间费用。正确划分企业产品生产成本与期间费用不仅影响企业对产品成本的核算而且影响企业利润的核算。根据税法规定，期间费用可以全额税前扣除，而生产费用只有在完工产品销售出去才会在税前扣除。关于哪些费用应计入产品成本，哪些费用不能计入产品成本，国家都有明确规定，企业必须严格遵守。多计成本会减少企业利润和国家财政收入；少计成本则会虚增企业利润，超额分配，使企业生产耗费得不到应有的补偿，影响再生产的顺利进行。

（四）正确划分各种产品费用的界限

随着科学技术的进步以及产业化的发展，只生产单一产品的企业越来越少，大部分的企业都会生产两种或者两种以上的产品。为了正确核算产品的成本,以及评估每种产品的成本费用,这就需要企业单独核算各种产品的成本。属于某种产品单独发生的费用,属于直接生产费用,直接计入该种产品的生产成本;属于多种产品共同负担的费用,属于间接发生的费用,则应选择适当的分配标准,采用适当的分配方法,分别计入各种产品的生产成本。在划分产品费用时企业应遵循实事求是的原则,不能随意调整产品成本,弄虚作假,不得任意抬高某种产品成本而压低其他产品成本,应特别注意可比产品与不可比产品之间、盈利产品与亏损产品之间任意增减生产费用、以盈补亏、弄虚作假的错误做法,以保证各种产品成本的真实性。

(五) 正确划分完工产品和月末在产品费用的界限

会计核算期末,如果某种产品已全部完工,这种产品成本明细账上所归集的各项生产费用之和就是该种完工产品的总成本;如果某种产品都未完工,这种产品所归集的生产费用之和就是该种产品的月末在产品成本。而更多的情况是,在每个会计期末,企业中可能存在部分产品完工,部分产品尚未完工,这时这种产品成本明细账上所归集的生产费用就应采用适当的分配方法在完工产品与在产品之间进行分配,划清两者之间的费用界限,以计算完工产品成本和在产品成本。

综上所述,费用界限的划分过程,也就是产品成本计算的过程,费用界限的划分是否正确,直接决定了产品成本计算结果的正确性。

 **任务解答**

若想正确核算成本,应该对成本费用的界限作如下划分:

(1) 正确划分经营性支出与非经营性支出的界限;

(2) 正确划分各期费用的界限;

(3) 正确划分产品生产成本与期间费用的界限;

(4) 正确划分各种产品费用的界限;

(5) 正确划分完工产品和月末在产品费用的界限。

本任务中成本费用界限的划分涉及其中第 3 条。生产产品领用直接材料成本、生产产品的工人工资、生产车间管理人员工资属于生产费用;销售机构相关的固定资产修理费用计入销售费用,属于期间费用,不构成产品成本。

任务三 **掌握成本的意义和成本核算的要求**

 任务提出

思考:智造先锋公司是一家新成立的工业企业,在开始进行产品生产,计算产品成本之前,需要做好哪些关于成本核算的准备工作呢?

 理论学习

一、成本核算的意义

成本核算是成本管理工作的重要组成部分,它是将企业在生产经营过程中发生的各种耗费按照一定的对象进行分配和归集,以计算总成本和单位成本。成本核算的正确与否,直接影响企业的成本预测、计划、分析、考核和改进等控制工作,同时也对企业成本决策和经营决策的正确与否产生重大影响。成本核算过程,是对企业生产经营过程中各种耗费如实反映的过程,也是为更好地实施成本管理进行成本信息反馈的过程,因此,成本核算对企业成本计划的实施、成本水平的控制和目标成本的实现起着至关重要的作用。

二、成本核算的要求

(一) 做好成本核算的基础工作

为了正确核算产品成本,提供真实、准确的成本会计信息,应做好以下几项基本工作:

1. 做好定额的制定与修改

定额是企业在生产经营过程中,对人力、物力、财力的消耗所规定的标准。产品的各项消耗定额既是编制成本计划,进行成本分析和考核的依据,也是进行成本控制的标准,而且在计算产品成本时,通常会采用各种定额作为分配实际费用的标准。因此,企业必须建立健全定额管理制度,并根据当前的设备条件和技术水平,结合生产的发展和劳动生产率的提高,不断修订和完善各项消耗定额,对产品消耗定额进行修订,充分发挥定额在成本计划制定和实际费用分配中的作用。

2. 做好原始记录及相关计量工作

原始记录是反映企业生产经营活动的原始资料,是进行成本核算、成本分析、成本预测和成本计划执行情况的依据,也是保证成本核算资料真实、准确的前提。因此,企业有关部门和人员必须认真做好各种原始记录的登记、传递、审核和保管工作,真实、全面记录各项成本费用的发生,健全原始凭证管理,为后期进行成本核算,加强成本管理提供良好的基础。成本会计有关的原始记录,主要有生产过程中材料的领用、动力的耗费、工时的耗费、费用的开支、废品的发生、在产品及半成品的内部转移等。

3. 建立健全各种财产物资的收发、计量、领退、盘点制度

完善的存货管理制度是原始凭证真实准确反映的基础。因此要正确计算成本,必须建立健全存货的计量、验收、领退和盘存制度。凡是材料物资的收发、领退,在产品、半成品的内部转移以及产成品的入库等,均应填制相应的凭证,办理审批手续并严格进行计量和验收。库存的各种材料物资、车间的在产品和产成品均应按规定定期进行盘点。只有这样,才能保证成本核算的正确性。

4. 选用适当的成本计算方法

由于企业的生产组织、生产过程、成本管理要求不同,选择进行成本计算的方法也不

同。常见的计算方法有品种法、分批法、分步法、分类法和定额法。企业应根据自身产品成本核算的需求选择合适的核算方法,成本计算方法一经选定,原则上不允许随便变更。

（二）正确划分各种费用的界限

企业生产经营过程中发生的支出要按照经济用途进行划分,产品成本的计算过程也是对发生的费用不断划分、归集和分配的过程。如前所述,对企业发生的支出,要划分清经营性支出和非经营性支出、生产成本和期间费用、本期费用和后期费用、各种产品应负担的费用、完工产品与在产品之间的界限。

（三）正确确定财产物资的计价和价值结转方法

制造业企业的财产物资大部分是生产资料,在生产经营中会耗用这些生产资料,从而导致它们的价值要随着生产经营的过程消耗,转移到产品成本和期间费用中。因此,这些财产物资的计价和价值结转方法也将影响成本的高低和费用的水平。

企业财产物资的计价和价值的结转方法主要包括:固定资产原值的计算方法、折旧方法、折旧率的高低和折旧期限的长短等;材料成本的组成内容、在实际成本法下发出材料成本的计价方法(一次加权平均法、先进先出法、个别计价法等)和在计划成本法下材料成本差异的确定方法;低值易耗品和包装物价值的摊销方法(一次转销法和五五摊销法)等。例如,固定资产原始价值的计价方法以及折旧方法的不同,都将影响产品的成本和期间费用的高低。对于财产物资的计价和价值结转方法应采用科学、合理、简便、易行的方法,要严格执行国家的规定,一经确定,不得随意变更。

 任务解答

智造先锋公司若想正确核算成本,需要做好以下准备工作:

（1）做好定额的制定与修改;

（2）做好原始记录及相关计量工作;

（3）建立健全各种财产物资的收发、计量、领退、盘点制度;

（4）选用适当的成本计算方法。

任务四　掌握成本核算的程序

任务提出

彩虹公司设有两个基本生产车间,用于产品生产,还有两个辅助生产车间,供电车间和机修车间,分别为日常生产和经营管理提供电力和维修服务,辅助生产车间的制造费用直接计入辅助生产成本。

思考:彩虹公司应该开设哪些成本账户呢? 计算产品成本应该按什么流程?

⊞ **理论学习**

一、成本核算的一般程序

工业企业的基本经济活动就是生产产品,产品的生产过程也就是生产的耗费过程,产品成本计算程序,也就是对产品进行生产费用的归集、分配到计算完工产品成本的过程。这一过程包括:确定成本计算对象,确定成本项目,确定成本计算期,审核、归集与分配生产费用,计算完工产品和在产品成本。

(一) 确定成本计算对象

成本是对象化的费用,成本计算的最终目的就是将企业发生的各项耗费归集到一定的成本计算对象上去,所以确定成本计算对象是进行成本核算的前提。企业由于产品的生产工艺过程、生产规模、经营管理水平和管理要求不同,产品成本计算对象的确定方式也不同。可以以产品品种作为产品成本确定对象,也可以按产品批次作为产品成本确定对象,也可以按照产品的生产步骤作为产品成本计算对象,企业要依据自身生产特点和管理要求来选择成本计算对象。

(二) 确定成本项目

为了反映产品成本的经济构成,加强产品成本的管理,需要对发生的生产费用按经济用途确定成本项目。工业企业可根据自身的特点和管理要求,合理确定成本项目。成本项目一般分为三个,分别为直接材料、直接人工、制造费用。如有需要,也可增设燃料及动力、废品损失、停工损失等项目。

(三) 确定成本计算期

成本计算期即多久计算一次产品成本,产品成本计算期取决于产品成本计算对象。当企业以产品品种、产品生产步骤、产品类别为成本计算对象时,产品成本的计算期通常与会计期间相同,即在每月月末计算产品成本;当企业以产品的生产批次为产品成本计算对象时,产品成本的计算期则与该批产品的生产周期一致。

(四) 审核、归集与分配生产费用

审核生产费用,也就是对生产费用的正确性、合法性、真实性进行核查。审核无误的生产费用要按产品成本计算对象进行归集,并按成本项目进行分别核算。对能够确定生产费用的受益对象的,直接计入该成本对象的有关成本项目中;不能直接确定受益对象的,需要在受益对象中按照一定比例进行分配,再计入各成本计算对象的有关成本项目中。

(五) 计算完工产品和在产品成本

到了产品成本计算期,要按规定计算当期完工产品的总成本和单位成本。到了期末,如果本期所有产品全部完工,则本期所归集的生产费用就都是完工产品的总成本,总成本除以完工产品的数量就是完工产品的单位成本;如果期末有部分产品完工,有部分产品尚未完工,则需要将本期所归集的生产费用在完工产品和月末在产品之间进行分配,计算出完工产品和期末在产品的成本,完工产品所负担的总成本除以期末完工产品的数量,即为完工产品的单位成本。

二、成本核算的账户设置

由于各企业的生产经营管理实际情况以及成本管理要求等各不相同,核算产品成本的账户设置也有所不同。一般而言,按照企业会计准则和《小企业会计准则》的规定,企业可以设置"生产成本"和"制造费用"两个总账账户。对于大中型企业来说,由于生产经营复杂,成本管理要求较高,也可将"生产成本"账户分拆设置为"基本生产成本"和"辅助生产成本"两个账户。除此之外,为了单独归集和分配废品损失和停工损失,还可以增设"废品损失"和"停工损失"总账账户。

（一）"基本生产成本"账户

"基本生产成本"账户属于成本类账户,用于归集和分配企业进行基本生产所耗费的各种生产费用,其借方登记生产费用的发生数,即用于归集生产费用;贷方登记完工产品转出的生产费用,即用于分配生产费用;期末余额在借方,表示基本生产的在产品成本。

为了详细核算基本生产耗费的各种生产费用,"基本生产成本"账户应当按照基本生产的成本计算对象(如产品的品种、批次、生产步骤等)分别设置基本生产成本明细账(产品成本明细账),明细账中应当按照成本项目分别设置专栏进行登记。基本生产成本明细账如表 1-1 所示。

表 1-1 基本生产成本明细账

成本对象： 生产部门：

年		凭证字号	摘　要	成　本　项　目			合计
月	日			直接材料	直接人工	制造费用	

表 1-1 中没有设置"贷方"栏和"余额"栏,若发生结转完工产品成本等业务需要转出生产成本时,应当采用红字在成本项目各栏次登记;另外,表 1-1 中的"合计"栏是指同一行成本项目的合计。

（二）"辅助生产成本"账户

"辅助生产成本"账户属于成本类账户,用于归集和分配企业进行辅助生产所耗费的各种生产费用,其借方登记生产费用的发生数,即用于归集生产费用;贷方登记完工产品或提供劳务转出的生产费用,即用于分配生产费用;对于仅提供劳务的辅助生产车间,期末结转后一般无余额,对于有产品生产的辅助生产车间,可能有借方余额,表示辅助生产的在产品成本。

为了详细核算辅助生产耗费的各种生产费用,"辅助生产成本"账户应当按照辅助生产的成本计算对象(如辅助生产部门或辅助生产的产品等)分别设置辅助生产成本明细账,明细账中应当按照成本项目分别设置专栏进行登记。

对于规模较大,制造费用发生较多的辅助生产部门,也应按车间设置"制造费用"账户,辅助生产成本明细账如表1-2所示。

表1-2　辅助生产成本明细账

生产部门:

年		凭证字号	摘　要	成　本　项　目			合计
月	日			直接材料	直接人工	制造费用	

对于规模较小,制造费用发生较少的辅助生产部门,也可以不开设"制造费用"账户,辅助生产成本明细账如表1-3所示。

表1-3　辅助生产成本明细账

生产部门:

年		凭证字号	摘　要	成　本　项　目						合计
月	日			材料费	职工薪酬	折旧费	水电费	办公费	其他	

表1-3中没有设置"贷方"栏和"余额"栏,若发生结转完工产品成本等业务需要转出生产成本时,应当采用红字在成本项目各栏次登记;另外,表1-3中的"合计"栏是指同一行成本项目的合计。

(三)"制造费用"账户

"制造费用"账户属于成本类账户,用于归集和分配企业进行生产所耗费的、没有专设成本项目的各种生产费用,其借方登记制造费用的发生数,即用于归集生产部门的制造费用;贷方登记制造费用的转出数,即用于分配生产部门的制造费用;期末一般没有余额。

企业基本生产部门一般规模较大,其发生的制造费用的种类较多、金额较大,不宜在基本生产成本明细账中分别设置成本项目进行核算。为了详细核算企业基本生产部门耗费的各种制造费用,"制造费用"账户应当按照基本生产部门分别设置制造费用明细账,明细账中应当按照制造费用项目分别设置专栏进行登记。制造费用明细账的格式如表1-4所示。

表 1－4　制造费用明细账

生产部门：

年		凭证字号	摘　要	费　用　项　目						合计
月	日			机物料消耗	职工薪酬	折旧费	水电费	办公费	其他	

（四）"废品损失"账户

"废品损失"账户属于成本类账户，用于归集和分配企业生产部门的各种废品损失，其借方登记废品损失的发生数，即用于归集生产部门的废品损失；贷方登记废品损失的转出数，即用于分配生产部门的废品损失；期末结转后一般没有余额。

当企业不单独核算废品损失时，可以不设置"废品损失"账户，发生的废品损失可以通过"制造费用"账户核算。

（五）"停工损失"账户

"停工损失"账户属于成本类账户，用于归集和分配企业生产部门的各种停工损失，其借方登记停工损失的发生数，即用于归集生产部门的停工损失；贷方登记停工损失的转出数，即用于分配生产部门的停工损失；期末结转后一般没有余额。

当企业不单独核算停工损失时，可以不设置"停工损失"账户，发生的停工损失可以通过"制造费用"账户核算。

任务解答

按基本生产车间开设两个基本生产成本明细账，按照辅助生产车间开设两个辅助生产成本明细账，再按基本生产车间开设两个制造费用明细账。

计算产品成本时，先按照各项要素费用归集生产费用，然后按照一定的方法分配辅助生产费用，再分配制造费用，最后在基本生产成本账户中选择合适的方法进行分配，计算出完工产品和在产品成本。

任务五　了解成本会计的职能及工作组织

任务提出

永久食品厂是一家以糕点、烘焙产品为主要产品的小型食品生产企业，设有财务部、技术部、质量保障部、供应部、生产管理部、销售部、人力部等部门,各部门不独立开展核算,由厂部统计进行会计核算。

思考:永久食品厂适合采用哪种成本会计工作组织形式?

 理论学习

一、成本会计的职能

成本会计的职能,是指成本会计在经济管理中的功能。成本会计的职能由最初的核算职能不断地丰富为成本预测、成本决策、成本计划、成本控制、成本核算、成本分析、成本考核七大职能。

(一) 成本预测

成本预测,是指在分析企业现有经济技术、市场状况、发展趋势和有关成本的历史资料的基础上,根据与成本有关的数据,运用一定的数理统计方法,对企业未来的成本水平及其变化趋势作出科学的预估。成本预测是成本管理的首要环节,是进行成本决策与编制成本计划的基础。同时,通过成本预测,有利于选择最优方案,减少工作的盲目性,提高降低产品成本的自觉性。

(二) 成本决策

成本决策,是指以成本预测的数据为基础,结合有关业务、统计资料,根据内部条件的变化,对有关方案进行判断、分析,从中选择最优方案,据以确定目标成本。正确的成本决策,有助于企业编制科学、合理的成本计划,从而达到降本增效的目的。进行成本决策,确定目标成本是编制成本计划的前提,也是实现成本的事前控制、加强日常管理、提高经济效益的重要途径。

(三) 成本计划

成本计划,是指根据成本决策所确定的目标成本,具体规定在计划期内为完成生产经营任务所支出的成本、费用,并提出为达到规定的成本、费用水平所采取的各项措施。工业企业成本计划主要包括按产品种类编制的全部产品成本计划、主要产品单位成本计划、生产费用预算和期间费用预算,以及有关降低产品成本和保证计划实现的主要措施和方案。成本计划是降低成本、费用的具体目标,也是进行成本控制、成本考核和成本分析的依据,在实务工作中具有重要的意义。

(四) 成本控制

成本控制,是指对生产经营活动中各项成本费用的发生和形成过程进行引导和限制,以预先确定的成本标准(如材料消耗定额、工时消耗定额、材料计划单价、计划工资率、制造费用计划分配率)等作为企业生产经营过程中所发生的各项费用的限额,在费用发生时,严格审核各项费用是否符合标准,将各项费用的发生额限制在计划范围内,同时揭示实际与标准或计划之间的差异,并采取措施消除不利因素,使实际发生水平达到预期目标,以保证成本计划顺利执行。

(五) 成本核算

成本核算,是指按照企业的生产工艺和生产组织特点,考虑成本管理的要求,确定成本计算对象,对生产经营过程中发生的各种生产费用进行归集和分配,采用适当的方法计算出各种产品的总成本和单位成本的过程。成本核算是成本会计工作的核心,也是成本会计最基本的职能。成本核算既是对产品生产中各种劳动耗费进行综合反映的过程,也是对生产费用实际支出进行控制的过程,因此,成本核算可以考核成本计划的完成情况,评价成本计划的控制情况,同时也为产品定价提供依据。

（六）成本分析

成本分析,是指利用成本核算和其他有关资料,将本期实际成本与计划成本、上年同期实际成本、企业历史先进水平,以及国内外先进标杆企业的成本进行比较,揭示成本差异,系统研究成本变动的因素和原因,制定有效办法或措施,以便进一步改善经营管理,挖掘降低成本的潜力,提高企业的经济效益。成本分析可以为成本考核、未来的成本预测、决策以及下期成本计划的制订提供依据。

（七）成本考核

成本考核,是指在成本分析的基础上,定期地对成本计划或成本控制任务的完成情况进行检查和评价。为了进一步明确经济责任,成本考核要以企业各责任单位为对象,以其可控成本为界限,并按责任的归属来核算和考核其成本指标的完成情况,评价其工作业绩,并对责任单位的业绩给予必要的奖惩,以充分调动广大职工执行成本计划的积极性,提高成本管理水平。

成本会计的各项职能之间是相互联系、互为补充的,它们贯穿企业生产经营的全过程,构成现代成本管理的基本框架。成本预测是成本会计的第一个环节,是成本决策的前提;成本决策既是成本预测的结果,又是制订成本计划的依据;成本计划是成本决策的具体化;成本控制是成本计划顺利完成的根本保证;成本核算是成本会计最基本的职能,能够提供企业管理所需的成本信息资料,是其他职能的基础;成本分析和成本考核是实现成本决策目标和成本计划的有效手段,只有通过成本分析,总结经验教训,查明产生问题的原因,制定并执行改进和完善企业管理的措施,才能有效地降低成本;只有通过正确评价与考核各责任单位的工作业绩,才能充分调动各部门和全体人员的积极性,为切实执行计划、完成成本目标提供动力。

二、成本会计的工作组织

为了更好地履行成本会计职能,完成成本会计任务,充分发挥成本会计的作用,企业必须科学有效地组织成本会计的工作。成本会计工作的组织主要包括成本会计机构的设置、成本会计人员的配备以及成本会计制度的建立、落实等。

（一）成本会计机构设置

成本会计机构,是在企业中组织、领导并直接从事成本会计工作的主要职能部门。企业应根据生产规模的大小、生产经营的特点以及成本管理的要求,合理设置成本会计机构。

大中型企业可在会计部门中,单独设置成本会计机构,专门从事成本会计工作。单独设置的成本会计机构中,可按成本会计的职能分工,分设成本核算组、成本控制组、成本分析组等;也可以按成本会计的对象分工,分设产品成本核算组、期间费用组等。

在规模较小、会计人员不多的企业,可在会计部门中指定专人负责成本会计工作。

有关职能部门和生产车间,也应根据工作需要设置成本会计机构,或者配备专职或兼职的成本会计人员,负责该职能部门和生产车间成本会计工作。

(二) 选择成本会计工作的组织形式

企业内部各级成本会计机构之间的组织分工,有集中工作和分散工作两种方式。企业应根据规模的大小、内部各单位经营管理的要求,以及这些单位成本会计人员的数量和素质,从有利于充分发挥成本会计的职能作用、提高成本会计工作的效率出发,确定采用哪一种工作方式。

集中工作式,是指企业的成本会计工作主要由厂部成本会计机构负责,即成本的预测、决策、计划、控制、核算、分析和考核均集中到厂部成本会计机构进行,而各生产单位或其他有关部门的成本会计机构或人员只负责原始记录和原始凭证的填制,并对原始记录和原始凭证进行初步地审核、整理和汇总,为厂部成本会计机构开展成本工作提供资料。集中工作方式的优点,是厂部成本会计机构能够及时掌握整个企业有关成本的全部信息,便于成本数据的集中处理,同时可以减少成本会计机构和成本会计人员的数量。缺点是不利于调动全员参与成本管理的积极性和对成本控制及成本管理责任制的推行。它一般适用于规模较小、成本核算简单、成本核算层次不复杂的企业。

分散工作式,是将成本会计工作分散,由各生产单位和其他有关部门的成本会计机构和人员分别进行,上一级成本会计机构对下一级成本会计机构逐级进行成本考核,厂部成本会计机构负责对各下级成本会计机构或人员进行业务上的指导和监督,并以全厂的成本进行综合的成本预测、决策、计划、控制、分析和考核以及汇总核算。分散工作方式的优点,是有利于企业内部各单位增强成本意识,有利于全员参与成本管理以及管理责任制的推行。缺点是会增加成本会计机构和人员的数量。它一般适用于规模较大、成本核算较复杂的企业。

(三) 成本会计人员

成本会计人员,是指在会计机构或专设成本会计机构中所配备的成本工作人员,对企业日常的成本工作进行处理。成本会计人员的素质高低直接影响着成本会计工作的质量,无论企业成本会计机构如何设置,都要做到合理配备成本会计人员,保证成本会计人员的数量和质量。

成本会计工作要求从事该项业务的人员,首先要热爱会计工作,具备良好的职业道德;其次,要有扎实的专业知识,熟悉成本会计理论、实务,掌握一定的经营管理知识;最后,对企业生产工艺、业务流程要非常熟悉。

(四) 成本会计制度

成本会计制度,是指对开展成本会计工作所作的规定,是组织和处理成本会计工作所做的规范,是会计制度的重要组成部分。为了充分发挥成本会计的职能,圆满完成成本会计的任务,企业应根据基本会计准则、有关具体准则、行业会计制度、企业内部管理的需要和生产经营的特点,科学、合理地制定本企业内部成本会计制度,使企业的成本会计工作符合国家有关方针和政策的要求,从而保证成本会计资料真实、规范、及时、有用。

现代企业的成本会计制度内容包括成本核算、成本分析、成本预测、成本决策、成本计划、成本控制和成本考核等所作出的有关规定,指导着成本会计工作的全过程,这也称为广义的成本会计制度。其基本内容一般包括以下方面:

(1) 关于成本会计工作的组织分工及职责权限;

（2）关于成本定额、成本预算和成本计划的编制方法；

（3）关于存货的收发领退和盘存制度；

（4）关于成本核算的原始记录和凭证传递流程；

（5）关于成本核算的规定，包括成本计算对象和成本计算方法的确定，成本核算账户和成本项目的设置，生产费用归集与分配的方法，在产品计价方法等；

（6）关于成本预测的制度，包括预测的资料收集要求，一般方法与必要程序等；

（7）关于成本控制的制度，包括有关原始凭证的审核办法，有关成本费用的开支标准和审批权限，成本差异的计算与分析，差异信息的反馈程序与时间限制，控制成本业绩的考核与奖惩办法等；

（8）关于成本分析的制度，包括成本分析的一般方法、指标种类及计算口径等；

（9）关于成本报表的制度，包括成本报表的种类、格式、编制方法、传递程序、报送日期等。

成本会计制度一经制定，就要认真、严格执行并保持相对稳定，并随着形势的发展适时修订和不断深化。在新制度未形成之前，原有制度要继续执行，以便使成本会计工作处于有章可循的正常状态。

任务解答

永久食品厂适合采用集中工作式。这种方式适用于规模较小、成本核算简单、成本核算层次不复杂的企业，有利于管理层及时掌握整个企业有关成本的全部信息，便于成本数据的集中处理，同时可以减少成本会计机构和成本会计人员的数量。

知识拓展

价值链视角下对成本管理的优化作用

成本管理工作是企业经营发展过程中的一个关键环节，同时也是提升企业市场竞争力的一个关键因素。价值链分析能够将企业经营发展全过程中的环节进行有效分解，从而帮助企业准确地掌握成本结构和成本差异。在价值链视角下优化企业的成本管理工作能够帮助企业进一步拓宽成本管理的范围，通过优化内外部价值链之间的联系来提升成本管理水平。

价值链视角下企业成本管理工作能够帮助企业有效地拓宽成本管理的范围，价值链在企业财务管理工作中的应用主要是将企业的内部成本管理工作与外部的利益获取进行有机融合，一方面，横向价值链能够帮助企业充分明确市场发展需求，全面地获取竞争企业的相关信息，从而满足市场的整体变动趋势与技术发展要求，对于企业积极地调整成本管理模式与经营发展模式具有重要的价值，是提升企业核心竞争力的重要实践方式；另一方面，在内部价值链的引导下，企业能够从内部管理的角度对工作流程和采购流程进行全面的优化和调整，从而降低经营过程中的各种成本消耗，是提升企业经济效益的重要方式[1]。

---

① 马梓煊，价值链视角下企业成本管理优化研究，中国集体经济[J]，2023(09).

素养园地

开源节流和成本管理

战国时代学者荀况在《富国》中说:"故田野县鄙者,财之本也;垣窌仓廪者,财之末也。百姓时和,事业得叙者,货之源也;等赋府库者,货之流也。故明主必谨养其和,节其流,开其源,而时斟酌焉。潢然使天下必有余,而上不忧不足。如是,则上下俱富,交无所藏之。是知国计之极也。"

大意是:百姓能积极利用适当的天时,按照季节次序顺利进行农事活动,从而获得好年成,这才是经济的根本,好比"水源"一样;至于征收来的各项赋税,存在国库里,再多也用得完,那不过是"水流"。所以贤明的君主一定懂得体恤百姓,给生产以便利的发展条件,一方面节省财政开支,一方面更需开发经济来源,并且懂得合理调剂、统筹安排,兼顾到国家和百姓的利益。若要国家富强,朝廷就要爱护百姓,使百姓安居乐业,并积极发展生产;如果朝廷不顾生产,只知滥征赋税,浪费物资,百姓穷困至极,那么国家怎能不贫弱呢?

这就是成语"开源节流"的出处,意为增加收入,节省开支,是运用于财政经济的成语,现在已不仅仅针对国家治理,而是可以推广到各行各业,甚至是百姓的日常生活中。

学习成本会计,不仅仅是学习专业知识,更是要培养"开源节流"的意识,融入生活中和未来的工作中。

 练习巩固 〰〰〰〰〰〰〰〰〰〰〰〰〰〰〰〰〰〰〰〰〰〰〰

一、单项选择题

1. 成本会计是会计的一个分支,是以(   )为对象的一种专门会计。

    A. 会计主体　　　　B. 企业资金　　　　C. 成本　　　　D. 企业经济活动

2. 成本会计最基本的任务和中心环节是(   )。

    A. 进行成本预测,编制成本计划

    B. 审核和控制各项费用的支出

    C. 进行成本核算,提供实际成本的核算资料

    D. 参与企业的生产经营决策

3. 大中型企业的成本会计工作一般采取(   )。

    A. 集中工作方式　　　　　　　　B. 统一领导方式

    C. 分散工作方式　　　　　　　　D. 会计岗位责任制

4. 下列项目中,属于要素费用的是(   )。

    A. 直接材料　　　　B. 直接人工　　　　C. 外购材料　　　　D. 制造费用

5. 在制造成本下,下列各项中不应计入产品成本的是(   )。

    A. 企业行政管理部门用固定资产的折旧费

B. 车间厂房的折旧费

C. 车间生产用设备的折旧费

D. 车间管理人员的工资

6. 成本考核是在(　　　)的基础上,定期地对成本计划的执行情况进行评定和考核。

    A. 成本核算   B. 成本分析

    C. 成本计划   D. 成本控制

7. 下列各项中,属于直接生产费用的是(　　　)。

    A. 产品生产工人的薪酬费用

    B. 企业行政管理人员的薪酬费用

    C. 企业行政管理部门用固定资产的折旧费用

    D. 生产车间管理人员的工资

8. 下列各项中,属于直接费用的是(　　　)。

    A. 几种产品负担的制造费用   B. 几种产品共同耗用的原材料费用

    C. 一种产品耗用的生产工人工资   D. 几种产品共同负担的机器设备折旧

9. 期末如果既有完工产品成本,又有在产品,企业应将(　　　)在本期完工产品和期末在产品之间进行分配。

    A. 期初在产品成本

    B. 本期发生的生产费用

    C. 期初在产品成本加上本期发生的生产费用(生产费用合计数)

    D. 本期发生的生产费用减去期初在产品成本

10. 下列各项中,属于成本项目的是(　　　)。

    A. 外购动力   B. 职工薪酬   C. 外购燃料   D. 直接材料

二、多项选择题

1. 下列各项中,属于成本会计职能的有(　　　　　)。

    A. 成本审计   B. 成本决策   C. 成本核算   D. 成本分析

2. 一般来说,企业应根据本单位(　　　　　)等具体情况与条件来组织成本会计工作。

    A. 生产规模的大小   B. 生产经营业务的特点

    C. 成本计算方法   D. 企业机构的设置

3. 成本会计机构内部的组织分工有(　　　　　)。

    A. 按成本会计的职能分工   B. 按成本会计的对象分工

    C. 集中工作方式   D. 分散工作方式

4. 下列各项中,属于成本项目的有(　　　　　)。

    A. 直接材料   B. 直接人工

    C. 燃料和动力   D. 制造费用

5. 下列各项中,应计入"直接材料"成本项目的有(　　　　　)。

    A. 直接用于产品生产的原材料费用   B. 直接用于产品生产的主要材料费用

    C. 车间的物料消耗   D. 直接用于产品生产的辅助材料费用

6. 产品成本核算程序包括( )。
    A. 确定成本计算对象   B. 确定成本项目
    C. 审核、归集与分配生产费用   D. 确定成本计算期

7. 下列项目中,不计入产品成本的有( )。
    A. 制造费用   B. 利息费用
    C. 固定资产盘亏损失   D. 流动资产盘亏损失

8. 下列各项中,属于间接生产费用的有( )。
    A. 车间厂房的折旧费   B. 车间管理人员的工资及福利费
    C. 多种产品共同消耗的动力费用   D. 行政管理人员的工资及福利费

9. 下列各项中,属于直接生产费用的有( )。
    A. 多种产品共同消耗的辅助材料费用   B. 多种产品共同负担的制造费用
    C. 一种产品消耗的原材料费用   D. 一种产品消耗的生产工人

10. 下列各项中,属于费用要素的有( )。
    A. 外购材料   B. 外购动力   C. 职工薪酬   D. 制造费用

三、判断题

1. 成本的经济实质,是企业在生产经营过程中所耗费的资金总和。   ( )
2. 企业主要应根据外部有关方面的需要来组织成本会计工作。   ( )
3. 工业企业成本核算的内容包括产品成本的核算和期间费用的核算。   ( )
4. 在只生产一种产品的企业或车间中,直接生产费用和间接生产费用都可以直接计入产品成本。   ( )
5. 所谓间接费用就是直接计入当期损益的费用。   ( )
6. 企业生产费用,都应直接计入各种产品成本。   ( )
7. 正确计算期末在产品成本,是正确计算本期完工产品成本的关键。   ( )
8. 制定和修订定额,只是为了进行成本审核,与成本计算没有关系。   ( )
9. 成本是对象化的费用,所以确定成本计算对象是进行成本核算的前提。   ( )
10. 产品成本项目就是计入产品成本的费用按经济内容分类核算的项目。   ( )

 **项目总结**

一、复习思考

1. 复习费用界限的划分。
2. 复习成本核算的程序及账户设置,理解每个账户核算的内容。
3. 复习成本会计的职能,思考各个职能之间的关联。

二、总结评价

    根据要求完成本项目所有任务后,请填写认知成本会计基本原理项目训练总结评价表(表1-5)。

表 1−5　认知成本会计基本原理项目训练总结评价表

考评内容标准	评价			
	熟练	较好	一般	不会
成本的内涵理解情况				
成本费用的分类理解情况				
成本的意义和成本核算的要求掌握情况				
成本核算的程序掌握情况				
成本会计的职能及工作组织掌握情况				
总结与反思				

项目二
确定产品成本计算方法

 学习目标 ～～～～～～～～～～～～～～～～～～～～～～～～～～～～

知识目标：

1. 了解企业的生产类型及其对成本核算的影响；

2. 掌握产品核算的基本方法和辅助方法。

技能目标：

1. 能够根据企业生产特点和管理要求选择合适的成本核算方法；

2. 能够区分品种法、分批法和分步法，并掌握三种方法的适用范围。

素养目标：

1. 培养善于归纳总结、灵活运用理论于实践的工作能力；

2. 培养严谨、细致的会计职业心理，了解成本会计人员在提供会计信息中的重要作用，增强职业责任感。

百合女装是一家服装生产企业，其生产工艺流程如图 2-1 所示。

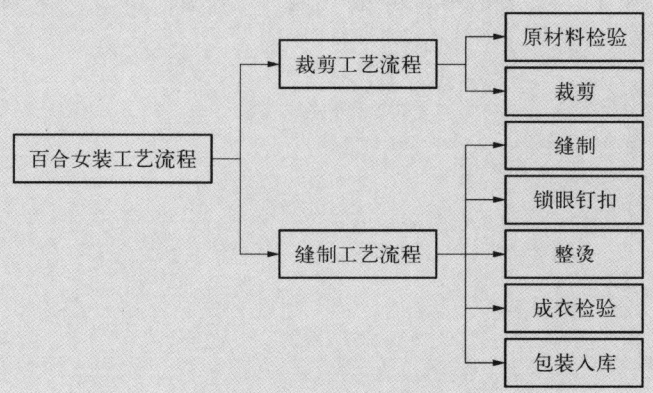

图 2-1 百合女装工艺流程

（1）原材料检验：原材料进厂后要进行数量清点以及外观和内在质量的检验，符合生产要求的才投入使用。

（2）裁剪：裁剪前要先按照样板绘制出排料图，"完整、合理、节省"是排料的基本原则。

（3）缝制：缝制是服装加工的中央工序，服装的缝制按照款式、工艺风格等可分为机器缝制和手工缝制两种。在缝制加工过程中采取流水作业。

（4）锁眼钉扣：服装中的锁眼和钉扣通常由机器加工而成，扣眼按照其外形分为平形孔和圆形孔两种。

（5）整烫：服装通过整烫使其外观平整、美观。整烫分为平台整烫和模具整烫两种，平台整烫主要烫一些对立体造型要求不高的服装，模具整烫主要烫对立体造型要求较高的服装。

（6）成品检验：成品检验是服装进入销售市场的最后一道工序，因而在服装生产过程中，起着举足轻重的作用。

（7）包装入库：服装的包装可分挂装和箱装两种。箱装有内包装和外包装。

资料来源：豆丁网，经编者整理编写。

不同的企业产品千差万别，生产工艺也因为产品的种类和特性而不同，那么不同的生产工艺对成本核算将产生怎样的影响呢？

任务一　了解生产类型特点和成本管理要求

任务提出

奇灵汽车厂分车间平行生产汽车零部件,包括底盘车间、发动机车间、变速箱车间、车身车间、电器车间等,再将各组成部分交总装车间组装成为汽车。

思考:按产品生产工艺的特点划分,奇灵汽车属于哪种生产类型呢?

理论学习

成本计算对象是指成本计算过程中归集、分配费用的对象,即生产费用的承担者,只有先确定产品成本计算对象,才能在各个成本计算对象之间归集与分配费用,进而分别计算各个成本计算对象的完工产品成本和月末在产品成本。因此,确定成本计算对象是设置产品成本明细账、分配生产费用和计算产品成本的前提。

由于各个企业生产类型的特点和成本管理的具体要求不尽相同,所以在确定成本计算对象时,不仅以产品品种为主要对象,而且应充分考虑企业生产类型的特点和成本管理的要求,这也是确定成本计算对象以及选择成本计算方法的主要因素。

一、企业的生产类型

企业的生产类型,是指企业生产技术过程和生产组织方式相互结合的形式,可以按照生产工艺的特点和生产组织的方式进行分类。

(一) 按产品生产工艺的特点划分

按照生产工艺过程的特点,企业的生产类型可以分为单步骤生产和多步骤生产。

1. 单步骤生产

单步骤生产又称为简单生产,是指工艺技术过程不能间断,或不能分散在不同地点进行的生产,如发电、采掘、铸造等企业。一般成本计算对象只能按产品品种来确定。

2. 多步骤生产

多步骤生产又称为复杂生产,是指在工艺技术上可以间断,整个生产过程可以分别在不同的时间、地点进行,可以由一个企业单独进行或由几个企业协作进行的生产。多步骤生产按加工方式的不同,又可以分为连续式生产和装配式生产。

连续式生产,是指从原材料投入到加工制造出产品,需要经过若干连续式加工步骤的生产,由于各步骤之间是以半成品的方式进行结转的,前一加工步骤的产品(或半成品)是后一加工阶段的加工对象,因此,成本计算对象必须按每一种产品及其所经过的步骤来确定。例如纺织、冶金企业等。

装配式生产又称平行加工式,是指各种原材料经过平行加工制成各种零部件,然后再装配成产品的生产。由于各生产步骤生产出来的都是等待继续装配的半成品,因此成本计算对象按构成每一产品的半成品来确定。例如机械行业、电子工业、机床制造业、汽车制造业等企业。

（二）按照生产组织的特点分类

按照生产组织的特点,企业的生产类型可以分为大量生产、成批生产和单件生产。

1. 大量生产

大量生产,是指连续不断地重复生产品种相同的产品。大量生产企业的产品品种较少且稳定、产量较大,如采煤、化肥、水泥、面粉、食糖、造纸（图2-2）等企业,其成本计算对象只能按品种来确定。

图2-2　造纸厂大量生产场景

2. 成批生产

成批生产,是指按产品批别、数量重复地生产几种产品而进行的生产。成批生产按照产品批量的大小又可细分为大批生产和小批生产。大批生产,是指在较长时间内不断重复生产,产品品种一般比较稳定,为了合理组织生产,对耗用量较少的零部件,往往是把几批产品所需相同的零部件集中一次投产,以供几批产品耗用,这样零部件生产的批别与产品生产的批别往往一致,因而也就不可能按照产品的批别计算成本,只能按产品的品种计算成本,实质上比较接近大量生产,如塑料制品企业等。小批生产,是指批量小,一般一批产品可同时完成,因而有可能按照产品的批别归集费用,计算各批产品的成本,与单件生产相类似,故可按产品批别来作为成本计算对象。

3. 单件生产

单件生产,指按照订货单位的需要,生产个别性质特殊的产品,例如造船（图2-3）、重型机械制造企业,其生产按件组织,可按照产品件别作为成本计算对象。

图2-3　芜湖造船厂单件生产现场

二、生产类型与成本管理要求对成本计算的影响

由于企业生产类型不同,对成本进行管理的要求也不一样,因此对成本计算也会产生影响,这些影响主要表现在产品成本计算对象、产品成本计算期以及生产费用在完工产品和在产品之间的分配等方面。

(一) 对成本计算对象的影响

确定成本计算对象,是为了确定按多大范围来归集生产费用,计算产品成本。企业的成本核算对象可以按某一种品种、某一批产品、某一类产品或按生产过程某步骤的半成品来确定。

1. 单步骤大量生产

单步骤大量生产的企业由于工艺过程不能间断,不能划分为多个步骤生产,因此,不管管理要求如何,都只能以产品的品种作为成本计算对象,归集生产费用,计算产品成本。

2. 多步骤连续式大量生产

多步骤连续式大量生产的企业由于不断大量重复生产品种相同的产品而无法分批,但工艺过程可划分为若干可以间断的生产步骤,因此,如果管理上要求提供半成品成本,则可以按各种产品及其经过的各生产步骤的半成品作为成本计算对象,计算完工产品成本及各步骤半成品成本;如果管理上不要求提供半成品成本,则可按产品的品种和批别作为成本计算对象,计算产品成本。

3. 多步骤装配式成批生产

多步骤装配式成批生产企业一般先加工制造各零部件再装配成产品,因此对成本计算对象的影响主要表现在生产组织方式上。如果生产组织是单件、小批量生产,一般是以订单或生产任务通知单为成本计算对象来计算订单产品或生产批号产品的成本;如果生产组织是大量大批生产,则一般是以最终产品为成本计算对象来归集生产费用,计算产品成本。

(二) 对成本计算期的影响

(1) 单件小批生产的企业由于产品生产周期较长,产品成本通常在某件或某批产品完工以后再计算,因此产品成本计算期与产品周期一致,与会计报告期不一致。

(2) 大量大批生产的企业产品生产周期较短,而且生产经营持续不断地进行,每月都有一定的完工产品和在产品,因此产品成本的计算要在月末定期进行,成本计算期与会计报告期一致,但与产品生产周期不一致。

(三) 对生产费用在完工产品和在产品之间分配的影响

(1) 单步骤大量大批生产企业由于生产不能间断,产品生产周期较短,一般在产品数量少或月末在产品比较均衡,因而计算产品成本时,生产费用一般无须在完工产品和月末在产品之间进行分配。

(2) 多步骤大量大批生产企业由于生产不间断地进行,既不断有产品投入生产,也不断有产品完工,因此在月末计算产品成本时,可能既有一定数量的在产品,也有完工产品,就必须将归集的生产费用在完工产品和月末在产品之间进行分配。

(3) 多步骤单件小批生产企业按单件组织生产时,生产完工即为产成品,若未完工即

为在产品,因而生产费用无须在完工产品和在产品之间加以分配。小批生产可能当月完工,也可能跨月陆续完工,同批产品未完工之前,所归集的生产费用都是在产品成本,同批产品全部完工后,所归集的生产费用就是该批完工产品的成本,所以也不存在生产费用在完工产品和在产品之间进行分配的问题。

任务解答

奇灵汽车属于多步骤生产当中的装配式生产类型。

任务二　掌握产品成本的计算方法

任务提出

思考:任务一中的奇灵汽车应选择哪种成本计算的方法?

理论学习

产品成本计算对象、成本计算期和生产费用在完工产品和在产品之间的分配是相互联系的,但对选择成本计算方法起到决定性的影响的是成本计算对象。为了适应各种类型生产的特点和管理要求,在产品成本计算工作中有三种主要的成本计算对象,分别对应三种不同的成本计算方法,即品种法、分批法和分步法。

一、品种法

品种法,是指以产品的品种作为成本计算对象归集生产费用与计算产品成本的方法。它是产品成本计算中的最基本方法。

品种法的主要特点:以产品的品种作为成本计算对象,并据以设置产品成本明细账归集生产费用,计算产品成本;成本计算期与会计报告期一致,即按月定期计算产品成本;月末,一般需要在完工产品与在产品之间分配生产费用。

品种法主要适用于大量大批单步骤生产企业,由于其成本计算对象是产品品种,生产费用也是按产品品种进行归集与分配。或者某些大量大批多步骤生产企业,如果管理上不要求分步计算成本,只要求提供最终产品成本,这类企业也可以采用品种法。

二、分批法

分批法,是指以产品的批别作为成本计算对象归集生产费用与计算产品成本的一种方法。

分批法的主要特点：以产品的批别作为成本计算对象，并据以设置产品成本明细账归集生产费用，计算产品成本；成本计算期与产品的生产周期一致；一般不需要在完工产品和在产品之间分配生产费用。

分批法主要适用于小批、单件生产企业，有时也适用于按单件、小批组织生产而管理上不要求分步骤计算产品成本的多步骤生产企业。

三、分步法

分步法，是指以产品的生产步骤作为成本计算对象归集生产费用与计算产品成本的方法。

分步法的主要特点：以产品的生产步骤作为成本计算对象，并据以设置产品成本明细账归集生产费用，计算产品成本；成本计算期与会计报告期一致，即按月定期计算产品成本；月末，一般需要在完工产品与在产品之间分配生产费用。

分步法主要适用于大量大批多步骤生产，而且生产管理上要求按照产品的生产步骤归集生产费用，计算各步骤半成品成本的企业。如纺织、冶金、造纸、化工以及大量大批生产的机械制造业。

📖 任务解答

汽车生产企业属于大量大批多步骤生产，一般采用分步法进行成本核算。

任务三　掌握成本计算的辅助方法

📝 任务提出

光明灯泡厂主要生产各种类型灯泡，规格型号繁多，但生产材料、工艺流程基本相同。该厂大量大批生产，成本核算方法采用品种法。

思考：为解决产品规格繁多、成本核算工作量繁重等问题，光明灯泡厂可以结合哪种成本计算的辅助方法呢？

🛡 理论学习

除了成本计算的基本方法，还有一些成本计算的辅助方法，它们主要是为解决某一方面问题在基本方法之外派生出来的方法。基本方法与辅助方法的区别在于，基本方法是计算产品实际成本必不可少的方法，而辅助方法一般是配合基本方法使用。常用的辅助方法有分类法、定额法、作业成本法等。

一、分类法

分类法,是先将产品按一定标准分为若干类别,按类别归集生产费用,计算出每类产品的成本;再按一定标准将每类产品的成本分配给类内各种产品,从而计算出每一种产品成本的辅助计算方法。

分类法不是一种独立的成本计算方法,它是在成本计算基本方法的基础上,为简化核算而采用的一种成本计算的辅助方法。它必须与产品成本计算的基本方法结合使用,通常是与品种法结合使用的。

分类法主要适用于生产的产品种类、规格繁多,并且可以对产品按一定标准进行分类的企业。

二、定额法

定额法,是以产品的定额成本为基础,加、减脱离定额差异和定额变动差异计算产品实际成本的一种方法。

定额法与生产类型没有直接联系。无论何种生产类型,只要同时具备下列两个条件,都采用定额法计算产品成本:一是企业定额管理制度比较健全,定额管理工作基础较好;二是产品生产已定型,各项消耗定额比较准确、稳定。一般情况下,大量大批生产类型的企业比较容易具备上述条件。

三、作业成本法

作业成本计算法(Activity Based Costing,简称 ABC 法),是以"作业"为基础,以"成本驱动因素"理论为基本依据,通过分析成本发生的动因,对构成产品成本的各种间接费用,采用不同的间接费用率进行成本分配的一种新成本计算方法。

 任务解答

光明灯泡厂可以在品种法的基础上结合分类法,先将相近产品归类,生产费用按产品类别进行归集,计算出各类产品的成本,然后再按照一定的方法计算出类别内各种产品的实际成本。

📖 **知识拓展**

弹性制造系统 FMS

早期工厂因人力成本低廉,大多是劳力密集产业,工厂机械设备以手动操作与传统专用机为主。从 19 世纪 60 年代后半开始,工业的生产工厂需要低生产成本及缩短完成交期,才可以达到分集化的变化,并满足顾客对于产品要求与分集化的趋势。因此为了应对这样的要求,需要一种适合中多种类且少量生产的生产系统。弹性制造系统便应运而生。

弹性制造系统(Flexible Manufacturing System,简称 FMS)是因工业上可预期

或不可预期之变更而允许弹性且可自动化生产的工程制造系统。主要是以机械加工或制造产业为主,应用生产范围十分广泛,包括工艺、组立、机台和一些自动化的工作,这些系统可以达到不同程度的弹性,完全与该系统的组成组件有关。

弹性制造系统主要的特色在于生产过程中若更换产品形态时,不需要频繁更换生产机械,只要利用数字化的工业控制系统修正即可达成,以应对产品快速变化的要求。

弹性制造系统主要优点是管理制造资源(如投入研发新产品之制造时间与管理)的高弹性,弹性制造系统之最佳应用是大量生产的小批量生产,其优点是速度快、单位成本低,较好人力生产力及机器效益,增加系统可靠度,减少零组件库存及电脑辅助设计与运作的适应力。

素养园地

成本会计人员的职业素养

作为一名成本会计人员,应该具备哪些职业素养呢?财税方面知识和能力当然是必不可少,需要掌握会计准则和会计制度中所有与成本核算有关的知识,掌握财务分析的日常在成本中的运用,掌握数据库的运用,财务软件中成本相关的知识等等。除此之外,还要具备业务方面知识和能力,比如产品设计、生产的相关知识,生产工艺相关知识,财务分析能力,以及可以及时提供高质量的成本分析的能力。

有了知识还不够,成本会计人员还需要具备优秀的沟通能力,成本会计人员可能需要和各个部门沟通,如与研发部门沟通用料的成本分析,与生产部门沟通某产品的超定额用量问题等。

如何成为成本会计经理?当你对企业的成本了如指掌时,并可以按从企业的全局高度为成本管理提出有建议性的意见并带来实际的收益,决策适合企业的成本计算方法,解决一切非正常业务,如应对税法新政策的相关规定,可以根据相关产品的生产工艺变化结合业务实质,事前及时地更新和制定企业的成本流程,并可以很好地与内部部门进行有效沟通,有能力激励和领导成本团队时,相信你就已经具备一个优秀的成本经理应有的素质了。

 练习巩固

一、单项选择题

1. 在大量大批单步骤生产或管理上不要求分步骤计算成本的多步骤生产的企业里,应采用的成本计算方法是( )。

    A. 品种法　　　　B. 分批法　　　　　C. 分类法　　　　　D. 分步法

2. 煤矿采掘企业按照生产组织形式划分,属于( )。

    A. 大量生产　　　B. 单件生产　　　　C. 成批生产　　　　D. 简单生产

3. 纺织企业按照生产工艺过程划分属于(　　　)。

　　A. 大量生产　　　　　　　　　　　B. 多步骤生产

　　C. 成批生产　　　　　　　　　　　D. 单步骤生产

4. 分类法是在产品品种、规格繁多,但可按一定标准对产品进行分类的情况下,为了(　　　)而采用的。

　　A. 计算各类产品成　　　　　　　　B. 简化成本计算工作

　　C. 加强各类产品成本管理　　　　　D. 提高计算的准确性

5. 企业应当根据(　　　),确定适合本企业的成本计算方法。

　　A. 生产特点和成本管理要求　　　　B. 职工人数的多少

　　C. 生产规模的大小　　　　　　　　D. 生产车间的多少

6. 划分产品成本计算基本方法和辅助方法的标准是(　　　)。

　　A. 成本计算工作的简繁　　　　　　B. 对成本管理作用的大小

　　C. 应用是否广泛　　　　　　　　　D. 对于计算产品实际成本是否必不可少

7. 品种法适用的生产类型是(　　　)。

　　A. 大量成批生产　　　　　　　　　B. 大量大批生产

　　C. 小批单件生产　　　　　　　　　D. 大量小批生产

8. 分批法适用的生产类型是(　　　)。

　　A. 小批单件生产　　　　　　　　　B. 大量大批生产

　　C. 大量小批生产　　　　　　　　　D. 大量成批生产

9. 采用分步法计算产品成本的企业,其成本计算期通常(　　　)。

　　A. 与产品生产周期一致　　　　　　B. 与会计报告期一致

　　C. 与日历年度一致　　　　　　　　D. 与生产费用发生期不一致

10. 不断重复生产品种相同的产品的生产,属于(　　　)。

　　A. 大量生产　　　B. 复杂生产　　　C. 成批生产　　　D. 单件生产

二、多项选择题

1. 下列方法中,属于成本计算的基本方法的有(　　　　)。

　　A. 品种法　　　　B. 分批法　　　　C. 分批法　　　　D. 定额法

2. 生产特点和管理要求对成本计算方法的影响,主要表现在对(　　　　)等方面。

　　A. 成本计算对象的影响　　　　　　B. 成本计算期的影响

　　C. 成本分配的影响　　　　　　　　D. 成本核算的影响

3. 下列各项中,属于按照生产组织划分的有(　　　　)。

　　A. 单步骤生产　　B. 多步骤生产　　C. 大量大批生产　　D. 小批单件生产

4. 下列各项中,属于按照生产工艺划分的有(　　　　)。

　　A. 单步骤生产　　B. 多步骤生产　　C. 大量大批生产　　D. 小批单件生产

5. 下列各项中,成本计算期与产品生产周期不一致的有(　　　　)。

　　A. 大量大批生产企业　　　　　　　B. 大量大批单步骤生产企业

　　C. 大量大批多步骤生产企业　　　　D. 小批单件生产企业

三、判断题

1. 在复杂生产中,为了加强各生产步骤的成本管理,都应当按照生产步骤计算产品成本。
（　　）

2. 在单件小批生产中,产品成本有可能在某批产品完工后计算,因而成本计算是不定期的,而是与生产周期相一致。
（　　）

3. 企业的生产按其生产组织形式的特点划分,可分为单步骤生产和多步骤生产两类。
（　　）

4. 生产费用计入产品成本程序,是指产品在生产过程中发生的各种费用,经过归集和分配,最终汇总成产品成本的步骤。
（　　）

5. 单步骤生产,又称简单生产,是指工艺过程不可间断,或生产地点不便分散,通常只能由一个企业整体进行生产的产品生产。
（　　）

 **项目总结** ～～～～～～～～～～～～～～～～～～～～～

一、复习思考

1. 复习企业的生产类型,结合企业的管理要求,思考它们会对成本计算方法的选择产生怎样影响;

2. 复习企业主要成本计算方法,理解各个方法的概念、特点、适用范围。

二、总结评价

根据要求完成本项目所有任务后,请填写确定产品成本计算方法项目训练总结评价表(表2-1)。

表 2-1　确定产品成本计算方法项目训练总结评价表

考评内容标准	评　　价			
	熟练	较好	一般	不会
生产类型特点和成本管理要求对产品成本计算的影响掌握情况				
产品成本的计算方法掌握情况				
成本计算的辅助方法掌握情况				
总结与反思				

项目三
归集和分配要素费用

 学习目标 ～～～～～～～～～～～～～～～～～～～～～

知识目标：

1. 了解要素费用的概念、分类和分配方法；
2. 掌握材料费用的归集和分配；
3. 掌握人工费用的归集和分配；
4. 掌握折旧及其他费用的归集和分配。

技能目标：

1. 能够编制领料凭证汇总表，结转发出材料成本；
2. 能够编制动力费用分配表；
3. 能够编制人工费用分配表；
4. 能够编制折旧费用分配表。

素养目标：

培育求真务实、业务精湛、精益求精的工匠精神。

学习导入

现在奶茶比较红火，各种品牌的奶茶店层出不穷。想要成功开一家奶茶店，除了选址、选品牌外，合理计算出奶茶店的开店成本也非常重要，这些成本包括店面的房屋租金、店员的人工成本、各种原料的成本、设备的折旧磨损、水电费用等等，这些都是我们在生产产品或是提供服务过程中产生的要素费用，本项目将学习要素费用的归集和分配。

任务一 **认知要素费用核算**

 任务提出

思考：要素费用与成本项目同样都是用来表述生产过程中产生的支出的名词，两者有何不同之处？

理论学习

一、要素费用的概述

要素费用，是企业在生产过程中发生的费用，主要包括劳动对象、劳动手段、活劳动等方面的费用。

二、要素费用的分类

（一）按要素费用的经济内容或经济性质分类

要素费用按经济内容或经济性质分类，可以分为：外购材料、外购燃料、外购动力、工资及职工福利费、折旧费、利息费用、税金以及其他支出。

（二）按要素费用的经济用途分类

要素费用按照经济用途的不同，可以分为生产费用和期间费用。

1. 生产费用

生产费用，是指企业在生产过程中所发生的应计入产品或劳务成本的各种费用。生产费用按其具体用途所划分的项目称为产品成本项目，一般包括直接材料、直接人工、制造费用等成本项目。

生产费用和生产成本的内容基本一致，两者的主要区别在于归集费用的基础不同。生产费用针对一定会计期间来归集，某一会计期间的生产费用可能包含几个不同产品或劳务的生产成本；生产成本则针对一定产品或一定劳务来归集费用，某种产品或某项劳务的生产成本中可能包括几个会计期间所发生的生产费用。生产成本是对象化的生产费用。

另外，生产费用按计入产品成本的方法不同，可分为直接费用和间接费用。

（1）直接费用。为某一特定产品耗用，可直接计入该种产品成本的生产费用。即直接费用直接计入成本计算对象。

（2）间接费用。为多种产品共同耗用，不能直接计入某种产品成本的生产费用。即间接费用通常先归集，再采用合理有效的方式分配计入成本计算对象。

2. 期间费用

期间费用，是指企业日常活动中发生的不能计入特定核算对象的成本，而应计入发生当期损益的费用，主要包括销售费用、管理费用和财务费用。

（1）销售费用。销售费用，是指企业销售商品和材料、提供服务的过程中发生的各种费用，包括企业在销售商品过程中发生的保险费、包装费、展览费和广告费、商品维修费、预计产品质量保证损失、运输费、装卸费等以及为销售本企业商品而专设的销售机构（含销售网点、售后服务网点等）的职工薪酬、业务费、折旧费、相关的固定资产修理费等经营费用。

（2）管理费用。管理费用，是指企业为组织和管理生产经营发生的各种费用，包括企业在筹建期间内发生的开办费、董事会和行政管理部门在企业的经营管理中发生的以及应由企业统一负担的公司经费（包括行政管理部门职工薪酬、物料消耗、低值易耗品摊销、办公费和差旅费等）、行政管理部门负担的工会经费、董事会费（包括董事会成员津贴、会议费和差旅费等）、聘请中介机构费、咨询费（含顾问费）、诉讼费、业务招待费、技术转让费、研究费用、行政管理部门发生的固定资产修理费用等。

（3）财务费用。财务费用，是指企业为筹集生产经营所需资金等而发生的筹资费用，包括利息支出（减利息收入）、汇兑损益以及相关的手续费等。

三、要素费用的分配

对于直接用于产品生产、专门设立成本项目的费用，应单独记入"基本生产成本"总账账户，及该产品成本明细账的"原材料""燃料及动力""直接人工"成本项目；如果是某种产品的直接费用，应直接记入该产品成本明细账；如果是多种产品共同负担的间接费用，则应采用适当的分配方法，分配记入各产品成本明细账，其计算公式如下：

$$费用分配率＝待分配费用总额÷分配标准之和$$

$$某成本对象应分配的费用＝该成本对象的分配标准×费用分配率$$

费用的分配标准应当与被分配费用有比较密切的联系，且分配标准的资料比较容易取得。分配标准主要有：① 成果类，如产品的重量、体积、产量、产值等；② 消耗类，如生产工时、生产工人工资、机器工时、原材料消耗或原材料费用等；③ 定额类，如定额消耗量、定额费用、定额工时等。

对于直接用于辅助生产，专门设立成本项目的费用，应直接记入"辅助生产成本"总账科目及所属明细账。

对于直接用于产品生产但没有专设成本项目的各项费用、间接用于产品生产及生产部门为管理和组织生产活动而发生的各项费用，如机器设备折旧费、修理费、办公费等，应记入"制造费用"总账科目及所属明细账。

厂部行政管理部门耗用的要素费用，记入"管理费用"总账科目及所属明细账。

企业专设销售机构耗用的要素费用，记入"销售费用"总账科目及所属明细账。

筹集资金活动中发生的费用，记入"财务费用"总账科目及所属明细账。

购建固定资产、购买无形资产等资本性支出,记入"在建工程""无形资产"等账户。

 任务解答

企业生产经营过程中发生的费用,按经济内容分类,称为要素费用,按经济用途进行分类并计入产品成本,称为成本项目。

例如:"外购材料"是一种要素费用,当耗用的材料为产品的组成部分时,"外购材料"计入"直接材料"成本项目;当耗用的材料是用来维修机器,这时的材料费用计入"制造费用"成本项目,一个要素费用在分配后可按用途对应多个成本项目。

任务二 **归集和分配材料费用**

 任务提出

北京恒锋有限公司设有一个基本生产车间和两个辅助生产车间,大量单步骤生产双桶波轮式洗衣机和全自动波轮式洗衣机,采用品种法计算产品成本。2023年3月与材料费用有关的成本计算资料如下:

(1)公司原材料采用计划成本法组织日常核算,材料成本差异率为综合差异率,材料成本差异率计算保留百分号前2位小数;周转材料、库存商品采用实际成本法组织日常核算。

(2)本月发生的直接材料费如属于多种产品共同耗用的材料,以各种产品材料定额消耗量为标准在各种产品之间进行分配;本月发生的直接人工费和制造费用按实际生产工时在各种产品之间进行分配。

要求:

(1)3月31日,根据"委托加工物资材料成本差异计算表""收料凭证汇总表"计算并结转本月入库材料计划成本及材料成本差异,如表3-1—表3-3所示。

表 3-1 委托加工物资材料成本差异计算表　　　　　　金额单位:元

材料名称	单位	入库数量	计划单价	计划总成本	实际总成本	材料成本差异
PCM 彩钢板	千克	200 000	6.70		1 344 000.00	
合　计		—	—			

表 3-2 收料凭证汇总表 金额单位：元

材 料 名 称	单位	入库数量	计划单价	计划总成本
洗涤电动机	个	5 000	86.00	
控制装置	个	5 000	203.60	
电动机	个	5 600	180.00	
电气控制系统	个	5 600	216.40	
组装耗材	个	10 000	36.50	
辅助耗材	个	0	9.00	
合　计		—	—	

表 3-3 入库材料成本差异计算表 金额单位：元

材料名称	单位	入库数量	计划单价	计划总成本	实际总成本	材料成本差异
洗涤电动机	个	5 000	86.00		440 000.00	
控制装置	个	5 000	203.60		1 031 500.00	
电动机	个	5 600	180.00		1 019 200.00	
电气控制系统	个	5 600	216.40		1 232 560.00	
组装耗材	个	10 000	36.50		366 800.00	
合　计					4 090 060.00	

（2）编制发出材料汇总表及材料费用分配表，分配并结转本月发出材料计划成本，如表 3-4—表 3-6 所示。

表 3-4 发出材料汇总表 金额单位：元

材 料 用 途				生 产 产 品						合　计	
				双桶洗衣机		全自动洗衣机		共同耗用			
品　名	单位	计划单价	数量	金额	数量	金额	数量	金额	数量	金额	
PCM 彩钢板	千克	6.70					182 400				
控制装置	个	203.60	4 200								
洗涤电动机	个	86.00	4 200								

续　表

材料用途			生产产品						合　计	
			双桶洗衣机		全自动洗衣机		共同耗用			
品　名	单位	计划单价	数量	金额	数量	金额	数量	金额	数量	金额
电动机	个	180.00			5 000					
电气控制系统	个	216.40			5 000					
组装耗材	个	36.50					9 200			
辅助耗材	千克	9.00					12 300			
合　计										

表 3-5　生产车间材料费用分配表 金额单位：元

计入成本方式		分配率	双桶洗衣机 4 200(台)			全自动洗衣机 5 000(台)			合计
材料名称			单位消耗定额	分配标准	分配额	单位消耗定额	分配标准	分配额	
分配计入	PCM 彩钢板		22			18			
	组装耗材		1			1			
	辅助耗材		1.5			1.2			
直接计入									
合　计									

表 3-6　辅助生产车间发出材料汇总表 金额单位：元

辅助生产车间	单位	计划单价	供水车间		供电车间		合计	
			数量	金额	数量	金额	数量	金额
辅助耗材	千克	9.00	100		500			

（3）计算并结转本月发出材料应负担的成本差异，如表 3-7、表 3-8 所示。

表 3-7　材料成本差异率计算表 金额单位：元

材料成本差异		原材料计划成本		
期初结存	本期增加	期初结存	本期增加	材料成本差异率
-11 685.19		2 247 900.00		

表3-8　发出材料成本差异计算表　　　　　金额单位：元

产品名称	计划成本	材料成本差异率(%)	材料成本差异额
双桶			
全自动			
供水车间			
供电车间			
合　计			

（4）结转本月发出周转材料成本，如表3-9所示。

表3-9　周转材料分配表　　　　　金额单位：元

材料名称	单位	单位成本	双桶洗衣机		全自动洗衣机	
			数量	金额	数量	金额
1#纸箱	个	6.50	4 200			
2#纸箱	个	5.80			5 000	
1#泡沫	套	5.10	4 200			
2#泡沫	套	4.70			5 000	
合　计						

理论学习

一、材料费用的归集

知识详解：
材料费用的
发出计价

　　材料费用，是指企业在生产经营过程中实际消耗的各种原料及主要材料、辅助材料、外购半成品、修理用备件配件、燃料、包装物和低值易耗品等的费用。

　　材料费用在实务工作中通常是通过领料单，或者依据领料单归类编制材料发料凭证汇总表进行归集的。领料单是由领用材料的部门或者人员根据所需领用材料的数量填写的单据。领用时需对材料成本进行计价，再根据相关影响因素进行分配，常见的计价方法有先进先出法、加权平均法、计划成本法等（《财务会计》课程中已有介绍，本书不再赘述）。

二、材料费用分配的核算

　　材料费用分配，是指企业将一定时期所耗用的直接材料、间接材料费用按不同方式计入产品成本。

（一）材料费用的分配对象

通常情况下，材料费用分配是按用途、按部门或受益对象来分配的。

（1）用于产品生产的材料费用由基本生产的各种产品负担，应记入"基本生产成本"总账账户及明细账的有关成本项目。

（2）用于辅助生产的材料费用由辅助产品或劳务承担，应记入"辅助生产成本"总账账户及明细账的有关成本项目。

（3）用于维护生产设备等的各种材料，应由产品或劳务承担，但由于不能直接记入"基本生产成本"或"辅助生产成本"账户，应先记入"制造费用"账户进行归集，再分配记入上述两个账户。

（4）用于产品销售以及企业行政部门组织和管理生产的材料费用，则由销售费用和管理费用负担，应记入"销售费用"和"管理费用"账户的有关费用项目等。

（二）材料费用的分配方法

材料费用的分配方法，是指将材料费用计入各负担对象的方法。通常情况下，对于材料费用的承担对象能够独立辨别的，可以直接计入该分配对象；对于材料费用的承担对象不能独立辨别，由几种产品共同耗用，属于间接费用，应采用既合理又简便的分配方法，间接分配计入各有关分配对象。本部分主要介绍材料定额耗用量比例法和材料定额费用比例法。

1. 材料定额耗用量比例法

材料定额耗用量比例法，是指一定产量下按照材料消耗定额计算的可以消耗的数量。其中，材料消耗定额是指单位产品可以消耗的材料数量限额。具体计算步骤如下：

（1）计算某种产品材料定额消耗量。

$$某种产品材料定额消耗量＝该种产品实际产量×单位产品材料消耗定额$$

（2）计算材料消耗量分配率。

$$材料消耗量分配率＝材料实际总消耗量÷各产品材料定额消耗量之和$$

（3）计算某种产品应分配材料数量。

$$某种产品应分配材料数量＝该产品材料定额消耗量×材料消耗量分配率$$

（4）计算某种产品应分配的材料费用。

$$某种产品应分配的材料费用＝该种产品应分配的材料数量×材料单价$$

以上方法可考核材料消耗定额的执行情况，有利于加强成本管理，但是分配计算量大。为简化核算工作，也可采用按定额消耗量的比例直接分配材料费用，其计算公式如下：

$$某种产品材料定额消耗量＝该种产品实际产量×单位产品材料消耗定额$$

$$材料费用分配率＝材料实际总消耗量×材料单价÷各产品材料定额消耗量之和$$

$$某种产品应分配的材料费用＝该种产品的材料定额消耗量×材料单价$$

【例3-1】 南京企峰电器有限公司本月生产甲、乙两种产品,共耗用原材料10 000千克,每千克12元。本月投产量为甲产品1 000件,乙产品2 000件。各种产品消耗定额为甲产品6千克,乙产品5千克。

要求:按材料定额耗用量比例法计算甲、乙产品各自应分配的原材料费用。

【解析】

(1)计算某种产品材料定额消耗量。

甲产品材料定额消耗量=6×1 000=6 000(千克)

乙产品材料定额消耗量=5×2 000=10 000(千克)

(2)计算材料消耗量分配率。

材料消耗量分配率=10 000÷16 000=0.625

(3)计算某种产品应分配材料数量。

甲产品应分配的材料数量=6 000×0.625=3 750(千克)

乙产品应分配的材料数量=10 000×0.625=6 250(千克)

(4)计算某种产品应分配的材料费用。

甲产品应分配的材料费用=3 750×12=45 000(元)

乙产品应分配的材料费用=6 250×12=75 000(元)

2. 材料定额费用比例法

材料定额费用比例法,是指在各种产品共同耗用材料种类较多的情况下,为了进一步简化分配计算工作,可以按照各种材料定额费用的比例来分配实际材料费用。具体计算步骤如下:

(1)计算某种产品材料定额费用。

某种产品材料定额费用=该种产品实际产量×单位产品该种材料定额费用

单位产品该种材料定额费用=单位产品该种材料消耗定额×该种材料计划单价

(2)计算材料费用分配率。

材料费用分配率=各种材料实际费用总额÷各种产品各种材料定额费用之和

(3)计算某种产品应分配的材料费用。

某种产品应分配的材料费用=该种产品材料定额费用×材料费用分配率

提示

对间接计入产品成本的辅助材料的分配方法,如果是耗用在主要材料上,可以按主要材料的耗用量比例分配,如果耗用的辅助材料与产品的产量有关,也可以按产品产量比例分配;如果辅助材料的消耗定额比较准确,可以按辅助材料的定额消耗量或定额费用比例分配。

【例3-2】 南京企峰电器有限公司3月生产甲、乙两种产品,共同领用A、B两种主要材料,共计21 800元。本月投产甲产品120件,乙产品100件。单位产品材料定额:甲产品A材料60元,B材料32元;乙产品A材料30元,B材料40元。

要求：采用材料定额费用比例法计算甲、乙产品各自应分配的材料费用。

【解析】

（1）计算甲、乙产品材料定额费用。

甲产品 A 材料定额费用＝120×60＝7 200（元）

甲产品 B 材料定额费用＝120×32＝3 840（元）

甲产品材料定额费用＝7 200＋3 840＝11 040（元）

乙产品 A 材料定额费用＝100×30＝3 000（元）

乙产品 B 材料定额费用＝100×40＝4 000（元）

乙产品材料定额费用＝3 000＋4 000＝7 000（元）

（2）计算材料费用分配率。

材料费用分配率＝21 800÷（11 040＋7 000）＝1.208 4

（3）计算甲、乙产品应分配的材料费用。

甲产品应分配的材料费用＝11 040×1.208 4＝13 340.74（元）

乙产品应分配的材料费用＝21 800－13 340.74＝8 459.26（元）

（三）材料费用分配表的编制

材料费用的分配在实务工作中需要通过编制"材料费用分配表"进行。

任务解答

步骤一： 计算并结转本月入库材料计划成本及材料成本差异，委托加工物资材料成本差异计算表如表 3-10 所示，收料凭证汇总表如表 3-11 所示，入库材料成本差异计算表如表 3-12 所示。

表 3-10　委托加工物资材料成本差异计算表　　　　　金额单位：元

材料名称	单位	入库数量	计划单价	计划总成本	实际总成本	材料成本差异
PCM 彩钢板	千克	200 000	6.70	1 340 000.00	1 344 000.00	4 000.00
合　计		—	—			

表 3-11　收料凭证汇总表　　　　　金额单位：元

材　料　名　称	单位	入库数量	计划单价	计划总成本
洗涤电动机	个	5 000	86.00	430 000.00
控制装置	个	5 000	203.60	1 018 000.00
电动机	个	5 600	180.00	1 008 000.00
电气控制系统	个	5 600	216.40	1 211 840.00

续　表

材料名称	单位	入库数量	计划单价	计划总成本
组装耗材	个	10 000	36.50	365 000.00
辅助耗材	个	0	9.00	0.00
合　　计	—	—	—	4 032 840.00

表 3-12　入库材料成本差异计算表　　　　　　金额单位：元

材料名称	单位	入库数量	计划单价	计划总成本	实际总成本	材料成本差异
洗涤电动机	个	5 000	86.00	430 000.00	440 000.00	10 000.00
控制装置	个	5 000	203.60	1 018 000.00	1 031 500.00	13 500.00
电动机	个	5 600	180.00	1 008 000.00	1 019 200.00	11 200.00
电气控制系统	个	5 600	216.40	1 211 840.00	1 232 560.00	20 720.00
组装耗材	个	10 000	36.50	365 000.00	366 800.00	1 800.00
合　　计				4 032 840.00	4 090 060.00	57 220.00

步骤二：编制发出材料汇总表及材料费用分配表，分配并结转本月发出材料计划成本。发出材料汇总表如表 3-13 所示，生产车间材料费用分配表如表 3-14 所示，辅助生产车间发出材料汇总表如表 3-15 所示。

表 3-13　发出材料汇总表　　　　　　金额单位：元

材料用途			生产产品						合　计	
			双桶洗衣机		全自动洗衣机		共同耗用			
品　名	单位	计划单价	数量	金额	数量	金额	数量	金额	数量	金额
PCM彩钢板	千克	6.70					182 400	1 222 080.00	182 400	1 222 080.00
控制装置	个	203.60	4 200	855 120.00					4 200	855 120.00
洗涤电动机	个	86.00	4 200	361 200.00					4 200	361 200.00
电动机	个	180.00			5 000	900 000.00			5 000	900 000.00
电气控制系统	个	216.40			5 000	1 082 000.00			5 000	1 082 000.00

续 表

| 材料用途 | | | 生产产品 | | | | | | 合 计 | |
| | | | 双桶洗衣机 | | 全自动洗衣机 | | 共同耗用 | | | |
品 名	单位	计划单价	数量	金额	数量	金额	数量	金额	数量	金额
组装耗材	个	36.50					9 200	335 800.00	9 200	335 800.00
辅助耗材	千克	9.00					12 300	110 700.00	12 300	110 700.00
合 计				1 216 320.00		1 982 000.00		1 668 580.00	222 300	4 866 900.00

表 3-14 生产车间材料费用分配表 金额单位：元

| 计入成本方式 | | 分配率 | 双桶洗衣机 4 200(台) | | | 全自动洗衣机 5 000(台) | | | 合计 |
材料名称			单位消耗定额	分配标准	分配额	单位消耗定额	分配标准	分配额	
分配计入	PCM 彩钢板	6.70	22	92 400	619 080.00	18	90 000	603 000.00	1 222 080.00
	组装耗材	36.50	1	4 200	153 300.00	1	5 000	182 500.00	335 800.00
	辅助耗材	9.00	1.5	6 300	56 700.00	1.2	6 000	54 000.00	110 700.00
直接计入					1 216 320.00			1 982 000.00	3 198 320.00
合 计					2 045 400.00			2 821 500.00	4 866 900.00

表 3-15 辅助生产车间发出材料汇总表 金额单位：元

| 辅助生产车间 | 单位 | 计划单价 | 供水车间 | | 供电车间 | | 合计 | |
			数量	金额	数量	金额	数量	金额
辅助耗材	千克	9.00	100	900.00	500	4 500.00	600	5 400.00

步骤三：计算并结转本月发出材料应负担的成本差异。材料成本差异率计算表如表 3-16 所示，发出材料成本差异计算表如表 3-17 所示。

表 3-16 材料成本差异率计算表 金额单位：元

| 材料成本差异 | | 原材料计划成本 | | |
期初结存	本期增加	期初结存	本期增加	材料成本差异率
-11 685.19	61 220.00	2 247 900.00	5 372 840.00	0.65%

表 3‑17　发出材料成本差异计算表　　　　　　　　金额单位：元

产品名称	计划成本	材料成本差异率(%)	材料成本差异额
双桶	2 045 400.00	0.65%	13 295.10
全自动	2 821 500.00	0.65%	18 339.75
供水车间	900.00	0.65%	5.85
供电车间	4 500.00	0.65%	29.25
合　计	4 872 300.00		31 669.95

步骤四：结转本月发出周转材料成本。周转材料分配表如表 3‑18 所示。

表 3‑18　周转材料分配表　　　　　　　　金额单位：元

材料名称	单位	单位成本	双桶洗衣机		全自动洗衣机	
			数量	金额	数量	金额
1#纸箱	个	6.50	4 200	27 300.00		
2#纸箱	个	5.80			5 000	29 000.00
1#泡沫	套	5.10	4 200	21 420.00		
2#泡沫	套	4.70			5 000	23 500.00
合　计				48 720.00		52 500.00

 **任务三　归集和分配外购燃料及动力费用**

 任务提出

北京立诚机械有限公司 2023 年 3 月耗用电力 200 000 千瓦·时，单价 0.5 元，共计 100 000 元。其中：基本生产车间用电 150 000 千瓦·时，车间一般耗用 6 000 千瓦·时；机修车间用电 30 000 千瓦·时，运输车间用电 6 400 千瓦·时；行政管理部门用电 7 600 千瓦·时。据统计基本生产车间为生产双桶波轮式洗衣机和全自动波轮式洗衣机分别耗用 10 000 工时和 20 000 工时。

要求：根据上述资料，以产品生产工时比例分配基本生产车间生产用电费，并编制外购动力费用分配表(表3-19)。

表3-19　外购动力费用分配表

金额单位：元

产品或部门	单独耗用动力费用	共同动力费用分配			动力费用总额
		生产工时(小时)	分配率	分配额	
双桶洗衣机					
全自动洗衣机					
小　计					
车间一般耗用					
机修车间					
运输车间					
行政管理部门					
合　计					

▽　理论学习

一、外购燃料费用的归集和分配

直接用于产品生产的外购燃料的费用,应直接计入各种产品的生产成本:

(1)当燃料费用占产品成本比重较大的情况下,产品成本明细账中应单独设置"燃料及动力"成本项目,存货核算应增设"燃料"一级账户,且燃料费用分配表应单独编制;

(2)当燃料费用占产品成本比重较小的情况下,产品成本明细账中无须单独设"燃料及动力"成本项目,应将燃料费用直接记入"直接材料"成本项目,存货核算中"燃料"可作为"原材料"账户的二级账户进行核算,燃料费用分配可在材料费用分配表中加以反映。

如果燃料为多种产品共同耗用,应按适当的分配标准在各产品之间进行分配,如按定额耗用量比例、产品工时比例等进行分配。

车间管理消耗的燃料费用、辅助生产消耗的燃料费用、行政管理部门进行生产经营管理消耗的燃料费用、产品销售消耗的燃料费用等,应分别记入"制造费用(基本生产车间)""辅助生产成本""管理费用""销售费用"等账户。

二、外购动力费用归集和分配

(一)外购动力费用的归集

外购动力的耗用数量一般是根据电表等计量仪表所显示的计量数为准,动力供应单位定期从仪表上抄录后,向企业开列账单收取相应的动力费用。因此,动力供应单位提供的账单费用即作为动力费用。外购动力费用包括电力费用、热力费用等。付款时,一般借记"应付账款"账户,贷记"银行存款"账户。

> **【思考】**　外购动力付款时为什么不借记成本费用账户,贷记"银行存款"账户?
>
> **【解析】**　外购动力费一般不是在每月末支付,而是在每月下旬的某日支付。如:10月21日支付的电费是9月20日至10月20日期间所耗电费,而10月份的实际电力耗费只有到10月月末才能计算分配,两者金额往往不一致。此种账务处理是符合权责发生制原则的。
>
> 　　若每月支付外购动力费的日期基本固定,且每月付款日至月末应付动力费用相差不多,也可不通过"应付账款"账户核算,可于付款时直接借记成本费用账户,贷记"银行存款"账户。

(二) 外购动力费用的分配

外购动力费用的核算比较简单,不存在收、付、存业务,没有领发料过程。外购动力费用的分配,在有仪表的情况下,应根据仪表所示耗用数量及单价计算;无仪表的情况下,可按生产工时比例、定额消耗量比例、机器功率时数比例分配。

(1) 直接用于产品生产的动力费用,应直接计入各种产品的生产成本:

① 若外购动力费用占产品成本比重较大,应单设"燃料及动力"成本项目;

② 若外购动力费用占产品成本的比重较小,不需单设"燃料及动力"成本项目,外购动力费用记入"制造费用"成本项目。

(2) 直接用于辅助生产的动力费用、用于基本生产和辅助生产但未专设成本项目的动力费用、用于组织和管理生产经营活动的动力费用,应按外购动力费用的用途分别计入"辅助生产成本""制造费用""管理费用"等账户和所属明细账。

任务解答

步骤一:计算并分配外购电力费用。

根据[任务提出]中的资料,基本生产车间用电150 000度,单价0.5元,共计75 000元。以产品生产工时比例作为分配标准进行分配,两种产品分别耗用10 000工时和20 000工时。因此,计算和分配外购电力费用的过程如下:

分配率=75 000÷(10 000+20 000)=2.5

双桶洗衣机分配的动力费用=2.5×10 000=25 000(元)

全自动洗衣机分配的动力费用=2.5×20 000=50 000(元)

步骤二:编制外购动力费用分配表(表3-20)。

表 3-20　外购动力费用分配表　　　　　　　　　金额单位：元

产品或部门	单独耗用动力费用	共同动力费用分配			动力费用总额
		生产工时(小时)	分配率	分配额	
双桶洗衣机		10 000		25 000	25 000
全自动洗衣机		20 000		50 000	50 000
小　计		30 000	2.5	75 000	75 000
车间一般耗用	3 000				3 000
机修车间	15 000				15 000
运输车间	3 200				3 200
行政管理部门	3 800				3 800
合　计	25 000				100 000

借：基本生产成本——双桶洗衣机　　　　　　　　　　　　25 000
　　　　　　　　——全自动洗衣机　　　　　　　　　　　50 000
　　制造费用　　　　　　　　　　　　　　　　　　　　　3 000
　　辅助生产成本——机修车间　　　　　　　　　　　　　15 000
　　　　　　　　——运输车间　　　　　　　　　　　　　3 200
　　管理费用　　　　　　　　　　　　　　　　　　　　　3 800
　　贷：应付账款　　　　　　　　　　　　　　　　　　　　　100 000

任务四　归集和分配职工薪酬

 任务提出

　　北京恒锋电器有限公司设有一个基本生产车间和两个辅助生产车间,大量单步骤生产双桶波轮式洗衣机和全自动波轮式洗衣机,采用品种法计算产品成本。2023 年 3 月与职工薪酬有关的成本计算资料如下：

　　(1)公司职工福利费和职工教育经费不预提,按实际发生金额列支。

　　(2)公司为职工缴纳的医疗保险费、工伤保险费、生育保险费等社会保险费和住房公积金,以及按规定提取的工会经费和职工教育经费,在职工为其提供服务的会计期间,根据规定的计提基础和计提比例计算确定相应的职工薪酬金额,确认相应负债,并计入当期损益或相关资产成本。

要求：

（1）分配本月职工薪酬，如表 3-21 所示。

（2）分配本月发生的职工福利费，如表 3-22 所示。

（3）分配本月发生的职工教育经费，如表 3-23 所示。

表 3-21　职工薪酬分配表　　　　　　　　　金额单位：元

受益对象		分配标准（工时）（小时）	分配率	分配金额
生产车间工人	双桶洗衣机	16 640		
	自动洗衣机	20 384		
	小　计			1 313 981.76
车间管理人员				53 826.96
公司管理人员				188 515.00
公司销售人员				68 900.80
供水车间人员				3 030.15
供电车间人员				6 350.75
合　计				1 634 605.42

表 3-22　职工福利分配表　　　　　　　　　金额单位：元

受益对象		分配标准（人数）（人）	分配率	分配金额
生产车间工人	双桶洗衣机	80		
	自动洗衣机	98		
	小　计			56 960.00
车间管理人员				1 920.00
公司管理人员				6 400.00
公司销售人员				1 920.00
供水车间人员				200.00
供电车间人员				600.00
合　计				68 000.00

表 3-23 职工教育经费分配表 金额单位:元

受益对象		分配标准(人数)(人)	分配率	分配金额
生产车间工人	双桶洗衣机	80		
	自动洗衣机	98		
	小 计			17 800.00
车间管理人员				1 200.00
公司管理人员				4 800.00
公司销售人员				1 200.00
供水车间人员				50.00
供电车间人员				100.00
合 计				25 150.00

 理论学习

一、职工薪酬的构成与确认

职工薪酬,是指企业为获得职工提供的服务而给予各种形式的报酬及其他相关支出,主要包括:① 职工工资、奖金、津贴和补贴;② 职工福利费;③ 养老保险、医疗保险、失业保险、工伤保险和生育费等社会保险费;④ 住房公积金;⑤ 工会经费和职工教育经费;⑥ 非货币性福利;⑦ 因解除与职工的劳动关系给予的补偿;⑧ 其他与获得职工提供的服务相关的支出。

其中,职工工资是企业支付给职工的劳动报酬,是企业对职工在工作中使用知识、技能、消耗时间、精力等而给予的一种补偿,也是企业人工费用的主要构成。企业在一定时期内支付给全体职工的劳动报酬总额称为工资总额,包括计时工资、计件工资、奖金、津贴与补贴、加班加点工资和特殊情况下支付的工资。

二、职工薪酬的分配

(一)职工薪酬分配的依据

职工薪酬分配的依据一般是工资结算单、工资结算汇总表,表中含应付工资总额、代发款项、代扣款项、实发金额等资料。

(二)职工薪酬的分配方法

计件工资一般属直接费用,应直接计入产品成本明细账;计时工资及其他工资一般属间接费用,应在各受益产品之间进行分配,如果只生产一种产品,则直接计入生产成本中。

1. 计时工资式下的分配

（1）月薪制。

月薪制，是指按职工固定的月标准工资扣除缺勤工资计算其工资的一种方法。采用月薪制时，只要职工出满勤，不论该月份是多少天数，都可以得固定的月标准工资；如果出现缺勤，则应从月标准工资中将缺勤工资予以扣除。在缺勤扣薪中，事假按日工资的100%扣发工资，病假则根据连续请假时间的长短以及工龄等因素，工资扣发比例也不同。相关计算公式如下：

$$应付计时工资＝月标准工资－缺勤应扣工资$$

$$缺勤应扣工资＝缺勤天数×日工资×应扣比例$$

$$日工资＝月标准工资÷月工作天数$$

其中，工作天数的确定，通常采用两种计算方式，一种是按日历平均天数 30 天计算，另一种是按月平均工作天数 20.83 天计算。

 提示

① 按日历平均天数 30 天计算：对出勤期间的双休日和节假日视作出勤处理，对缺勤期间的双休日和节假日均做缺勤处理。

② 按月平均工作天数 20.83 天计算：无论出勤或是缺勤，均不考虑双休日与节假日。

【例 3-3】 2024 年 4 月共 30 天，其中双休日 8 天，法定假日 1 天。李军月基本工资6 000 元，14 日至 17 日请事假，其中 15 日、16 日两天为双休日；另 25 日至 26 日请病假（25 日、26 日两天为工作日）。李军工龄 2 年，病假扣发比例为 30%。

要求：月薪制下按月工作日 30 天，计算李军 4 月工资。

【解析】

日工资＝6 000÷30＝200（元/日）

李军 4 月工资＝6 000－4×200－2×200×30%＝5 080（元）

（2）日薪制。

日薪制，是指根据企业生产需要，以日薪作为计酬标准，按照实际工作日每天进行支付的一种短期用工形式。日薪制的计算通常基于职工实际出勤天数和日工资标准。其计算公式如下：

$$应付计时工资＝出勤天数×日工资＋病假应发工资$$

$$病假应发工资＝病假天数×日工资×病假应发比例$$

$$日工资＝月标准工资÷月工作天数$$

其中，工作天数确定，通常采用两种计算方式，一种是按日历平均天数 30 天计算；另一种是按月平均工作天数 20.83 天计算。

2. 计件工资式下的分配

（1）个人计件工资。

一个人单独完成产品或零部件的生产过程，有单独的产量记录和计件工资标准。生产过程中出现的料废品应当计算计件工资；出现的工废品不得计算计件工资。个人计件工资的计算公式如下：

$$个人计件工资=\sum\left[（合格品数量+料废品数量）\times 单位计件工资\right]$$

提示

料废品：因材料问题造成的废品；工废品：材料达标，但因生产者疏忽，人为造成的废品。

（2）集体计件工资。

需要两人以上共同完成产品或零部件的生产，在生产过程中出现的废品处理与个人计件工资处理相同。计算步骤及公式如下：

① 计算集体计件工资，计算公式与个人计件工资计算公式相同；

② 计算集体计时工资总额；

③ 计算计件工资分配率：

$$计件工资分配率=集体计件工资\div 集体计时工资总额$$

④ 计算个人应得计件工资：

$$个人应得计件工资=该工人计时工资\times 计件工资分配率$$

【例3-4】　王某、李某、赵某于4月共同加工零件2 000件，计件工资5元/件。验收入库时发现有废品20件，其中工废15件，料废5件。王某工作时间为120小时，李某工作时间为160小时，赵某工作时间为150小时。三人计时工资分别为王某20元/小时、李某18元/小时、赵某10元/小时。

要求：分别计算王某、李某及赵某的计件工资。（分配率保留4位小数，尾差计入赵某工资）

【解析】

集体计件工资=（2 000-15）×5=9 925（元）

计件工资分配率=9 925÷（120×20+160×18+150×10）=1.463 9

王某工资=120×20×1.463 9=3 513.36（元）

李某工资=160×18×1.463 9=4 216.03（元）

赵某工资=9 925-3 513.36-4 216.03=2 195.61（元）

（三）职工薪酬分配的账务处理

职工薪酬的分配应按工资的用途分别计入有关成本、费用账户。例如：生产工人工资应记入"基本生产成本"账户的"直接材料"成本项目；车间管理人员工资记入"制造费用"账户；辅助生产部门的工资费记入"辅助生产成本"账户；行政管理人员工资记入"管理费用"账户;销售人员工资记入"销售费用"账户。

三、职工福利费的分配

在实际工作中,职工福利费的分配,一般是通过编制"职工福利分配表"进行的,同时根据该分配表编制会计分录,并据以登记有关总账及所属明细账。

📖 任务解答

步骤一:计算和分配本月职工薪酬,职工薪酬分配表如表 3-24 所示。

表 3-24　职工薪酬分配表　　　　　　　　　金额单位:元

受益对象		分配标准(工时)(小时)	分配率	分配金额
生产车间工人	双桶洗衣机	16 640	35.49	590 553.60
	自动洗衣机	20 384	35.49	723 428.16
	小　计	37 024		1 313 981.76
车间管理人员				53 826.96
公司管理人员				188 515.00
公司销售人员				68 900.80
供水车间人员				3 030.15
供电车间人员				6 350.75
合　计				1 634 605.42

步骤二:分配本月发生的职工福利费,职工福利分配表如表 3-25 所示。

表 3-25　职工福利分配表　　　　　　　　　金额单位:元

受益对象		分配标准(人数)(人)	分配率	分配金额
生产车间工人	双桶洗衣机	80	320	25 600.00
	自动洗衣机	98	320	31 360.00
	小　计	178		56 960.00
车间管理人员				1 920.00
公司管理人员				6 400.00

续　表

受益对象		分配标准(人数)(人)	分配率	分配金额
公司销售人员				1 920.00
供水车间人员				200.00
供电车间人员				600.00
合　计				68 000.00

步骤三:分配本月发生的职工教育经费,职工教育经费分配表如表3-26所示。

表3-26　职工教育经费分配表　　　　　　　　　　金额单位:元

受益对象		分配标准(人数)(人)	分配率	分配金额
生产车间工人	双桶洗衣机	80	100	8 000.00
	自动洗衣机	98	100	9 800.00
	小　计	178		17 800.00
车间管理人员				1 200.00
公司管理人员				4 800.00
公司销售人员				1 200.00
供水车间人员				50.00
供电车间人员				100.00
合　计				25 150.00

任务五　归集和分配折旧及其他费用

 任务提出

北京恒锋电器有限公司设有一个基本生产车间和两个辅助生产车间,大量单步骤生产双桶波轮式洗衣机和全自动波轮式洗衣机,采用品种法计算产品成本。2023年3月与折旧等其他费用有关的成本计算资料如表3-17、表3-18所示。

要求：

（1）计算无形资产摊销，并完成表 3 - 27；

（2）计算并分配本月固定资产折旧，并完成表 3 - 28。

表 3 - 27　无形资产摊销表　　　　　　　　　　金额单位：元

无 形 资 产	使 用 日 期	成　　本	摊销年限(年)	月摊销额	备　注
土地使用权	2020 年 1 月 1 日	18 090 000	30		管理部门
专利权	2021 年 1 月 1 日	427 200	10		生产车间
非专利技术	2023 年 3 月 1 日	103 200	10		管理部门
合　　计		18 620 400			

表 3 - 28　固定资产折旧计算表　　　　　　　金额单位：元

使用单位和固定资产类别		月初原值	固定资产折旧率	本月应提折旧额
生产车间	厂房	20 600 000	0.40%	
	生产设备	4 500 000	0.80%	
	小　计	25 100 000		
管理部门	房屋	7 920 000	0.40%	
	运输设备	630 000	2.00%	
	管理设备	156 000	1.60%	
	小　计	8 706 000		
销售部门	管理设备	32 000	1.60%	
已出租生产设备		368 000	0.80%	
供水车间	生产设备	43 750	0.80%	
供电车间	生产设备	347 500	0.80%	
合　　　　计		34 597 250		

▢　**理论学习**

一、折旧费用的归集和分配

固定资产在长期使用过程中随着使用和时间的推移而逐渐减少的价值就是折旧，它应以折旧费用的形式计入成本、费用。

（一）折旧计算

固定资产折旧计算方法有直线法和加速折旧法两大类。直线法有年限平均法和工作量法，加速折旧法有双倍余额递减法和年数总和法。折旧计算方法在财务会计课程中已讲述，故本书不再赘述。

（二）折旧费用分配的核算

折旧费用应按照固定资产的使用车间、部门和用途，分别借记"制造费用""管理费用""销售费用"等总账账户及其属于明细账户，贷记"累计折旧"账户。折旧费用的分配是通过编制"折旧费用计算及分配表"进行的。

二、生产损失的归集和分配

生产损失，是指企业在生产产品过程中不能正常生产产品所发生的耗费，包括产品生产过程中发生的正常损耗、产生的边角废料、不符合产品质量标准的废品损失、因各种原因停工而造成的损失等。这里主要介绍废品损失和停工损失。

（一）废品损失的归集和分配

1. 废品的定义及分类

废品，是指不符合规定的技术标准，不能按原定用途使用，或需要加工修理后才能正常使用的产品。废品按照是否可以修复，分为可修复废品与不可修复废品。

可修复废品，是指经过加工修理后可以按原定用途使用，而且在经济上是合算的废品；不可修复废品，是指在技术上无法修复，或修复成本过大，在经济上不合算而放弃修复的废品。

2. 废品损失的定义及范围

废品损失，是指在产品生产过程中因出现废品而发生的耗费。对于可修复废品，废品损失是追加的修复成本扣除收回的废品残值及责任人赔款后的差额；对于不可修复的废品，废品损失是废品成本扣除收回的废品残值及责任人赔款后的差额。

3. 废品损失的核算

质检部门发现废品，填制"废品处理单"。废品损失原则上由本期的完工产品负担，月末在产品通常不承担废品损失。

对于不单独核算废品损失，可修复废品的修复费用直接计入生产成本的有关成本项目；不可修复废品只扣除产量，不结转成本，残料价值和赔偿直接冲减相应基本生产成本明细账中的直接材料和直接人工。

对于单独核算废品损失，废品损失数额如果较大，为了加强对废品损失的管理，可以单独设置"废品损失"总账，也可以在基本生产成本总账下设置"废品损失"二级账户，账内按成本项目设专栏进行核算。

 提示

"废品损失"账户的借方登记不可修复废品的生产成本和可修复废品的修复成本，贷方登记废品残料收回价值、责任人赔款及分配转出的废品净损失，月末转出后该账户无余额。"废品损失"账户按生产车间或产品品种设置明细账，进行明细分类核算。

单独核算废品损失的企业,由于废品类型不同等,废品损失的核算方法也不相同,下面将具体展开介绍。

(1) 可修复废品损失的归集和分配。

可修复废品损失,主要是指对废品进行修复所支付的修复费用。经修复后,其产品成本由原生产成本和修复费用构成。如果有废品收回残值或赔偿收入,冲减可修复废品的损失。可修复废品损失在废品进行修复时归集。其计算公式如下:

可修复废品损失＝修复废品材料费用＋修复废品人工费用＋修复废品制造费用

修复废品时发生的修复费用,从各种费用分配表中取得,并据以编制如下会计分录:

① 发生修复废品的材料费用(人工费用、制造费用)时:
借:废品损失——×产品
　　贷:原材料(应付职工薪酬、制造费用等)

② 收回废品残值或确定责任人赔偿款时:
借:原材料(其他应收款)
　　贷:废品损失——×产品

③ 结转可修复废品损失时:
借:生产成本——基本生产成本——×产品
　　贷:废品损失——×产品

【例 3-5】 南京企峰公司本月在生产过程中发现 5 件可修复甲废品。在修复过程中,耗用原材料 90 元、直接人工 60 元、制造费用 50 元,应由过失人赔偿 20 元。根据上述资料编制会计分录如下:

(1) 发生修复费用。
借:废品损失——甲产品　　　　　　　　　　　　　　　　　　200
　　贷:原材料　　　　　　　　　　　　　　　　　　　　　　　　　90
　　　　应付职工薪酬　　　　　　　　　　　　　　　　　　　　　　60
　　　　制造费用　　　　　　　　　　　　　　　　　　　　　　　　50

(2) 应收过失人赔偿。
借:其他应收款　　　　　　　　　　　　　　　　　　　　　　20
　　贷:废品损失——甲产品　　　　　　　　　　　　　　　　　　　20

(3) 结转废品净损失。
借:生产成本——基本生产成本——甲产品　　　　　　　　　180
　　贷:废品损失——甲产品　　　　　　　　　　　　　　　　　　　180

(2) 不可修复废品损失的归集和分配。

为了归集和分配不可修复的废品损失,需要先计算出废品成本。废品成本,是指生产过程中截至报废时所耗费的一切费用,扣除废品的残值和应收赔款,算出废品净损失,计入该种产品的成本。由于不可修复废品的成本与合格品的成本是同时发生并归集在一起的,因此需要采取一定的方法将废品应负担的生产费用从全部生产费用中分离出来。一般有两种方法:一是按废品所耗实际成本计算;二是按废品所耗定额成本计算。

a. 按废品所耗实际成本计算。

这种方法将生产费用按其成本项目在合格产品与废品之间进行分配,计算出废品的实际成本,将其从"基本生产成本"账户的贷方转入"废品损失"的借方。

【例3-6】 2024年3月,南京企峰公司第一基本生产车间生产甲产品,经检验合格品为440件,生产过程中发现不可修复废品10件。合格品的生产工时为1260工时、废品的生产工时为40工时。该产品基本生产成本明细账中登记的合格品和废品共同发生的生产费用为180 800元(其中:直接材料费用108 000元、直接人工费用39 000元、制造费用33 800元)。回收的废品残料价值为200元。假定原材料在生产开始时一次投入。直接材料费用按合格品与废品的数量比例分配;其他费用按合格品与废品的生产工时比例分配。则废品损失的计算,如表3-29所示。

表3-29　废品损失计算表
金额单位:元

项　　目	数量(件)	直接材料	生产工时 (小时)	直接人工	制造费用	合　　计
费用总额	450	108 000.00	1 300	39 000.00	33 800.00	180 800.00
分配率		240		30	26	
废品成本	10	2 400.00	40	1 200.00	1 040.00	4 640.00
减:残值		200.00				200.00
废品损失		2 200.00		1 200.00	1 040.00	4 440.00

同时,编制如下会计分录:

(1) 结转不可修复废品损失。

借:废品损失——甲产品　　　　　　　　　　　　　　　　　　4 640
　　贷:生产成本——基本生产成本——废品损失(直接材料)　　　2 400
　　　　　　　　　　　　　　　　——废品损失(直接人工)　　　1 200
　　　　　　　　　　　　　　　　——废品损失(制造费用)　　　1 040

(2) 回收废品残料价值。

借:原材料　　　　　　　　　　　　　　　　　　　　　　　　200
　　贷:废品损失——甲产品　　　　　　　　　　　　　　　　　200

(3) 将废品净损失结转进合格品成本。

借:生产成本——基本生产成本——甲产品　　　　　　　　　　4 440
　　贷:废品损失——甲产品　　　　　　　　　　　　　　　　　4 440

登记"基本生产成本"和"废品损失"的明细账,如表3-30、表3-31所示。

表 3-30　基本生产成本计算表　　　　　　　　　　　　单位：元

项　　目	直接材料	直接人工	制造费用	废品损失	合　计
生产费用合计	108 000.00	39 000.00	33 800.00		180 800.00
结转废品成本	2 400.00	1 200.00	1 040.00		4 640.00
转入不可修复废品净损失	−2 400.00			4 440.00	4 440.00
产品总成本	105 600.00	37 800.00	32 760.00	4 440.00	180 600.00

表 3-31　废品损失计算表　　　　　　　　　　　　单位：元

项　　目	直接材料	直接人工	制造费用	合　计
不可修复废品损失	2 400.00	1 200.00	1 040.00	4 640.00
残料入库	200.00			
结转废品净损失	2 200.00	1 200.00	1 040.00	4 440.00

b. 按废品所耗定额成本计算。

这种方法是按废品数量和事先核定的各项定额费用计算出废品的定额成本，再扣除废品残值及责任人赔偿款后确定废品净损失的方法，其特点是不考虑废品实际发生的生产成本。

【例 3-7】　沿用【例 3-6】资料，假设采用定额成本分配计算废品成本，不可修复废品 10 件中，每件的费用定额为：直接材料 100 元，直接人工 50 元，制造费用 40 元，回收废品残值 200 元。根据上述资料编制废品损失计算表，如表 3-32 所示。

表 3-32　废品损失计算表　　　　　　　　　　　　单位：元

项　　目	直接材料	直接人工	制造费用	合　计
费用定额	100.00	50.00	40.00	190.00
废品定额成本	1 000.00	500.00	400.00	1 900.00
减：残值	200.00			
废品损失	800.00	500.00	400.00	1 700.00

(二) 停工损失的归集和分配

停工损失是企业发生非季节性停工所造成的损失，包括停工期间消耗的燃料和动力、职工薪酬和制造费用等。由过失方或者保险公司支付的赔偿款冲减停工损失。为了简化核算工作,停工不足1个工作日的,通常不计算停工损失。

企业发生停工,由生产车间相关人员将停工范围、起止时间、停工原因、过失方等情况在"停工单"中加以记录,送财会部门审核后,作为计算停工损失的原始依据。

对于单独核算的停工损失,可以专设"停工损失"账户,并在产品成本计算单中增设"停工损失"成本项目。"停工损失"账户借方登记生产单位发生的各项停工损失,贷方登记应索赔的停工损失和分配结转的停工损失,月末转出后该账户无余额。不同原因产生的停工损失,采用不同的分配结转方法。由过失方或保险公司赔偿的停工损失,转作其他应收款;属于非常损失引起的停工损失,列为营业外支出;对于其他原因引起的停工损失,应计入产品成本。具体会计处理如下:

(1) 发生各种停工损失时。

借:停工损失——××车间

　　贷:生产成本

　　　　应付职工薪酬

　　　　制造费用

(2) 分配结转停工损失时。

借:生产成本——基本生产成本——××产品

　　其他应收款

　　营业外支出

　　　　贷:停工损失——××车间

对于不单独核算的停工损失,不设立"停工损失"科目及成本项目。停工期间发生的属于停工损失的各种费用,直接记入"制造费用"和"营业外支出"等科目,分别反映。这样核算比较简便,但不利于分析和控制停工损失。

任务解答

步骤一: 计算无形资产摊销,无形资产摊销表如表3-33所示。

表3-33　无形资产摊销表　　　　　　　　　　　　　　　金额单位:元

无形资产	使用日期	成　　本	摊销年限	月摊销额	备　　注
土地使用权	2020年1月1日	18 090 000	30年	50 250.00	管理部门
专利权	2021年1月1日	427 200	10年	3 560.00	生产车间
非专利技术	2023年3月1日	103 200	10年	860.00	管理部门
合　　计		18 620 400		54 670.00	

步骤二: 计算并分配本月固定资产折旧,固定资产折旧计算表如表3-34所示。

表 3 - 34 固定资产折旧计算表 金额单位：元

使用单位和固定资产类别		月初原值	固定资产折旧率	本月应提折旧额
生产车间	厂房	20 600 000	0.40%	82 400.00
	生产设备	4 500 000	0.80%	36 000.00
	小 计	25 100 000		118 400.00
管理部门	房屋	7 920 000	0.40%	31 680.00
	运输设备	630 000	2.00%	12 600.00
	管理设备	156 000	1.60%	2 496.00
	小 计	8 706 000		46 776.00
销售部门	管理设备	32 000	1.60%	512.00
已出租生产设备		368 000	0.80%	2 944.00
供水车间	生产设备	43 750	0.80%	350.00
供电车间	生产设备	347 500	0.80%	2 780.00
合 计		34 597 250		171 762.00

任务六 **Excel 在要素费用中的应用**

任务提出

要求：任务二中【例 3-1】是以数学算式的方式展现了材料费用分配的过程，请运用 Excel 表格方式展现计算分配的过程与结果。

理论学习

操作示范：
Excel 在要
素费用中的
应用

根据各种原始单据，编制要素费用分配表，这里以材料费用的分配为例，将材料费用按各受益对象所耗用的数量进行合理分配。

详细操作步骤如下：

（1）制作表头。在 Excel 中打开"材料费用分配表"工作表，选中 B1：M1 单元格区域，进行单元格的合并居中，输入“材料费用分配表”；选中G2：H2单元格区域，进行单元格的合并居中，输入“日期：2023年3月”；选中M2单元格区域，输入“金额：元”。

（2）制作表体。选中B3：CS单元格区域，进行单元格的合并居中，输入“计入成本方式”；选中D3：D4单元格区域，进行单元格的合并居中，输入“分配率”；选中E3：H3单元格区域，进行单元格的合并居中，输入“双桶洗衣机”；选中I3：L3单元格区域，进行单元格的合并居中，输入“全自动洗衣机”；在E4：H4和I4：L4单元格区域的单元格中，分别依次输入“单位消耗定额”“数量”“分配标准”“分配额”；选中M3：M4单元格区域，进行单元格的合并居中，输入“合计”；选中B5：B7单元格区域，进行单元格的合并居中，输入“分配计入”；选中B8：C8单元格区域，进行单元格的合并居中，输入“直接计入”；选中B9：C9单元格区域，进行单元格的合并居中，输入“合计”。

（3）选中B3：M9单元格区域，单机Excel上方【开始】工具栏中的【格式】，在【格式】按钮下拉列表中选择【自动调整列宽】命令，将表格内容调制合适的列宽。

（4）选中B3：M9单元格区域，设置边框【所有框线】；将B3：M4单元格区域填充浅蓝色。

设置完成的材料费用分配表如图3－1所示。

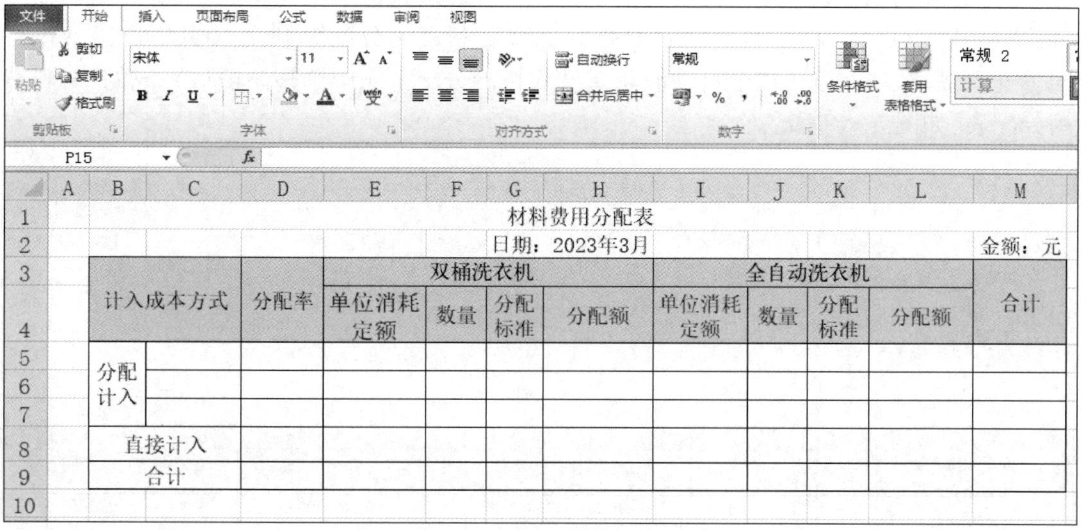

材料费用分配表										
					日期：2023年3月					金额：元
计入成本方式	分配率	双桶洗衣机				全自动洗衣机				合计
		单位消耗定额	数量	分配标准	分配额	单位消耗定额	数量	分配标准	分配额	
分配计入										
直接计入										
合计										

图3－1 材料费用分配表

（5）完成材料费用分配表中基础数据的填制。分别在E5：E7和I5：I7、F5：F7和J5：J7单元格内关联“表3－5 生产车间材料费用分配表”产品数量和单位消耗定额数据，分别在M5：M7单元格以及H8、L8单元格内关联“表3－4 发出材料汇总表”中“PCM彩钢板”“组装耗材”“辅助耗材”的发出材料总金额和直接计入金额，填写完成如图3－2所示。

（6）计算分配标准，以“PCM彩钢板”为例，在G5单元格内输入“＝E5×F5”，在K5单元格内输入“＝I5×J5”，计算两种产品的分配标准，利用填充柄向下完成“组装耗材”“辅助耗材”的分配标准填充。

材料费用分配表

日期：2023年3月　　单位：元

计入成本方式		分配率	双桶				全自动				合计
			单位消耗定额	数量	分配标准	分配额	单位消耗定额	数量	分配标准	分配额	
分配计入	PCM彩钢板		22.00	4200.00			18.00	5000.00			1222080.00
	组装耗材		1.00	4200.00			1.00	5000.00			335800.00
	辅助耗材		1.50	4200.00			1.20	5000.00			110700.00
直接计入						1216320.00				1982000.00	3198320.00
合计											4866900.00

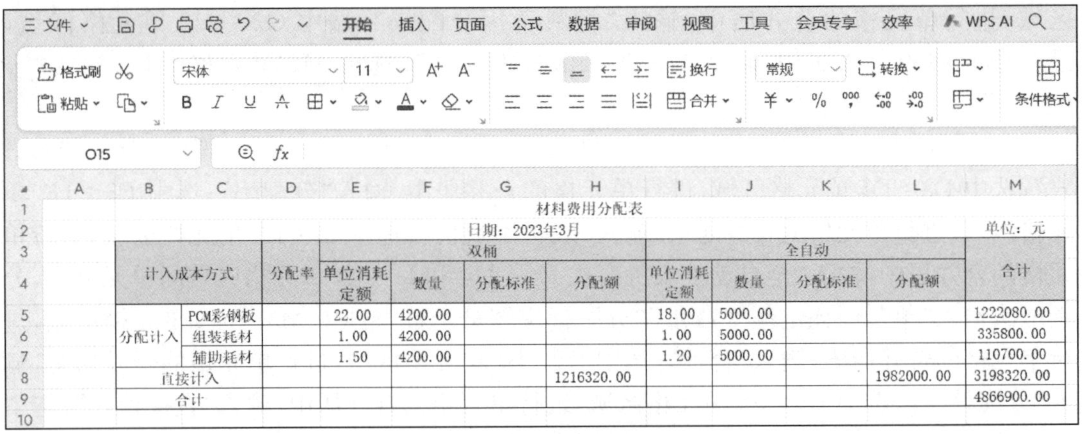

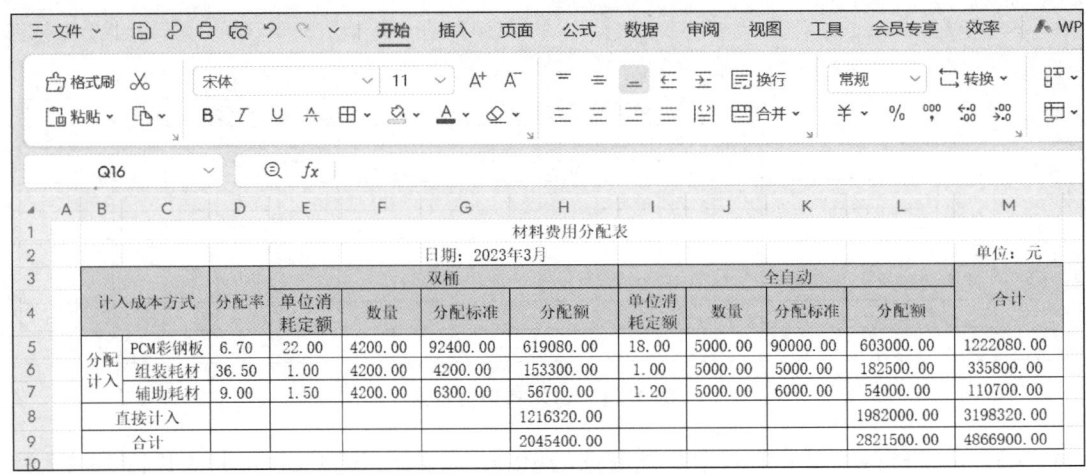

图 3－2　材料费用分配表

(7) 计算材料费用分配率，在 D5 单元格内输入公式“＝ROUND(M5/(G5＋K5)，2)”，计算出“PCM 彩钢板”的材料费用分配率。由于分配率是可以除尽的，所以不需要考虑尾差调整问题。在 H5 单元格内输入公式“＝D5×G5”并点击回车按钮，再选中 E5 单元格，输入公式“＝D5×K5”并点击回车按钮，利用填充柄向下完成“组装耗材”“辅助耗材”的分配额填充。在 H9 单元格内输入公式“＝SUM(H5：H8)”，在 L9 单元格内输入公式“＝SUM(L5：L8)”，计算合计金额。如果材料费用分配率利用 ROUND 函数进行四舍五入，那么尾差需要在全自动波轮式洗衣机的分配金额中调整。填写完成的“材料费用分配表”如图 3－3 所示。

材料费用分配表

日期：2023年3月　　单位：元

计入成本方式		分配率	双桶				全自动				合计
			单位消耗定额	数量	分配标准	分配额	单位消耗定额	数量	分配标准	分配额	
分配计入	PCM彩钢板	6.70	22.00	4200.00	92400.00	619080.00	18.00	5000.00	90000.00	603000.00	1222080.00
	组装耗材	36.50	1.00	4200.00	4200.00	153300.00	1.00	5000.00	5000.00	182500.00	335800.00
	辅助耗材	9.00	1.50	4200.00	6300.00	56700.00	1.20	5000.00	6000.00	54000.00	110700.00
直接计入						1216320.00				1982000.00	3198320.00
合计						2045400.00				2821500.00	4866900.00

图 3－3　材料费用分配表

任务解答

步骤一：制作表头

使用 Excel 制作表头示范如图 3－4 所示。

	表3-25　南京企峰材料费用定额耗用量比例法分配表					
						金额单位：元
产品名称	单位定额消耗量	投产数量	定额消耗量	分配率	应分配材料数量	应分配材料费用
甲产品						
乙产品						
合计						

图 3-4　使用 Excel 制作表头示范

步骤二：输入数据和公式并计算分配

计算分配的过程与结果展示如图 3-5 所示。

	表3-25　南京企峰材料费用定额耗用量比例法分配表					
本月投产：10000千克		材料成本单价：12元/千克				金额单位：元
产品名称	单位定额消耗量	投产数量	定额消耗量	分配率	应分配材料数量	应分配材料费用
	①	②	③=①×②	④=10000/∑③	⑤=③×④	⑥=12×⑤
甲产品	6	1,000	6,000	0.625	3,750	45,000
乙产品	5	2,000	2,000	0.625	6,250	75,000
合计			8,000		10,000	120,000

图 3-5　计算分配的过程与结果展示

　　注：表格第 5 行为公式列示行，主要目的是为了示范如何在每列单元格输入公式，如果制作表格时对公式使用熟练，此行可删除。

 **知识拓展**

财 务 共 享

　　自从 20 世纪 80 年代福特公司建立全球第一家财务共享服务中心开始，财务共享服务已经逐步在全球大型企业集团建设和推广开来。2005 年中兴通讯成为第一家建立财务共享服务中心的中国企业。随后 10 年，海尔、宝钢、国泰君安证券等一批管理领先的企业进行了更多有价值的财务共享模式实践，并取得了积极的应用效果。

　　财务共享服务就是基于企业财务数据资源共享发展而来的新方式，它的目标就是尽力降低企业运营成本、提高产品和服务的质量、提高工作效率、更好地为客户服务、重新设计和规范财务工作，在资源整合管理方面展现出很大的优势。其通过利

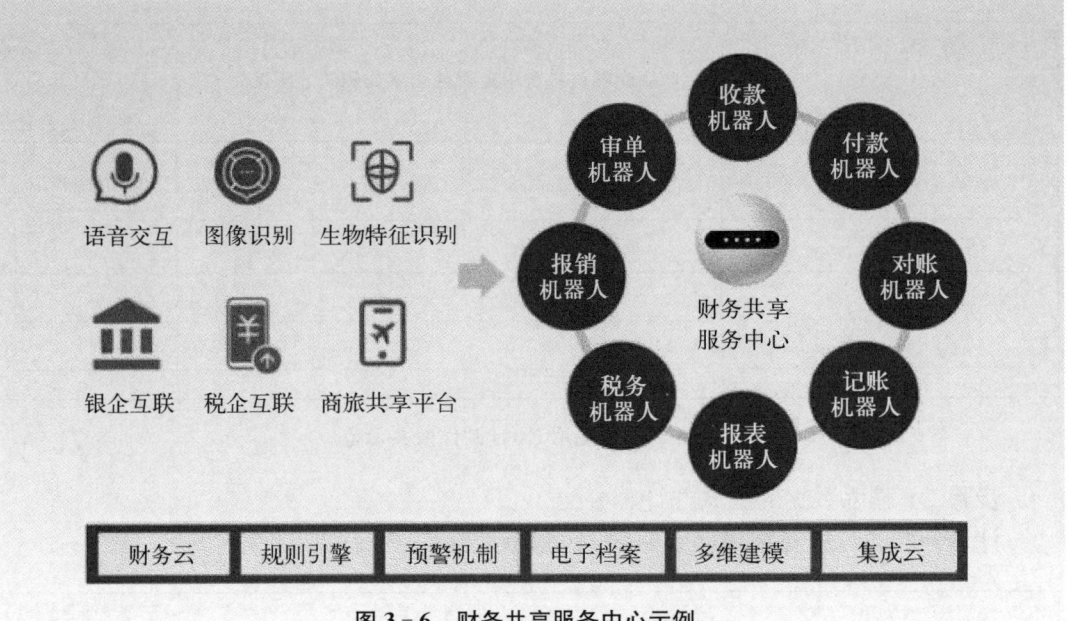

图 3-6　财务共享服务中心示例

用互联网科技手段将大量分散的会计业务集中化并交由共享服务中心统一处理,为大型企业集团提供更加高效、标准、集约的一种财务管理模式。财务共享强调的是"共享"的理念,即依托新型信息技术实现财务信息于企业内部流通,实现财务信息的集成,进而加快企业处理财务工作的循环,有效提高财务管理效率,增强企业管控水平。财务共享服务职能逐渐从传统的"会计工厂"向"数据中心"和"监管中心"延伸,随着新一代人工智能技术广泛应用于财务共享服务,这也将成为驱动新一轮财务管理变革的主要动力①。

素养园地

社会责任感

在学习归集和分配要素费用这一部分内容时,其中一个重要的要素费用就是职工薪酬,职工薪酬的内容不仅包括我们所熟知的职工工资、奖金、津贴和补贴这些基本构成,还有一个非常关键的部分,即社会保险费,通常称之为"社保"。"社保"是社会保障的一部分,关系着每一个人、每一个家庭的福祉,它同样也是社会稳定器,稳定就业市场,提供生活保障,是员工权益的重要保障,关系着国家的长治久安。我国覆盖城乡的社会保障体系建设取得了举世瞩目的成就,制度统一性和规范性不断增强,围绕全覆盖、保基本、多层次、可持续等目标加强社会保障体系建设,持续推动社会保障事业高质量发展,社保制度改革向着更成熟、更完善的目标迈进。

---

① 李瑛,海尔集团财务共享服务风险管理研究[D],兰州财经大学,2021;王成江.企业财务共享服务中心建设和发展的路径探究[J].投资与创业.2023(1).

　　任何企业都存在于社会之中,企业在整个社会体系中是十分重要的枢纽。企业为社会创造财富,同时也要为社会提供就业岗位和保障人民生活。企业的成本会计核算工作直接关乎员工的薪酬待遇问题,只有企业能够做到准确地分配和缴纳社保,按时发放工资、奖金,员工的短期和长期基本生活水平得到保障,才能够积极生产,创造效益,并参与到社会建设中去,促进消费,拉动内需,共同推动社会的进步和发展。

练习巩固

一、单项选择题

1. 下列费用中,应计入产品成本的是(　　　)。

　　A. 管理费用　　　　B. 财务费用　　　　C. 制造费用　　　　D. 销售费用

2. 月末核算企业为生产产品和提供劳务而发生的各项间接费用的账户是(　　　)。

　　A. 基本生产成本　　　　　　　　B. 制造费用

　　C. 管理费用　　　　　　　　　　D. 财务费用

3. 企业在未设置"燃料和动力"成本项目的情况下,生产车间发生的直接用于产品生产的动力费,应计入(　　　)。

　　A. 管理费用　　　B. 基本生产成本　　　C. 辅助生产成本　　　D. 制造费用

4. 费用要素是指按其(　　　)的分类。

　　A. 经济用途　　　　　　　　　　B. 经济内容

　　C. 计入成本的方式　　　　　　　D. 与生产工艺的关系

5. 基本生产车间直接用于产品生产、构成产品实体的原材料和主要材料,应通过(　　　)成本项目反映。

　　A. "原材料"　　　　　　　　　　B. "外购材料"

　　C. "直接材料"　　　　　　　　　D. "原料及主要材料"

6. 可以计入"直接材料"成本项目的材料费用是(　　　)。

　　A. 为组织管理生产用的机物料　　　B. 为组织管理生产用的低值易耗品

　　C. 生产过程中间接耗用的材料　　　D. 直接用于生产过程中的原材料

7. 基本生产车间用于产品生产、构成产品实体的原料和主要材料,应通过(　　　)成本项目反映。

　　A. 原料及主要材料　　　　　　　B. 直接材料

　　C. 外购材料　　　　　　　　　　D. 原材料

二、多项选择题

1. 下列各项中,应计入"直接人工"成本项目的有(　　　　　)。

　　A. 全体职工的工资和按规定比例计提的其他工资

　　B. 直接参加产品生产的工人薪酬

　　C. 计入成本的原材料节约奖

D. 车间管理人员的薪酬

2. 下列各项中,属于成本项目的有(　　　　)。

　　A. 工资　　　　　　　B. 直接人工　　　　　　C. 直接材料　　　　　　D. 制造费用

3. 计入产品成本的生产费用,按计入方式不同分为(　　　　)。

　　A. 制造费用　　　　　B. 直接人工　　　　　　C. 直接费用　　　　　　D. 间接费用

4. 多种产品共同耗用的原材料费用,属于间接费用,其分配标准包括(　　　　)。

　　A. 产品的材料定额耗用量　　　　　　　　B. 产品的材料定额费用

　　C. 产品的体积　　　　　　　　　　　　　D. 产品的重量

5. 下列各项中,应计入计件工资的有(　　　　)。

　　A. 本人加工完成的合格品

　　B. 本人加工完成的不合格品(废料)

　　C. 本人加工完成的不合格品(本人过失)

　　D. 本人加工完成的不合格品(前序班组过失)

6. 下列各项中,属于原材料费用分配方法的有(　　　　)。

　　A. 定额耗用量比例法　　　　　　　　　　B. 计划成本法

　　C. 定额费用比例法　　　　　　　　　　　D. 生产工时比例法

7. 下列各项支出中,明确计入产品成本的支出有(　　　　)。

　　A. 折旧费用　　　　　　　　　　　　　　B. 生产设备的折旧费用

　　C. 管理人员的工资　　　　　　　　　　　D. 生产工人的薪酬费用

8. 下列各项中,不计入直接人工成本项目的有(　　　　)。

　　A. 产品生产工人工资　　　　　　　　　　B. 车间管理人员工资

　　C. 产品生产工人福利费　　　　　　　　　D. 生产设备维修人员工资

三、判断题

1. 费用要素反映的费用就是成本项目。　　　　　　　　　　　　　　　　　　(　　)

2. 要素费用中的外购材料与成本项目中的直接材料费用内涵是一致的。　　　　(　　)

3. 期间费用在发生的当期就全部转入损益而不计入产品成本。　　　　　　　　(　　)

4. 企业支付的职工工资,都属于生产费用要素中工资项目的组成。　　　　　　(　　)

5. 在采用计件工资形式下,如果是生产多种产品,则应采用一定的分配标准分配工资费用,然后再记入各种产品成本明细账"直接人工"项目。　　　　　　　　　　(　　)

6. 在实行月薪制计算计时工资的单位,不论当月实际日历天数多少,只要职工按规定出勤,每月都可以得到相同的月标准工资。　　　　　　　　　　　　　　　(　　)

四、实训题

1. 某企业生产甲、乙两种产品,耗用材料费用共计 15 000 千克,单价 5 元。本月投产甲产品 250 件,乙产品 200 件。单件产品材料消耗定额:甲产品 4 千克,乙产品 5 千克。

　　要求:

　　(1) 采用材料定额费用比例分配甲、乙产品实际耗用的材料费用。

（2）采用材料定额耗用量比例分配甲、乙产品实际耗用的材料费用。

2. 张三为某企业职工,月标准工资为 4 500 元,3 月份 31 天,事假 5 天,病假 2 天,星期休假 8 天,出勤 16 天。根据该工人的工龄,其病假工资按工资标准的 80% 给付,病假和事假期间没有节假日。

要求:

（1）按日历天数 30 天计算日工资率,按月薪制计算张三该月应得计时工资。

（2）按法定工作日 20.83 天计算日工资率,按月薪制计算张三该月应得计时工资。

（3）按日历天数 30 天计算日工资率,按日薪制计算张三该月应得计时工资。

3. 某企业 7 月份耗电 40 000 千瓦·时,每千瓦·时电单价 0.50 元,应付电费 20 000 元,尚未支付。该企业基本生产车间耗用 33 000 千瓦·时,其中车间照明用电 3 000 千瓦·时;企业行政管理部门耗用 7 000 千瓦·时。企业基本生产车间生产 A、B 两种产品,A 产品生产工时 36 000 小时,B 产品生产工时 24 000 小时。

要求:

（1）计算分配电费,其中 A、B 产品电费按生产工时分配。

（2）编制分配电费的会计分录。

 **任务总结**

一、复习思考

1. 材料费用的分配有哪些方法,如何选择?

2. 如何确定人工费用的分配对象?

3. 外购动力费用的核算特点是什么?

二、总结评价

根据要求完成本项目所有任务后,请填写归集和分配要素费用项目训练总结评价表（表 3－35）。

表 3－35　归集和分配要素费用项目训练总结评价表

考评内容标准	评价			
	熟练	较好	一般	不会
要素费用理解情况				
要素费用分配计算掌握情况				
要素费用归集和分配应用情况				
总结与反思				

项 目 四

归集和分配辅助生产费用

 **学习目标**

知识目标：

1. 熟悉辅助生产费用的含义和内容；

2. 掌握辅助生产费用的归集方法和账户设置；

3. 掌握辅助生产费用的分配方法、计算流程和账务处理；

4. 掌握辅助生产费用各种分配方法的适用范围及优缺点；

5. 了解辅助生产费用的归集和分配在 Excel 中的运用。

技能目标：

1. 能够根据企业特点和经营管理要求选择合适的辅助生产费用分配方法；

2. 能够熟练运用各辅助生产费用分配方法完成分配计算和账务处理，解决企业实际
问题。

素养目标：

1. 培养学生认真细致、考虑全面的工作态度；

2. 引导学生诚实守信，如实归集和分配企业辅助生产费用。

通过项目三的学习，我们已经充分了解到企业在生产过程中会发生材料费用、外购燃料及动力费用、人工费用和折旧费用，并熟练掌握以上成本费用的归集和分配方法，正确计算并进行账务处理。

那么对于整个企业而言，除了要满足产品的生产以外，为保证企业基本生产车间和行政管理部门的正常运转，还会发生哪些费用呢？ 还可以设置哪些职能部门呢？ 所产生的费用如何进行归集和分配呢？

带着上述问题，本项目将对辅助生产费用的归集和分配进行讲解。

任务一 归集辅助生产费用

 任务提出

北京恒锋电器有限公司设有一个基本生产车间：大量单步骤生产双桶波轮式洗衣机和全自动波轮式洗衣机；两个辅助生产车间：供电车间和供水车间。供电车间和供水车间为企业各部门提供水电劳务的过程中，也产生了各项生产费用，辅助生产车间产品和劳务供应对象如图 4-1 所示。

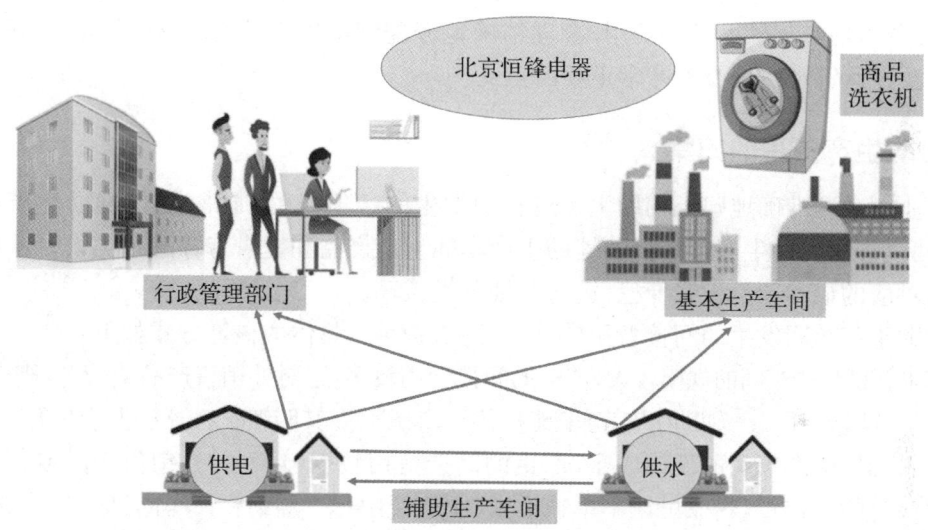

图 4-1 辅助生产车间产品和劳务供应对象

思考：两个辅助生产车间是如何归集费用的？

理论学习

一、辅助生产费用的概述

企业的辅助生产，是指为本企业基本生产车间、行政管理部门、销售部门的正常运转而进行的产品生产和劳务供应。区别于基本生产，企业的辅助生产是在辅助生产车间进行，因此辅助生产车间是指为企业内部的基本生产和日常营运管理提供辅助产品和辅助劳务，还可以提供给辅助生产车间内部相互使用的车间。辅助产品通常包括基本生产车间所需要的各种工具、模具、刀具、夹具、备件等；辅助劳务通常包括供水、供电、供气、运输和机修等。

知识详解：
辅助生产费用的归集

　　企业辅助生产费用,是指为基本生产和日常营运管理提供辅助产品和辅助劳务而发生的各项费用。虽然辅助产品和辅助劳务有时也会对外销售,但不构成辅助生产车间的主要任务。辅助生产费用的构成如图4-2所示。

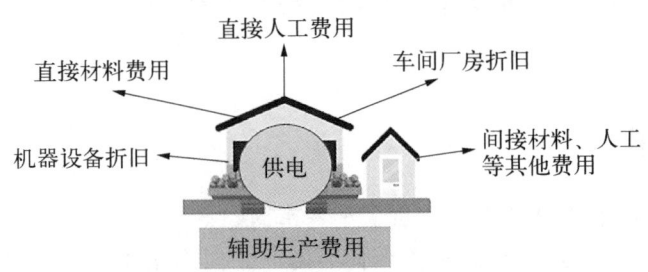

图4-2　辅助生产费用的构成

　　企业辅助生产费用直接影响到基本生产车间产品的成本和日常营运管理费用。因此,正确及时地归集辅助生产费用,合理精确地分配辅助生产费用,对于控制和降低产品成本以及经营管理费用有着非常重要的意义。

二、辅助生产费用的归集

　　企业为合理准确地归集辅助生产过程中发生的各项费用,通常设置"辅助生产成本"账户,同时按照辅助生产车间以及辅助生产车间生产产品和提供劳务的种类设置明细账,再按照对应的成本项目设置专栏,进行明细分类核算。

　　辅助生产车间发生的间接费用应计入"制造费用",具体的核算方式如下:

　　如果辅助生产车间的规模较大,产生的间接费用较多,且对外销售产品或劳务,则企业应单独设置"制造费用——辅助生产车间"账户,记入该账户及其明细账的借方进行核算。

　　如果辅助生产车间的规模较小,产生的制造费用较少,且不对外销售产品或劳务,为了简化核算的工作量,企业可以不单独设置"制造费用——辅助生产车间"账户,直接同辅助生产车间产生的直接费用一并记入"辅助生产成本"账户及其明细账的借方(本教材采取此种方式)。以供电车间为例,辅助生产费用两种归集方式对比如图4-3所示。

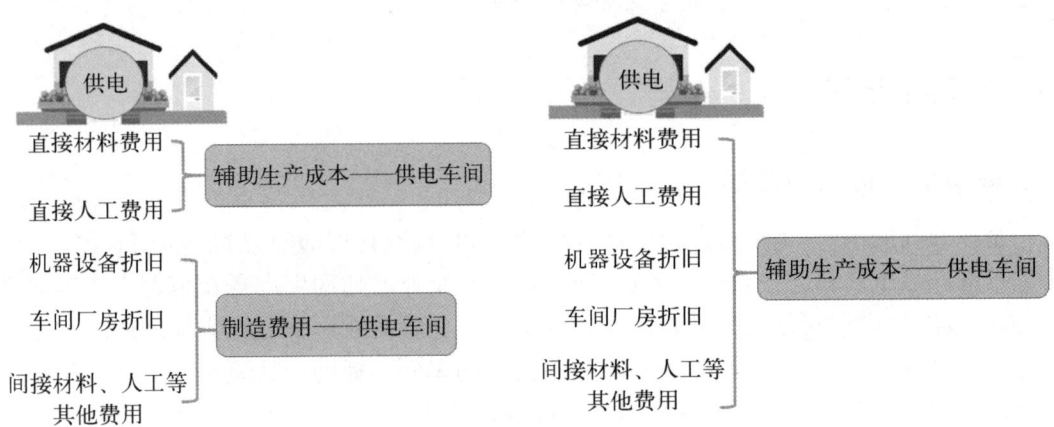

图4-3　辅助生产费用两种归集方式对比

📖 任务解答

根据前述北京恒锋电器有限公司案例,登记北京恒锋电器有限公司供电车间和供水车间的"辅助生产成本明细账",如表 4-1 和 4-2 所示。

表 4-1　辅助生产成本明细账

车间名称:供电车间　　　　　　　　　　　2023 年 3 月 31 日

2023 年 月	日	凭证字号	摘　　要	材料费	职工薪酬	折旧费	其他费用	合　计
3	31	(略)	辅助耗材	4 500				4 500
3	31		分配材料成本差异	29.25				29.25
3	31		分配职工薪酬		6 350.75			6 350.75
3	31		分配职工福利费		600			600
3	31		分配职工教育经费		100			100
3	31		计提固定资产折旧			2 780		2 780
3	31		分配其他费用				0	0
3	31		本月发生额	4 529.25	7 050.75	2 780	0	14 360

表 4-2　辅助生产成本明细账

车间名称:供水车间　　　　　　　　　　　2023 年 3 月 31 日

2023 年 月	日	凭证字号	摘　　要	材料费	职工薪酬	折旧费	其他费用	合　计
3	31	(略)	辅助耗材	900				900
3	31		分配材料成本差异	5.85				5.85
3	31		分配职工薪酬		3 030.15			3 030.15
3	31		分配职工福利费		200			200
3	31		分配职工教育经费		50			50
3	31		计提固定资产折旧			350		350
3	31		分配其他费用				0	0
3	31		本月发生额	905.85	3 280.15	350	0	4 536

任务二 **分配辅助生产费用**

 任务提出

　　任务一已经将3月份的辅助生产车间发生的辅助生产费用进行归集,因此"辅助生产成本——供电车间"账户的借方新增辅助生产费用14 360元,"辅助生产成本——供水车间"账户的借方新增辅助生产费用4 536元。

　　思考:月末应该如何将归集的辅助生产费用进行分配转出?

 理论学习

　　辅助生产费用的分配是将"辅助生产成本明细账"借方归集完成的辅助生产费用合计数作为待分配费用,按照"谁受益谁承担"的原则,通过编制"辅助生产费用分配表",采用科学合理的方法完成分配,并将分配而来的辅助生产费用计入各受益对象明细账的借方,如图4-4所示。

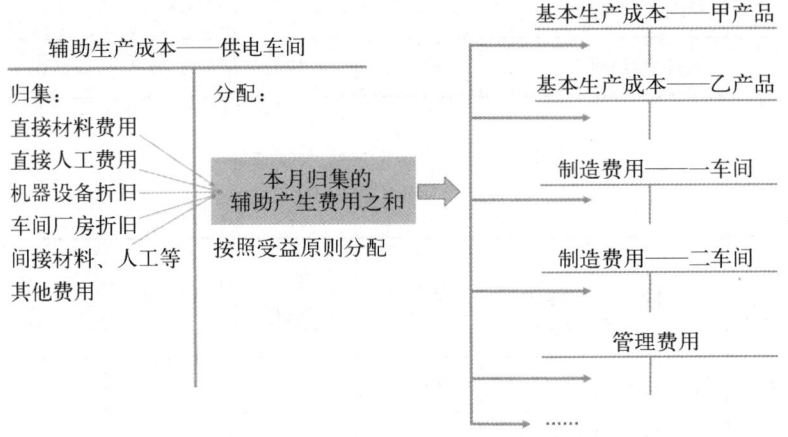

图4-4　辅助生产费用的分配

　　辅助生产费用的分配方法主要有:直接分配法、交互分配法、计划成本分配法、代数分配法和顺序分配法。

一、直接分配法

(一) 直接分配法的概念及适用范围

　　直接分配法,是指各辅助生产车间发生的费用直接分配给辅助生产车间以外的各个受益对象,不考虑辅助生产车间内部相互提供的劳务(产品)的方法,如图4-5所示。

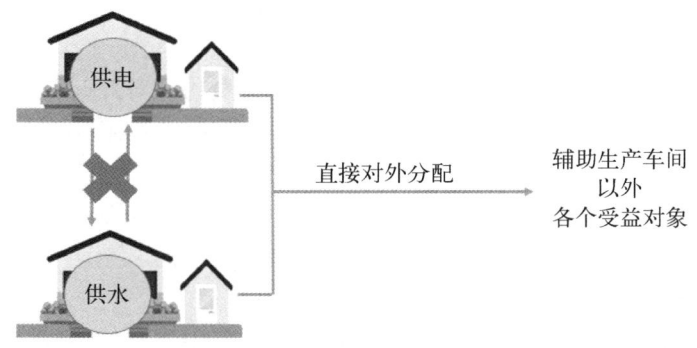

图 4-5 辅助生产费用分配的直接分配法

直接分配法适用于辅助生产车间之间相互提供的劳务(产品)不多或价值相差不大，不进行费用的交互分配，对产品生产成本的核算以及其他受益对象的费用核算影响不大的企业。

(二) 直接分配法的计算步骤

直接分配法的计算步骤和具体计算公式如下：

$$\begin{aligned}某辅助生产车间\\费用分配率\end{aligned}=\begin{aligned}该辅助生产车间\\待分配费用\end{aligned}\div\begin{aligned}该辅助生产车间对外\\提供的劳务量之和\end{aligned}$$

$$某受益对象应分配的辅助生产费用=费用分配率\times该受益对象耗用的劳务量$$

【例 4-1】 根据任务一辅助生产费用的归集，已知北京恒锋电器有限公司 2023 年 3 月供电车间发生费用 14 360 元，供水车间发生费用 4 536 元。经统计，供电车间本月提供的用电总量为 18 150 千瓦·时，供水车间本月提供的用水总量为 1 130 吨，供电、供水车间当月提供劳务量如表 4-3 所示。

表 4-3 供电、供水车间当月提供劳务量

受益对象		供电车间(千瓦·时)	供水车间(吨)
辅助生产车间	供电车间	—	50
	供水车间	200	—
基本生产车间		16 200	950
公司管理部门		1 750	130
合 计		18 150	1 130

要求：采用直接分配法将供电车间和供水车间的辅助生产费用分配给各受益对象，列出计算流程，填写辅助生产费用分配表(表 4-4)，并编制会计分录。

计算要求：在计算过程中，分配率(单位成本)的计算结果保留到小数点后 4 位；其他

计算结果保留到小数点后 2 位；尾差在"管理费用"中调整。

【解析】

供电车间费用分配率＝供电车间待分配辅助生产费用÷对外(基本生产车间
　　　　　　　　　＋公司管理部门)劳务量之和
　　　　　　＝14 360÷(16 200＋1 750)
　　　　　　＝0.8(元/千瓦·时)

基本生产车间应分配的电费＝0.8×16 200＝12 960(元)

公司管理部门应分配的电费＝0.8×1 750＝1 400(元)

供水车间费用分配率＝供水车间待分配辅助生产费用÷对外(基本生产车间
　　　　　　　　　＋公司管理部门)劳务量之和
　　　　　　＝4536÷(950＋130)
　　　　　　＝4.2(元/吨)

基本生产车间应分配的水费＝4.2×950＝3 990(元)

公司管理部门应分配的水费＝4.2×130＝546(元)

表 4‑4　辅助生产费用分配表
(直接分配法)
2023 年 3 月

金额单位：元

项　　目	供电车间		供水车间		合计金额
	劳务量(千瓦·时)	金额	劳务量(吨)	金额	
待分配辅助生产费用	—	14 360	—	4 536	18 896
对外提供劳务量	17 950	—	1 080	—	
费用分配率(单位成本)	—	0.8	—	4.2	—
基本生产车间(制造费用)	16 200	12 960	950	3 990	16 950
公司管理部门(管理费用)	1 750	1 400	130	546	1 946
合　　计	17 950	14 360	1 080	4 536	18 896

根据辅助生产费用分配表(表 4‑4)，编制会计分录如下：

借：制造费用　　　　　　　　　　　　　　　　　　　　　16 950
　　管理费用　　　　　　　　　　　　　　　　　　　　　 1 946
　　贷：辅助生产成本——供电车间　　　　　　　　　　　　　　　14 360
　　　　　　　　　——供水车间　　　　　　　　　　　　　　　 4 536

(三) 直接分配法的优缺点

直接分配法的优点：由于辅助生产费用只对外分配，所以分配结转过程简单，容易操作，计算量小，是最为简便的辅助生产费用分配方法。

直接分配法的缺点：如果辅助生产车间之间相互提供的劳务(产品)的数量和成本金

额较大时,分配结果与实际不符,外部受益对象分配的辅助生产费用会被高估。

二、交互分配法

(一) 交互分配法的概念及适用范围

交互分配法,是指对辅助生产车间之间相互提供的劳务(产品)费用进行充分考虑,全面确认,所以需要对辅助生产费用进行两次分配的方法。首先,将辅助生产车间的费用在辅助生产车间之间进行交互分配(对内分配),计算交互分配率和交互分配金额;其次,再将辅助生产车间交互分配调整之后的实际费用分配给辅助生产车间以外的各个受益对象,计算对外分配率和对外各个受益对象的分配金额,辅助生产费用分配的交互分配法如图 4 - 6 所示。

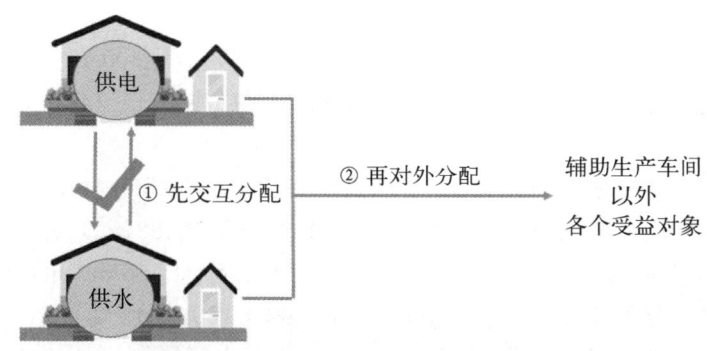

图 4 - 6　辅助生产费用分配的交互分配法

交互分配法适用于辅助生产车间较多,同时辅助生产车间之间相互提供的劳务(产品)的数量和成本金额较大的企业。

(二) 交互分配法的计算步骤

交互分配法的计算步骤和具体计算公式如下:

步骤一:交互分配。本步骤中辅助生产车间以外的受益对象不参与分配,只考虑辅助生产车间之间的分配。分配公式如下:

$$\frac{\text{某辅助生产车间}}{\text{交互分配率}} = \frac{\text{该辅助生产车间}}{\text{待分配费用}} \div \frac{\text{该辅助生产车间}}{\text{提供的劳务总量}}$$

$$\frac{\text{某辅助生产车间应分配的}}{\text{其他辅助生产费用}} = \frac{\text{交互}}{\text{分配率}} \times \frac{\text{该辅助生产车间耗用其他}}{\text{辅助生产车间的劳务量}}$$

$$\frac{\text{某辅助生产车间交互分配}}{\text{后的对外分配费用}} = \frac{\text{该辅助生产车间}}{\text{待分配费用}} + \frac{\text{交互分配应}}{\text{转入费用}} - \frac{\text{交互分配应}}{\text{转出费用}}$$

步骤二:对外分配。本步骤中只考虑辅助生产车间以外的受益对象。分配公式如下:

$$\frac{\text{某辅助生产车间}}{\text{对外分配率}} = \frac{\text{该辅助生产车间交互}}{\text{分配后的对外分配费用}} \div \frac{\text{该辅助生产车间对外}}{\text{提供的劳务量之和}}$$

$$\begin{array}{c}某受益对象应分配的\\辅助生产费用\end{array}=\begin{array}{c}对外\\分配率\end{array}\times\begin{array}{c}该受益对象\\耗用的劳务量\end{array}$$

【例4－2】 沿用【例4－1】数据资料,采用交互分配法将供电车间和供水车间的辅助生产费用分配给各受益对象,列出计算流程,填写辅助生产费用分配表(表4－5),并编制会计分录。

【解析】

步骤一: 交互分配。

供电车间交互分配率＝14 360÷18 150≈0.791 2(元/千瓦·时)

供水车间交互分配率＝4 536÷1 130≈4.014 2(元/吨)

供水车间应分配的电费＝0.791 2×200＝158.24(元)

供电车间应分配的水费＝4.014 2×50＝200.71(元)

供电车间交互分配后的对外分配费用＝14 360－158.24+200.71＝14 402.47(元)

供水车间交互分配后的对外分配费用＝4 536－200.71+158.24＝4 493.53(元)

步骤二: 对外分配。

供电车间对外分配率＝14 402.47÷(16 200+1 750)≈0.802 4(元/千瓦·时)

基本生产车间应分配的电费＝0.802 4×16 200＝12 998.88(元)

公司管理部门应分配的电费＝14 402.47－12 998.88＝1 403.59(元)

供水车间对外分配率＝4 493.53÷(950+130)≈4.160 7(元/吨)

基本生产车间应分配的水费＝4.160 7×950≈3 952.67(元)

公司管理部门应分配的水费＝4 493.53－3 952.67＝540.86(元)

表4－5　辅助生产费用分配表

(交互分配法)

2023年3月   金额单位:元

项　　　目		供电车间			供水车间			合计金额
		劳务量(千瓦·时)	分配率	分配金额	劳务量(吨)	分配率	分配金额	
待分配辅助生产费用		18 150	0.791 2	14 360	1 130	4.014 2	4 536	18 896
交互分配	供电车间	—	—	—	50	—	200.71	200.71
	供水车间	200	—	158.24	—	—	—	158.24
对外分配辅助生产费用		17 950	0.802 4	14 402.47	1 080	4.160 7	4 493.53	18 896
对外分配	基本生产车间(制造费用)	16 200	—	12 998.88	950	—	3 952.67	16 951.55
	公司管理部门(管理费用)	1 750	—	1 403.59	130	—	540.86	1 944.45
	合　　计	17 950	—	14 402.47	1 080	—	4 493.53	18 896

根据辅助生产费用分配表(表4-5),编制会计分录如下:

分录一:交互分配。

借:辅助生产成本——供电车间 200.71

    ——供水车间 158.24

 贷:辅助生产成本——供电车间 158.24

     ——供水车间 200.71

分录二:对外分配。

借:制造费用 16 951.55

 管理费用 1 944.45

 贷:辅助生产成本——供电车间 14 402.47

     ——供水车间 4 493.53

(三) 交互分配法的优缺点

交互分配法的优点:相比于直接分配法,辅助生产车间内部相互提供的劳务(产品)全部参与费用的分配,提高了分配结果的准确性。

交互分配法的缺点:交互分配法需要完成两次分配率的计算,进行两次分配,增加了计算的工作量。

三、计划成本分配法

(一) 计划成本分配法的概念及适用范围

计划成本分配法,是指企业在具备科学合理的计划成本资料的前提下,先利用事先确定好的计划单位成本和各个受益对象(包含辅助生产车间之间)的实际耗用数量计算出各个受益对象应分配的计划成本;再将各辅助生产车间发生的实际成本与前期分配出去的计划成本进行比较分析,产生的差额进行调整,无论是超支差异还是节约差异,全部调整转入"管理费用"账户。

计划成本分配法适用于制度健全、科学管理、基础工作较好的企业,可以提供比较稳定准确的计划单位成本数据资料。

(二) 计划成本分配法的计算步骤

计划成本分配法的计算步骤和具体计算公式如下:

步骤一:计算计划成本。

某辅助生产车间计划成本总额=某辅助生产车间劳务总量×计划单位成本

各个受益对象应分配的计划成本=该受益对象耗用的劳务量×计划单位成本

步骤二:计算实际成本。

$$\begin{matrix}某辅助生产车间\\实际成本总额\end{matrix}=\begin{matrix}该辅助生产车间\\待分配费用\end{matrix}+\begin{matrix}按计划分配率\\分配转入费用\end{matrix}$$

步骤三:计算成本差异。

某辅助生产车间成本差异=实际成本总额-计划成本总额

若某辅助生产车间成本差异大于0，说明产生超支差异，增加管理费用；

若某辅助生产车间成本差异等于0，说明无差异；

若某辅助生产车间成本差异小于0，说明产生节约差异，抵减管理费用。

【例4-3】　沿用【例4-1】数据资料，假设供电车间电的计划单价为0.78元/千瓦·时，供水车间水的计划单价为4元/吨。

要求：采用计划成本分配法将供电车间和供水车间的辅助生产费用分配给各受益对象，列出计算流程，填写辅助生产费用分配表（表4-6），并编制会计分录。

【解析】

步骤一：计算计划成本。

供电车间计划成本总额＝0.78×18 150＝14 157（元）

电费分配明细：供水车间应分配的计划成本＝0.78×200＝156（元）

　　　　　　　基本生产车间应分配的计划成本＝0.78×16 200＝12 636（元）

　　　　　　　公司管理部门应分配的计划成本＝0.78×1 750＝1 365（元）

供水车间计划成本总额＝4×1 130＝4 520（元）

水费分配明细：供电车间应分配的计划成本＝4×50＝200（元）

　　　　　　　基本生产车间应分配的计划成本＝4×950＝3 800（元）

　　　　　　　公司管理部门应分配的计划成本＝4×130＝520（元）

步骤二：计算实际成本。

供电车间实际成本总额＝14 360＋200＝14 560（元）

供水车间实际成本总额＝4 536＋156＝4 692（元）

步骤三：计算成本差异。

供电车间成本差异＝14 560－14 157＝403（元）

供水车间成本差异＝4 692－4 520＝172（元）

表4-6　辅助生产费用分配表
（计划成本分配法）
2023年3月

金额单位：元

项　　　目			供电车间 （千瓦·时）	供水车间 （吨）	合计金额
待分配辅助生产费用			14 360	4 536	18 896
劳务供应总量			18 150	1 130	—
计划单位成本			0.78	4	—
辅助生产 成本	供电 车间	劳务量	—	50	—
		分配金额	—	200	200
	供水 车间	劳务量	200	—	—
		分配金额	156	—	156

续　表

项　　目		供电车间 （千瓦·时）	供水车间 （吨）	合计金额
基本生产车间 （制造费用）	劳务量	16 200	950	—
	分配金额	12 636	3 800	16 436
公司管理部门 （管理费用）	劳务量	1 750	130	—
	分配金额	1 365	520	1 885
按计划成本分配合计		14 157	4 520	18 677
辅助生产实际成本		14 560	4 692	19 252
辅助生产成本差异		403	172	575

根据辅助生产费用分配表（表4-6），编制会计分录如下：

分录一：按计划成本分配辅助生产费用。

借：辅助生产成本——供电车间　　　　　　　　　　　　200

　　　　　　　　——供水车间　　　　　　　　　　　　156

　　制造费用　　　　　　　　　　　　　　　　　　16 436

　　管理费用　　　　　　　　　　　　　　　　　　 1 885

　　贷：辅助生产成本——供电车间　　　　　　　　　14 157

　　　　　　　　　　——供水车间　　　　　　　　　 4 520

分录二：计算调整成本差异。

借：管理费用　　　　　　　　　　　　　　　　　　　575

　　贷：辅助生产成本——供电车间　　　　　　　　　　403

　　　　　　　　　　——供水车间　　　　　　　　　　172

(三) 计划成本分配法的优缺点

计划成本分配法的优点：相比于直接分配法和交互分配法，计划成本分配法选用早已确定的计划单位成本展开计算，无须单独计算费用分配率，简化了分配工作，加速了分配进程。此外，通过计划成本与实际成本的差异分析，企业管理者可以掌握辅助生产成本计划的执行情况，有助于管理者分清经济责任，发现问题，及时调整，优化生产。

计划成本分配法的缺点：对计划单位成本的制定要求较高，计划单位成本的数据资料依赖于历史资料取得，如果企业出现较大幅度变动或战略调整，则历史资料可能不具有参考价值，会直接影响数据和分配结果的准确性。

四、代数分配法

(一) 代数分配法的概念及适用范围

代数分配法，是指先根据联立方程组的原理，求解各辅助生产车间提供劳务（产品）的单位成本;再根据求解出的单位成本和各个受益对象(包含辅助生产车间之间)耗用的数量计算和分配辅助生产费用的方法。

代数分配法适用于辅助生产车间较少,且已经全面运用信息化技术的企业。

（二）代数分配法的计算步骤

代数分配法设立方程式的依据为:

$$\begin{matrix}\text{某辅助生产}\\\text{车间劳务量}\end{matrix}\times\begin{matrix}\text{单位}\\\text{成本}\end{matrix}=\begin{matrix}\text{该辅助车间}\\\text{待分配费用}\end{matrix}+\begin{matrix}\text{其他辅助车间}\\\text{应转入费用}\end{matrix}$$

【例 4 - 4】 沿用【例 4 - 1】数据资料,采用代数分配法将供电车间和供水车间的辅助生产费用分配给各受益对象,列出计算流程,填写辅助生产费用分配表(表 4 - 7),并编制会计分录。

【解析】

假设供电车间每千瓦·时电的单位成本为 X 元,供水车间每吨水的单位成本为 Y 元。

建立联立方程组为:

$$\begin{cases}\text{供电车间:}14\ 360+50Y=18\ 150X\\\text{供水车间:}4\ 536+200X=1\ 130Y\end{cases}$$

解联立方程组求得: $X=0.802\ 6$, $Y=4.156\ 2$。

表 4 - 7　辅助生产费用分配表
（代数分配法）
2023 年 3 月
金额单位:元

项　　目			供电车间（千瓦·时）	供水车间（吨）	合计金额
待分配辅助生产费用			14 360	4 536	18 896
劳务供应总量			18 150	1 130	—
单位成本			0.802 6	4.156 2	—
辅助生产成本	供电车间	劳务量	—	50	—
		分配金额	—	207.81	207.81
	供水车间	劳务量	200	—	—
		分配金额	160.52	—	160.52
基本生产车间（制造费用）		劳务量	16 200	950	—
		分配金额	13 002.12	3 948.39	16 950.51

续　表

项　　　目		供电车间 （千瓦·时）	供水车间 （吨）	合计金额
公司管理部门 （管理费用）	劳务量	1 750	130	—
	分配金额	1 405.17	540.32	1 945.49
合　　　计		14 567.81	4 696.52	19 264.33

注：供电车间合计=14 360+207.81=14 567.81(元)
　供电车间管理费用=14 567.81-160.52-13 002.12=1 405.17(元)
　供水车间合计=4 536+160.52=4 696.52(元)
　供水车间管理费用=4 696.52-207.81-3 948.39=540.32(元)

根据辅助生产费用分配表（表4-7），编制会计分录如下：

借：辅助生产成本——供电车间　　　　　　　　　207.81
　　　　　　　　——供水车间　　　　　　　　　160.52
　　制造费用　　　　　　　　　　　　　　　16 950.51
　　管理费用　　　　　　　　　　　　　　　　1 945.49
　　贷：辅助生产成本——供电车间　　　　　　14 567.81
　　　　　　　　　　——供水车间　　　　　　　4 696.52

（三）代数分配法的优缺点

代数分配法的优点：与其他辅助生产费用的分配方法进行比较，代数分配法准确性最高。

代数分配法的缺点：由于需要联立方程组进行求解，因此若辅助生产车间或部门越多，所涉及的未知量也越多，计算工作量大且复杂。

五、顺序分配法

（一）顺序分配法的概念及适用范围

顺序分配法又称梯形分配法或按步向下分配法，是指在进行辅助生产费用分配时，先将各辅助生产车间之间相互提供的劳务（产品）按受益金额的大小进行排序，受益少的排在前面，受益多的排在后面，再将费用分配出去的一种方法。顺序分配法的特点是排在前面的辅助生产车间会分配给排在后面的辅助生产车间对应的辅助生产费用，但是排在后面的辅助生产车间不再分配给排在前面的辅助生产车间对应的辅助生产费用。

顺序分配法适用于各辅助生产车间之间相互提供的劳务（产品）的受益程度有明显差异顺序的企业。

（二）顺序分配法的计算步骤

顺序分配法的计算步骤和具体计算公式如下：

步骤一：按受益金额大小对辅助生产车间进行排序。

步骤二：计算受益少排在前面的先分配辅助生产车间费用分配率，计算先分配辅助生产车间各个受益对象应分配的费用。

$$\frac{先分配辅助生产车间}{费用分配率}=\frac{该辅助生产车间}{待分配费用}÷\frac{该辅助生产车间}{提供的劳务总量}$$

$$\frac{各个受益对象}{应分配费用}=\frac{先分配辅助生产}{车间费用分配率}\times\frac{各个受益对象}{耗用劳务量}$$

步骤三：计算受益多排在后面的后分配辅助生产车间费用分配率，计算除先分配辅助生产车间以外的受益对象应分配的费用。

$$\frac{后分配辅助生产}{车间费用分配率}=\left(\frac{该辅助生产}{车间待分配费用}+\frac{先分配车间}{分来的费用}\right)\div\left(\frac{该辅助生产车}{间的劳务总量}-\frac{提供给先分配}{车间劳务量}\right)$$

$$\frac{除先分配车间外的受益}{对象应分配费用}=分配率\times\frac{除先分配车间外的受益}{对象耗用劳务量}$$

【例 4 - 5】　沿用【例 4 - 1】数据资料，采用顺序分配法将供电车间和供水车间的辅助生产费用分配给各受益对象，列出计算流程，填写辅助生产费用分配表（表 4 - 8），并编制会计分录。

【解析】

步骤一：按受益金额大小对辅助生产车间进行排序。

供电车间应分配的水费＝（4 536×50）÷1 130＝200.71（元）

供水车间应分配的电费＝（14 360×200）÷18 150＝158.24（元）

因为供水车间受益金额 158.24 元小于供电车间受益金额 200.71 元，所以供水车间排在前面先分配，供电车间排在后面后分配。

步骤二：计算供水车间费用分配率以及各个受益对象应分配的费用。

供水车间费用分配率＝4 536÷1 130≈4.014 2（元/吨）

供电车间应分配的水费＝4.014 2×50≈200.71（元）

基本生产车间应分配的水费＝4.014 2×950＝3 813.49（元）

公司管理部门应分配的水费＝4 536－200.71－3 813.49＝521.8（元）

步骤三：计算供电车间费用分配率以及除供水车间以外的受益对象应分配的费用（不再分配给供水车间）。

供电车间费用分配率＝（14 360＋200.71）÷（18 150－200）≈0.811 2（元/千瓦·时）

基本生产车间应分配的电费＝0.811 2×16 200＝13 141.44（元）

公司管理部门应分配的电费＝14 360＋200.71－13 141.44＝1 419.27（元）

表 4 - 8　辅助生产费用分配表

（顺序分配法）

2023 年 3 月

金额单位：元

项　　目	供水车间(先分配) (吨)	供电车间(后分配) (千瓦·时)	合计金额
待分配辅助生产费用	4 536	14 560.71	19 096.71
劳务供应量	1 130	17 950	—

续　表

项　　目			供水车间(先分配)(吨)	供电车间(后分配)(千瓦·时)	合计金额
分配率			4.014 2	0.811 2	—
辅助生产成本	供电车间	劳务量	50	—	—
		分配金额	200.71	—	200.71
	供水车间	劳务量	—	—	—
		分配金额	—	—	—
基本生产车间(制造费用)		劳务量	950	16 200	
		分配金额	3 813.49	13 141.44	16 954.93
公司管理部门(管理费用)		劳务量	130	1 750	—
		分配金额	521.8	1 419.27	1 941.07
合　　计			4 536	14 560.71	19 096.71

根据辅助生产费用分配表(表4-8),编制会计分录如下:

分录一:分配供水车间费用。

借:辅助生产成本——供电车间　　　　　　　　　　　　200.71

　　制造费用　　　　　　　　　　　　　　　　　　　3 813.49

　　管理费用　　　　　　　　　　　　　　　　　　　521.80

　　　贷:辅助生产成本——供水车间　　　　　　　　　　　　4 536

分录二:分配供电车间费用。

借:制造费用　　　　　　　　　　　　　　　　　　　13 141.44

　　管理费用　　　　　　　　　　　　　　　　　　　1 419.27

　　　贷:辅助生产成本——供电车间　　　　　　　　　　　14 560.71

(三)顺序分配法的优缺点

顺序分配法的优点:计算相对简便,各种辅助生产费用只需要计算一次。

顺序分配法的缺点:由于受益少排在前面的辅助生产车间不承担受益多排在后面的辅助生产车间的费用,分配结果不太准确,并且不利于调动排在前面的辅助生产车间对于成本节约和降低耗用的积极性。

任务解答

辅助生产费用在"辅助生产成本"账户的借方归集完成后,月末企业需要将辅助生产费用从贷方转出,分配到各受益对象中去。分配方法共有五种:直接分配法、交互分配法、计划成本分配法、代数分配法和顺序分配法。五种分配方法各有优缺点，相比较而言，直接分配法的计算流程最为简单，代数分配法的计算结果最为准确。

任务三　Excel 在辅助生产费用中的应用

任务提出

思考：运用 Excel 进行除式计算，如果除不尽，单元格会按预先设置显示对应的小数尾数，那么运算时，Excel 是按四舍五入后的小数计算还是按除不尽的小数计算？

理论学习

操作示范：
Excel 在辅助生产费用中的应用

一、辅助生产费用归集的应用

辅助生产费用的核算，应先将各辅助生产车间在生产产品或提供劳务过程中发生的各项费用进行归集，再进行合理分配。就北京恒锋电器有限公司下设的两个辅助生产车间供电车间和供水车间而言，应运用 Excel 工具按供电车间和供水车间编制辅助生产成本明细账，对供电车间和供水车间的费用进行归集。

详细操作步骤如下：

（1）制作表头和表体。在 Excel 中打开"辅助生产成本明细账"工作表，选中 B1：J1 单元格区域，单击【开始】工具栏中的【合并后居中】按钮，对该区域单元格进行合并居中，输入表头"辅助生产成本明细账"。

选中 B2：D2 单元格区域，进行单元格的合并居中，输入"车间：供电车间"；选中 E2：G2 单元格区域，进行单元格的合并居中，输入"2023 年 3 月"。

选中 B3：C3 单元格区域，进行单元格的合并居中，输入"2023 年"，在 D3：J3 单元格区域依次输入"凭证字号""摘要""材料费""职工薪酬""折旧费""其他费用""合计"；在 E4：E12 单元格区域依次输入"辅助耗材""分配材料成本差异""分配职工薪酬""分配职工福利费""分配职工教育经费""计提固定资产折旧""分配其他费用""本月发生额""本月转出额"。

选中 B2：J12 单元格区域，单击【开始】工具栏中的【格式】，在【格式】按钮下拉列表中选择【自动调整列宽】命令，将表格内容调制合适的列宽。

选中 B3：J12 单元格区域，设置边框【所有框线】；将 B3：J3 单元格区域填充底色。

对北京恒锋电器有限公司的供水车间进行同步设置。

制作完成的供电车间和供水车间辅助生产成本明细账如图 4-7 所示。

图 4-7 辅助生产成本明细账

（2）在已经设置好的供电车间辅助生产成本明细账中，利用单元格的引用，分别在 F4、F5、G6、G7、G8、H9 单元格内关联"项目三 表 3-6 辅助生产车间发出材料汇总表、表 3-8 发出材料成本差异计算表、表 3-14 职工薪酬分配表、表 3-15 职工福利费分配表、表 3-16 职工教育经费分配表、表 3-24 固定资产折旧计算表"中与供电车间相关的数据。

（3）在已经设置好的供水车间辅助生产成本明细账中，利用单元格的引用，分别在 F17、F18、G19、G20、G21、H22 单元格内关联"项目三 表 3-6 辅助生产车间发出材料汇总表、表 3-8 发出材料成本差异计算表、表 3-14 职工薪酬分配表、表 3-15 职工福利分配表、表 3-16 职工教育经费分配表、表 3-24 固定资产折旧计算表"中与供水车间相关的数据。

（4）在已经取数成功的供电车间辅助生产成本明细账中，选中 F11 单元格，输入公式"＝SUM(F4∶F10)"，随后选中 F11 单元格，利用填充柄向右完成 G11∶I11 单元格区域的填充；选中 J4 单元格，输入公式"＝SUM(F4∶I4)"，随后选中 J4 单元格，利用填充柄向下完成 J5∶J11 单元格区域的填充；选中 F12 单元格，输入公式"＝－F11"，利用填充柄向右完成 G12∶J12 单元格区域的填充。

（5）在已经取数成功的供水车间辅助生产成本明细账中，选中 F24 单元格，输入公式

“＝SUM(F17∶F23)”，随后选中 F24 单元格，利用填充柄向右完成 G24∶I24 单元格区域的填充；选中 J17 单元格，输入公式“＝SUM(F17∶I17)”，随后选中 J17 单元格，利用填充柄向下完成 J18∶J24 单元格区域的填充；选中 F25 单元格，输入公式“＝－F24”，利用填充柄向右完成 G25∶J25 单元格区域的填充。

填写完成的供电车间和供水车间的辅助生产成本明细账如图 4－8 所示。

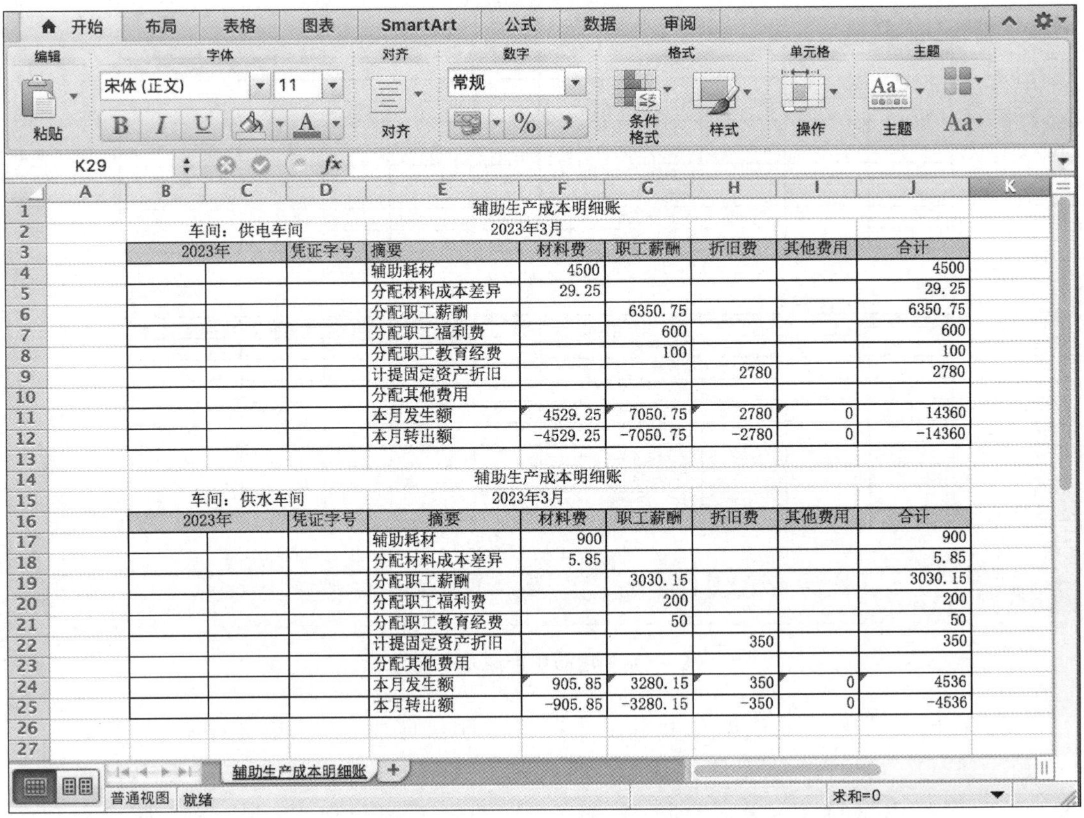

辅助生产成本明细账

车间：供电车间　2023年3月

2023年		凭证字号	摘要	材料费	职工薪酬	折旧费	其他费用	合计
			辅助耗材	4500				4500
			分配材料成本差异	29.25				29.25
			分配职工薪酬		6350.75			6350.75
			分配职工福利费		600			600
			分配职工教育经费		100			100
			计提固定资产折旧			2780		2780
			分配其他费用					
			本月发生额	4529.25	7050.75	2780	0	14360
			本月转出额	-4529.25	-7050.75	-2780	0	-14360

辅助生产成本明细账

车间：供水车间　2023年3月

2023年		凭证字号	摘要	材料费	职工薪酬	折旧费	其他费用	合计
			辅助耗材	900				900
			分配材料成本差异	5.85				5.85
			分配职工薪酬		3030.15			3030.15
			分配职工福利费		200			200
			分配职工教育经费		50			50
			计提固定资产折旧			350		350
			分配其他费用					
			本月发生额	905.85	3280.15	350	0	4536
			本月转出额	-905.85	-3280.15	-350	0	-4536

图 4－8　辅助生产成本明细账

二、辅助生产费用分配的应用

在完成辅助生产成本明细账后，可根据该明细账来编制辅助生产费用分配表，将供电车间和供水车间的费用按各个受益部门所耗用的数量进行合理分配。

详细操作步骤如下：

(1) 制作表头和表体。在 Excel 中打开“辅助生产费用分配表”工作表，选中 B1∶G1 单元格区域，进行单元格的合并居中，输入“辅助生产费用分配表”；选中 B2∶G2 单元格区域，进行单元格的合并居中，输入“(直接分配法)”；选中 B3∶G3 单元格区域，进行单元格的合并居中，输入“2023 年 3 月　金额单位：元”。

选中 B4∶B5 单元格区域，进行单元格的合并居中，输入“项目”；选中 C4∶D4 单元格区域，合并居中并输入“供电车间”；选中 E4∶F4 单元格区域，合并居中并输入“供水车间”；选中 G4∶G5 单元格区域，合并居中并输入“合计金额”；在 C5∶F5 单元格区域依次输入"劳务量""金额""劳务量""金额";在 B6：B11 单元格区域的单元格中,依次输入"待分配辅助生产费用""对外提供劳务量""费用分配率""制造费用""管理费用""合计"。

选中 B4：G11 单元格区域,单击【开始】工具栏中的【格式】,在【格式】按钮下拉列表中选择【自动调整列宽】命令,将表格内容调制合适的列宽。

选中 B4：G11 单元格区域,设置边框【所有框线】;将 B4：G5 单元格区域填充底色。

制作完成的辅助生产费用分配表如图 4-9 所示。

图 4-9　辅助生产费用分配表

（2）完成辅助生产费用分配表中数据的填制。在"辅助生产费用分配表"中输入辅助生产费用的基础数据,利用单元格的引用分别在 C7、C9、C10、E7、E9、E10 单元格内关联"项目四　表 4-3 供电、供水车间当月提供劳务量"（其中 C7 和 D7 单元格对外提供劳务量数据可以通过合计减去对内提供劳务量取得,也可以通过外部基本生产车间加上公司管理部门劳务量取得）,在 D6 单元格内关联上步骤归集完成的辅助生产费用明细账（供电车间）数据 14360,在 F6 单元格内关联上步骤归集完成的辅助生产费用明细账（供水车间）数据 4536。

（3）计算费用分配率,再根据分配率计算制造费用和管理费用。在 D8 单元格内输入公式"＝ROUND(D6/C7，4)",计算出供电车间费用分配率。在 F8 单元格内输入公式"＝ROUND(F6/E7，4)",计算出供水车间费用分配率。由于分配率是可以除尽的,所以不需要考虑误差调整问题。在 D9 单元格内输入公式"＝C9×＄D＄8"并点击回车按钮,再选中 D9 单元格,利用填充柄向下完成 D10 单元格区域的填充;在 F9 单元格内输入公式"＝E9×＄F＄8"并点击回车按钮,再选中 F9 单元格,利用填充柄向下完成 F10 单元格区域的填充;最后在 C11、D11、E11、F11 单元格内分别输入公式"＝SUM(C9：C10)""＝SUM(D9：D10)""＝SUM(E9：E10)""＝SUM(F9：F10)",在 G6、G9、G10、G11 单元格内分别输入公式"＝SUM(D6：F6)""＝SUM(D9：F9)""＝SUM(D10：F10)"

“＝SUM(D11：F11)”,完成相关金额数据的汇总。

提示：ROUND函数(ROUND(number，num_digits))是指按指定的位数对数值进行四舍五入。在计算分配率时，如果分配率或其他数值按题目要求用ROUND函数进行四舍五入，为避免存在分配结果合计数的尾差，最后一个分配结果一般需要通过倒挤的方式求得。例如，图4-10中，如果供电车间或供水车间的费用分配率利用ROUND函数进行四舍五入，那么管理费用的金额计算需要用供电车间或供水车间的待分配辅助生产费用减去分配给制造费用的金额倒挤得出数据。到本步骤为止，辅助生产费用分配表编制完成，如图4-10所示。

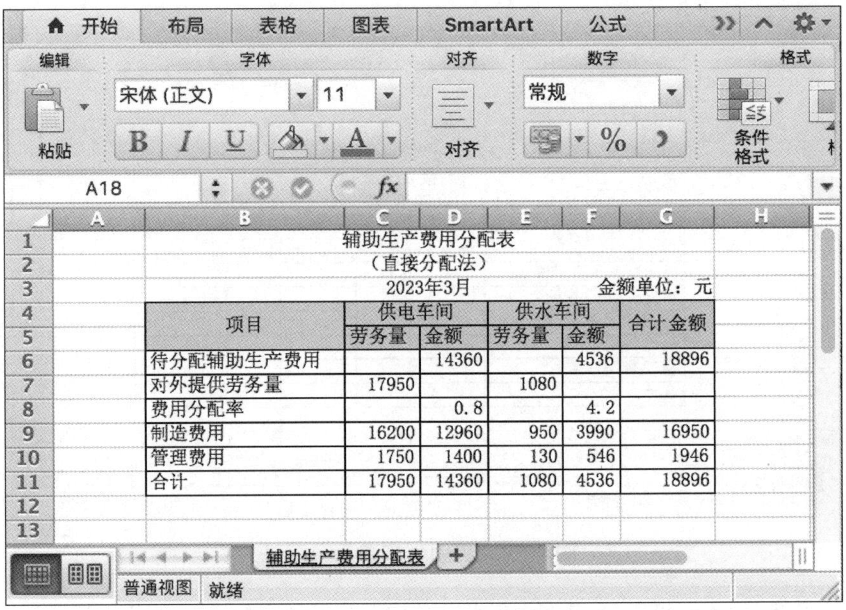

辅助生产费用分配表
（直接分配法）
2023年3月　　　　金额单位：元

项目	供电车间		供水车间		合计金额
	劳务量	金额	劳务量	金额	
待分配辅助生产费用		14360		4536	18896
对外提供劳务量	17950		1080		
费用分配率		0.8		4.2	
制造费用	16200	12960	950	3990	16950
管理费用	1750	1400	130	546	1946
合计	17950	14360	1080	4536	18896

图4-10　辅助生产费用分配表

任务解答

Excel会在单元格内显示四舍五入后的小数，但实际上会使用除不尽的小数来运算，所以Excel表格中出现的小数尾差既包括了因为四舍五入小数带来的尾差也包括了Excel显示与实际使用数据不同带来的差异，对于这一情况，可使用ROUND函数来避免。

知识拓展

业 财 融 合

谈及华为，大家都不陌生，华为的创始人兼总裁任正非先生对于财务人员的要求相当高，并多次对财务人员提出四个方面的要求：

(1) 财务如果不懂业务，只能提供低价值的会计服务。

(2) 财务必须要有渴望进步、渴望成长的自我动力。

（3）没有项目经营管理经验的财务人员，就不可能成长为 CFO。

（4）称职的 CFO 应随时可以接任 CEO。

总结来说，即财务人员需要与业务人员相融合，财务人员要懂业务，业务人员也要懂财务。

因此，业财融合即要求当代财务管理体系中，财务人员应共同参与企业的项目管理、经营分析和预算预测，有助于企业以财务视角制定风险管控，强化企业内部控制；以财务信息指导业务开展，精准拟定业务决策；以财务数据精细成本管理，实现企业降本增效；提高企业资源配置利用效率，合理预判各项业务；调动员工积极性，充分发挥业务目标和财务目标协同效应。业财融合体系示例如图 4-11 所示。

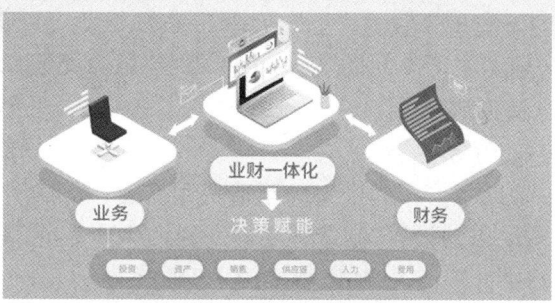

图 4-11　业财融合体系示例

A 公司采购人员小王购买公司生产用材料一批，为了压低采购价格，与供应商协商不需要发票，并认为自己是为了企业整体利益考虑，这一做法的确是为企业节约了不少资金支出。但由于缺少发票导致这部分采购费用无法入账，进而虚增利润（应纳税所得额），导致企业需要多缴纳企业所得税。为了少缴税款，同时掩盖票据缺失问题，小王从当地某商贸有限公司购买了 3 份专用发票用于虚列成本。国家税务局当月接到了商贸公司确认虚开发票事实的协查函，并对 A 公司取得的发票事项进行关联检查。小王知道虚开发票的事情无法隐瞒，陈述了购买发票的事实。

问题分析：

根据《国家税务总局关于纳税人取得虚开的增值税专用发票处理问题的通知》：一、受票方利用他人虚开的专用发票，向税务机关申报抵扣税款进行偷税的，应当依照《中华人民共和国税收征收管理法》及有关规定追缴税款，处以偷税数额五倍以下的罚款；进项税金大于销项税金的，还应当调减其留抵的进项税额。利用虚开的专用发票进行骗取出口退税的，应当依法追缴税款，处以骗税数额五倍以下的罚款；……四、利用虚开的专用发票进行偷税、骗税，构成犯罪的，税务机关依法进行追缴税款等行政处理，并移送司法机关追究刑事责任。

由此可见，虚列成本、伪造成本凭证、隐瞒真实成本数据都会受到严厉的处罚，无论是基本生产成本还是辅助生产成本，都是成本核算中的一环，而成本核算任何一个环节出现问题，都会导致整个成本核算体系出现误差，影响成本计算的正确性和财务报表的可靠性。只有做到诚实守信，计算准确，才能更好地进行企业成本控制和管理。

资料来源：国家税务总局官方网站，经编者编写。

练习巩固

一、单项选择题

1. 辅助生产车间生产的产品或提供的劳务主要用于（　　）。
   A. 对外销售
   B. 辅助生产车间之间的生产和经营
   C. 专项工程
   D. 基本生产车间的生产和经营管理

2. 辅助生产车间的"辅助生产成本"总分类账户下一般按照（　　）设置明细账。
   A. 成本项目
   B. 产品品种
   C. 劳务种类
   D. 辅助生产车间及产品和劳务

3. 辅助生产车间产生的制造费用需要（　　）。
   A. 单独设置"制造费用——辅助生产车间"账户
   B. 直接记入"辅助生产成本"账户
   C. 可以单独设置"制造费用"总账账户,也可以直接记入"辅助生产成本"账户
   D. 先记入"辅助生产成本"账户,再转入"制造费用"账户

4. 辅助生产车间的辅助生产费用分配采用交互分配法时,对外分配的费用总额是（　　）。
   A. 辅助生产车间待分配费用
   B. 交互分配前的费用加上交互分配应转入的费用
   C. 交互分配前的费用减去交互分配应转出的费用
   D. 交互分配前的费用先加上交互分配应转入的费用,再减去交互分配应转出的费用

5. 在辅助生产车间的各种分配方法中,能分清内部经济责任、有利于实行厂内经济核算的是（　　）。
   A. 顺序分配法　　　B. 交互分配法　　　C. 直接分配法　　　D. 计划成本分配法

6. 辅助生产费用的分配方法中计算结果最正确,但需要现代信息技术支持的方法是（　　）。
   A. 代数分配法　　　B. 交互分配法　　　C. 顺序分配法　　　D. 计划成本分配法

7. 辅助生产费用的分配若选择计划成本分配法,为了简化核算,产生的成本差异调整转入（　　）。
   A. 辅助生产车间若产生超支差异,调整转入"辅助生产成本"
   B. 辅助生产车间若产生节约差异,调整转入"制造费用"
   C. 辅助生产车间无论产生超支差异或节约差异,均调整转入"管理费用"
   D. 辅助生产车间无论产生超支差异或节约差异,均调整转入"制造费用"

8. 辅助生产车间采用顺序分配法时,各辅助生产车间相互提供的费用分配应按照辅助生产车间（　　）。
   A. 受益多的排列在前,受益少的排列在后的顺序
   B. 受益少的排列在前,受益多的排列在后的顺序
   C. 费用多的排列在前,费用少的排列在后的顺序

D. 金额大的排列在前,金额小的排列在后的顺序

9. 某企业下设供水、供电两个辅助生产车间,采用直接分配法进行辅助生产费用的分配。2023 年 2 月,供水车间待分配的实际生产费用为 9 000 元,供水总量为 50 000 吨(其中:供电车间耗用 5 000 吨,基本生产车间耗用 35 000 吨,行政管理部门耗用 10 000 吨)。供水车间 2023 年 2 月对辅助生产车间以外的受益对象分配水费的总成本为(　　　　)元。

A. 9 000　　　　　　B. 8 100　　　　　　C. 6 300　　　　　　D. 1 800

10. 某企业有供电和供气两个辅助生产车间,采用交互分配法分配辅助生产费用。本月供电车间花费 100 000 元,提供 200 000 千瓦·时电,其中供气车间耗用 10 000 千瓦·时电;供气车间花费 200 000 元提供了 100 000 吨燃气,其中供电车间耗用 5 000 吨。下列说法错误的是(　　　　)。

A. 供电车间应分配给供气车间 5 000 元　　　B. 供气车间应分配给供电车间 10 000 元

C. 供电车间对外分配金额为 95 000 元　　　　D. 供气车间对外分配金额为 195 000 元

二、多项选择题

1. 辅助生产费用的分配方法有(　　　　)。

A. 机器工时比例分配法　　　　　　　　　　B. 计划成本分配法

C. 定额消耗量比例分配法　　　　　　　　　D. 代数分配法

2. 在辅助生产费用分配的方法中,考虑各辅助生产车间之间的产品和劳务的方法有(　　　　)。

A. 代数分配法　　　　　　　　　　　　　　B. 交互分配法

C. 直接分配法　　　　　　　　　　　　　　D. 计划成本分配法

3. 根据辅助生产费用分配表进行分配结转辅助生产费用的账务处理时,会计分录中对应的借方账户有(　　　　)。

A. 基本生产成本　　B. 管理费用　　　　　C. 制造费用　　　　　D. 财务费用

4. 辅助生产车间一般不设置"制造费用"账户核算,其原因有(　　　　)。

A. 辅助生产车间发生的制造费用较少　　　　B. 为了简化核算工作

C. 辅助生产车间没有制造费用　　　　　　　D. 辅助生产车间规模较小

5. 下列关于辅助生产费用分配中直接分配法的表述中,正确的有(　　　　)。

A. 直接分配法的结果不够准确　　　　　　　B. 直接分配法核算简单

C. 直接分配法只需要分配一次　　　　　　　D. 直接分配法适用于所有企业

三、判断题

1. 辅助生产车间生产的产品和提供的劳务只服务于基本生产车间。　　　　　　　　(　　)

2. 不同辅助生产费用分配法的共同特点是会在辅助生产车间之间相互分配费用。

　　　　　　　　　　　　　　　　　　　　　　　　　　　　　　　　　　(　　)

3. 顺序分配法的分配结果不太准确,是因为排在前面的辅助生产车间不负担排在后面的辅助生产车间的费用,不利于调动排在前面的辅助生产车间降低能源耗用的积极性。

　　　　　　　　　　　　　　　　　　　　　　　　　　　　　　　　　　(　　)

4. 计划成本分配法依赖于历史数据资料,所以适用于计划成本比较稳定准确的企业。

（　　）

5. 辅助生产车间发生的制造费用都必须通过"制造费用"账户核算。　　　　（　　）

四、实训题

天津锋耀电器有限公司另设供气和机修两个辅助车间。根据登记完成的辅助生产成本明细账,2023 年 4 月供气车间发生辅助生产费用 7 560 元,机修车间发生辅助生产费用 6 300 元,两车间当月提供的具体劳务量如表 4-9 所示。

表 4-9　辅助生产车间供应劳务数量

受　益　对　象		供气车间（立方米）	机修车间（小时）
基本生产车间一车间	甲产品耗用	15 000	—
	一般耗用	2 500	1 000
基本生产车间二车间	乙产品耗用	18 000	—
	一般耗用	1 000	2 000
行政管理部门		1 000	800
销售部门		2 500	200
辅助生产车间——供气车间		—	200
辅助生产车间——机修车间		2 000	—
合　　　计		42 000	4 200

要求:

1. 采用直接分配法计算并分配辅助生产费用(表 4-10),并编制会计分录。

表 4-10　辅助生产费用分配表

（直接分配法）

2023 年 4 月

金额单位:元

项　　　目	供气车间		机修车间		合计金额
	劳务数量（立方米）	金额	劳务数量（小时）	金额	
待分配辅助生产费用					
对外提供劳务数量					

续 表

项 目		供气车间		机修车间		合计金额
		劳务数量（立方米）	金额	劳务数量（小时）	金额	
费用分配率（单位成本）						
基本生产成本	甲产品					
	乙产品					
制造费用	一车间					
	二车间					
管理费用						
销售费用						
合　计						

2. 采用交互分配法计算并分配辅助生产费用（表4－11），并编制会计分录。

表4－11　辅助生产费用分配表
（交互分配法）
2023年4月　　　　　　　　　　　　　金额单位：元

项 目		供气车间			机修车间			合计金额
		劳务数量（立方米）	分配率	分配金额	劳务数量（小时）	分配率	分配金额	
待分配辅助生产费用								
交互分配	供气车间							
	机修车间							
对外分配辅助生产费用								
对外分配	基本生产成本 甲产品							
	乙产品							
	制造费用 一车间							
	二车间							
	管理费用							
	销售费用							
	合　计							

3. 采用计划成本分配法计算并分配辅助生产费用(表 4 – 12),并编制会计分录。(新增条件:天津锋耀电器有限公司计划成本比较准确,供气车间计划单位成本 0.184 元/立方米,机修车间计划单位成本 1.52 元/时)

表 4 – 12　辅助生产费用分配表

(计划成本分配法)

2023 年 4 月　　　　　　　　　　　　　　金额单位:元

项　　　目			供气车间 (立方米)	机修车间 (小时)	合计金额
待分配辅助生产费用					
劳务供应总量					
计划单位成本					
辅助生产 成本	供气 车间	劳务数量			
		分配金额			
	机修 车间	劳务数量			
		分配金额			
基本生产 成本	甲产品	劳务数量			
		分配金额			
	乙产品	劳务数量			
		分配金额			
制造费用	一车间	劳务数量			
		分配金额			
	二车间	劳务数量			
		分配金额			
管理费用		劳务数量			
		分配金额			
销售费用		劳务数量			
		分配金额			
按计划成本分配金额合计					
辅助生产实际成本					
辅助生产成本差异					

4. 采用代数分配法计算并分配辅助生产费用(表4-13),并编制会计分录。(实际单位成本的计算结果保留到小数点后6位,其他计算结果保留到小数点后2位,并用保留后的数据继续后续计算,尾差在销售费用中调整。)

表 4-13　辅助生产费用分配表
(代数分配法)
2023 年 4 月　　　　　　　　　　　　　　　　　金额单位:元

项　　目			供气车间劳务量（立方米）	机修车间劳务量（小时）	合计金额
待分配辅助生产费用					
劳务供应总量					
代数分配法下实际单位成本					
辅助生产成本	供气车间	劳务数量			
		分配金额			
	机修车间	劳务数量			
		分配金额			
基本生产成本	甲产品	劳务数量			
		分配金额			
	乙产品	劳务数量			
		分配金额			
制造费用	一车间	劳务数量			
		分配金额			
	二车间	劳务数量			
		分配金额			
管理费用		劳务数量			
		分配金额			
销售费用		劳务数量			
		分配金额			
合　　计					

5. 采用顺序分配法计算并分配辅助生产费用(表 4-14),并编制会计分录。

表 4-14   辅助生产费用分配表

(顺序分配法)

2023 年 4 月

金额单位:元

项　　　目			供气车间(＿分配) (立方米)	机修车间(＿分配) (小时)	合计金额
待分配辅助生产费用					
待分配劳务供应总量					
分配率					
辅助生产 成本	供气 车间	劳务数量			
		分配金额			
	机修 车间	劳务数量			
		分配金额			
基本生产 成本	甲产品	劳务数量			
		分配金额			
	乙产品	劳务数量			
		分配金额			
制造费用	一车间	劳务数量			
		分配金额			
	二车间	劳务数量			
		分配金额			
管理费用		劳务数量			
		分配金额			
销售费用		劳务数量			
		分配金额			
合　　　计					

 **任务总结**

一、复习思考

1. 辅助生产车间成本核算应设置哪些账户，如何进行辅助生产费用归集？

2. 比较分析辅助生产车间归集的辅助生产费用的五种分配方法，说明每种分配方法的优缺点以及各自的适用范围。

二、总结评价

根据要求完成本项目所有任务后，请填写归集和分配辅助生产费用项目训练总结评价表（表 4-15）。

表 4-15　归集和分配辅助生产费用项目训练总结评价表

考评内容标准	评 价			
	熟练	较好	一般	不会
辅助生产费用的概念理解情况				
辅助生产费用的归集掌握情况				
辅助生产费用的分配方法掌握情况				
辅助生产费用的分配实际运用情况				
总结与反思				

项目五

归集和分配制造费用

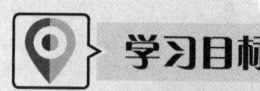 学习目标

知识目标：

1. 熟悉制造费用的概念、性质和内容；
2. 理解制造费用核算的特点；
3. 掌握制造费用的归集方法和账户设置；
4. 掌握制造费用的分配方法、计算流程和账务处理。

技能目标：

1. 能够根据相关经济业务对制造费用进行正确划分和归集；
2. 能够区分不同制造费用分配方法的特点和适用范围；
3. 能够熟练正确地核算和分配制造费用，并进行相应的账务处理；
4. 能够熟知制造费用的归集和分配在 Excel 中的运用。

素养目标：

1. 培养学生学习热情、主动参与到企业的成本管理，以成本会计岗位职责为标准，营造成本会计职业氛围；
2. 引导学生爱岗敬业、客观公正地根据企业实际情况选择制造费用分配方法。

西红柿炒鸡蛋这道菜是一道常见的家常菜，结合成本会计相关理论，想想这道菜的制作成本包括哪些?

我们可以直观看见的西红柿、鸡蛋就是生产成本，这是我们可以直接相关的成本，那么炒锅的磨损属于什么成本呢? 西红柿炒鸡蛋制作成本构成如图 5-1 所示。

图 5-1　西红柿炒鸡蛋制作成本构成

炒锅也是做出这道西红柿炒鸡蛋必不可少的工具之一，它也为这道菜做出了贡献，这种间接的成本就是制造费用。 无论生产成本还是制造费用，都同属于成本类账户，最主要的区别就在于是直接成本还是间接成本。 接下来我们带着这些问题一起来学习制造费用。

任务一 **归集制造费用**

 任务提出

北京恒锋电器有限公司为生产双桶波轮式洗衣机和全自动波轮式洗衣机而发生的各项成本耗费,包括为生产产品专门领用的材料费,雇佣的生产工人所支付的人工费,以及生产过程中所发生的机器设备折旧、提供的车间水电照明费、车间管理部门所发生的一系列开支等。

思考:上述这些费用应分别归类计入哪些成本项目? 哪些费用应该归集到"制造费用"中呢?

理论学习

一、制造费用的概述

（一）制造费用的含义

制造费用,是指企业为生产产品或提供劳务而发生的应计入产品成本但没有专门设置成本项目的各项生产费用。制造费用种类多,发生频率高,金额大小不一,在发生时一般无法直接计入成本核算对象,因此制造费用也称为企业为生产产品或提供劳务而发生的各项间接费用。

（二）制造费用的内容

制造费用内容、前提条件和举例如表5-1所示。

知识详解:
制造费用的
归集

表 5-1　制造费用内容、前提条件和举例

内　容	前 提 条 件	举　例
间接用于产品生产	无法直接判断所耗用的生产费用归属于哪一产品的成本核算对象	生产车间辅助人员薪酬、机物料的消耗、生产车间的照明、生产用厂房的折旧和修理费等
直接用于产品生产	核算上不便于或管理上不要求单独核算的生产费用,为简化核算工作,未专设成本项目	机器设备的折旧和修理费、保险费、低值易耗品的摊销、设计制图费、试验检验费等
车间或其他生产部门	为组织和管理生产而发生的费用	车间管理人员薪酬、车间管理用房屋和设备的折旧费、修理费、租赁费和保险费、车间管理部门发生的办公费、差旅费等

二、制造费用的归集

制造费用的归集通过"制造费用"账户进行设置和总分类核算,该账户属于成本费用类账户,借方登记归集发生的制造费用,贷方反映制造费用的分配,月末制造费用分配结转到生产成本账户中,结转后无余额。"制造费用"账户应该根据不同的生产车间设置明细账,并按照具体的费用项目设立专栏或专户,分别反映生产单位各项制造费用的发生情况。制造费用的归集过程演示如图 5-2 所示。

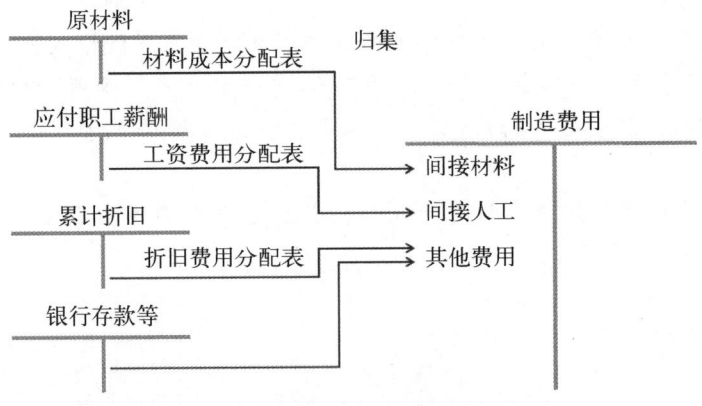

图 5-2　制造费用的归集过程演示

任务解答

根据前述北京恒锋电器有限公司案例,登记北京恒锋电器有限公司制造费用明细账,如表 5-2 所示。

表 5-2　制造费用明细账

车间名称:基本生产车间　　　　　　　　　2023 年 3 月 31 日

2023 年		凭证字号	摘　　要	职工薪酬	折旧费	摊销费	水电费	合计
月	日							
3	31	(略)	分配职工薪酬	53 826.96				53 826.96
3	31		分配职工福利费	1 920				1 920
3	31		分配职工教育经费	1 200				1 200
3	31		计提固定资产折旧		118 400			118 400
3	31		计提无形资产摊销			3 560		3 560
3	31		分配电费				12 960	12 960
3	31		分配水费				3 990	3 990

续　表

2023 年		凭证字号	摘　　　　要	职工薪酬	折旧费	摊销费	水电费	合计
月	日							
3	31		本月发生额	56 946.96	118 400	3 560	16 950	195 856.96
3	31		本月转出额	−56 946.96	−118 400	−3 560	−16 950	−195 856.96

 任务二　分配制造费用

 任务提出

　　任务一已经将 3 月份的制造费用进行归集,因此"制造费用"账户的借方新增195 856.96元。归集的制造费用是为生产双桶波轮式洗衣机和全自动波轮式洗衣机而发生的,北京恒锋电器有限公司两种洗衣机产品如图 5-3 所示。

　　思考:月末应该如何将归集的制造费用进行分配转出?

图 5-3　北京恒锋电器有限公司两种洗衣机产品

理论学习

　　为了正确地计算产品成本,我们需要在期末将归集完成的制造费用按一定的分配标准进行分配,考虑到各车间制造费用的水平不同,制造费用的分配通常按照车间范围分别进行。具体情形如下：

（1）若基本生产车间只生产一种产品，归集完成的制造费用是属于单一产品的直接制造费用，不需要进行分配，直接转入该产品成本明细账的"制造费用"中去。

（2）若基本生产车间生产多种产品，归集完成的制造费用是属于多种产品共同耗用的间接制造费用，需要在多种产品之间选择科学合理的分配标准，分配计入每一种产品的成本明细账中。

分配标准通常有生产工人工资、生产工人工时、机器工时、年度计划工时（或产量）等，对应的分配方法有生产工人工资比例法、生产工人工时比例法、机器工时比例法、年度计划分配率分配法等。具体选择哪一种分配标准和分配方法，企业应该结合自己的实际情况确定，一经确定，不得随意变更。

一、生产工人工时比例法

（一）生产工人工时比例法的概念

生产工人工时比例法，是指根据各种产品生产工人的工时比例作为分配标准，分配制造费用的方法。生产工人工时比例法中的工时可以采用实际工时，也可以采用定额工时，多数企业有完整的工时记录，工时资料相对容易获取，核算工作简便，因此属于较为常见的制造费用分配方法。

（二）生产工人工时比例法的计算

生产工人工时比例法的计算公式如下：

制造费用分配率＝归集的制造费用总额÷各种产品的生产工人工时之和

某种产品应分配的制造费用＝制造费用分配率×该种产品的生产工人工时

【例 5－1】　根据任务一制造费用的归集，已知北京恒锋电器有限公司生产车间的制造费用总额为 195 856.96 元。生产车间生产的双桶波轮式洗衣机和全自动波轮式洗衣机两种产品所耗用的生产工人工时统计如表 5－3 所示。

表 5－3　产品生产工人工时统计表

2023 年 3 月　　　　　　　　　　　　　　　　　　　　　　　　单位：小时

项　　　目	双桶波轮式洗衣机	全自动波轮式洗衣机	工时合计
生产工人工时	16 640	20 384	37 024

要求：采用生产工人工时比例法将归集的制造费用进行分配，列出计算流程，填写制造费用分配表（表 5－4），并编制会计分录。

计算要求：在计算过程中，分配率的计算结果保留到小数点后 4 位；其他计算结果保留到小数点后 2 位；尾差在全自动波轮式洗衣机分配的制造费用中调整。

【解析】

制造费用分配率＝归集的制造费用总额÷生产工人工时之和

＝195 856.96÷（16 640＋20 384）＝5.29（元/时）

双桶波轮式洗衣机应分配的制造费用＝5.29×16 640＝88 025.60(元)

全自动波轮式洗衣机应分配的制造费用＝5.29×20 384＝107 831.36(元)

表 5-4　制造费用分配表

(生产工人工时比例法)

2023 年 3 月　　　　　　　　　　　　　　　　　　　　　金额单位：元

产 品 名 称	生产工人工时(小时)	分配率	分配金额
双桶波轮式洗衣机	16 640		88 025.60
全自动波轮式洗衣机	20 384		107 831.36
合　　计	37 024	5.29	195 856.96

根据制造费用分配表(表 5-4)，编制会计分录如下：

借：基本生产成本——双桶波轮式洗衣机　　　　　　　　88 025.60

　　　　　　　　——全自动波轮式洗衣机　　　　　　　107 831.36

　　贷：制造费用　　　　　　　　　　　　　　　　　　　　　195 856.96

二、生产工人工资比例法

(一) 生产工人工资比例法的概念

生产工人工资比例法，是指根据各种产品生产工人的工资比例作为分配标准，分配制造费用的方法。生产工人工资比例法核算简单，但适用于生产车间里各种产品的生产工艺过程和机械化程度大致相同的企业，否则会影响制造费用分配的合理性。

(二) 生产工人工资比例法的计算

生产工人工资比例法的计算公式如下：

制造费用分配率＝归集的制造费用总额÷各种产品的生产工人工资之和

某种产品应分配的制造费用＝制造费用分配率×该种产品的生产工人工资

【例 5-2】　沿用【例 5-1】数据资料和计算要求，假设生产双桶波轮式洗衣机的生产工人工资为 9 000 元，生产全自动波轮式洗衣机的生产工人工资为 9 512 元。

要求：采用生产工人工资比例法将归集的制造费用进行分配，列出计算流程，填写制造费用分配表(表 5-5)，并编制会计分录。

【解析】

制造费用分配率＝归集的制造费用总额÷生产工人工资之和

　　　　　　　＝195 856.96÷(9 000＋9 512)＝10.58(元)

双桶波轮式洗衣机应分配的制造费用＝10.58×9 000＝95 220(元)

全自动波轮式洗衣机应分配的制造费用＝10.58×9 512＝100 636.96(元)

表 5-5　制造费用分配表

（生产工人工资比例法）

2023 年 3 月　　　　　　　　　　　　　　　　　　　金额单位：元

产 品 名 称	生产工人工资	分配率	分配金额
双桶波轮式洗衣机	9 000		95 220.00
全自动波轮式洗衣机	9 512		100 636.96
合 计	18 512	10.58	195 856.96

根据制造费用分配表（表 5-5），编制会计分录如下：

借：基本生产成本——双桶波轮式洗衣机　　　　　　　　95 220.00

　　　　　　　　——全自动波轮式洗衣机　　　　　　　100 636.96

　　贷：制造费用　　　　　　　　　　　　　　　　　　　　195 856.96

三、机器工时比例法

（一）机器工时比例法的概念

机器工时比例法，是指根据各种产品所用机器设备的运转工时比例作为分配标准，分配制造费用的方法。机器工时比例法适用于机械化程度较高的生产车间，生产车间里与机器设备使用有关的固定资产折旧费、设备维护修理费等制造费用所占比重较大，同时生产车间能够做好各种产品生产所耗用机器工时的原始记录工作。

（二）机器工时比例法的计算

机器工时比例法的计算公式如下：

$$制造费用分配率＝归集的制造费用总额÷各种产品所用机器工时之和$$

$$某种产品应分配的制造费用＝制造费用分配率×该种产品的机器工时$$

【例 5-3】 沿用【例 5-1】数据资料和计算要求，假设生产双桶波轮式洗衣机所耗用的机器工时为 8 500 小时，生产全自动波轮式洗衣机所耗用的机器工时为 12 000 小时。

要求：采用机器工时比例法将归集的制造费用进行分配，列出计算流程，填写制造费用分配表（表 5-6），并编制会计分录。

【解析】

制造费用分配率＝归集的制造费用总额÷各产品所用机器工时之和

　　　　　　　＝195 856.96÷（8 500＋12 000）≈9.554 0（元/时）

双桶波轮式洗衣机应分配的制造费用＝9.554 0×8 500＝81 209（元）

全自动波轮式洗衣机应分配的制造费用＝195 856.96－81 209＝114 647.96（元）

表 5 - 6　制造费用分配表

（机器工时比例法）

2023 年 3 月

金额单位：元

产 品 名 称	机器工时(小时)	分配率	分配金额
双桶波轮式洗衣机	8 500		81 209.00
全自动波轮式洗衣机	12 000		114 647.96
合　计	20 500	9.554 0	195 856.96

根据制造费用分配表（表 5 - 6），编制会计分录如下：

借：基本生产成本——双桶波轮式洗衣机　　　　　　　　　81 209.00

　　　　　　——全自动波轮式洗衣机　　　　　　　114 647.96

　　贷：制造费用　　　　　　　　　　　　　　　　　　　195 856.96

四、年度计划分配率分配法

（一）年度计划分配率分配法的概念

年度计划分配率分配法，是指企业在正常生产经营的情况下，根据年度开始前确定的全年制造费用预算数，按照全年预计产量的定额标准，确定计划分配率，再根据计划分配率对制造费用进行分配的方法。由于采用年度计划分配率分配制造费用，无论当期制造费用实际发生多少，均在"制造费用"账户的借方进行归集，而贷方分配结转的都是按计划分配率计算的制造费用，因此"制造费用"账户期末一般有余额。

如果"制造费用"账户的期末余额在借方，表示制造费用的实际发生额大于计划分配额，说明还有实际发生的制造费用但尚未分配计入相关产品的成本。

如果"制造费用"账户的期末余额在贷方，表示制造费用的实际发生额小于计划分配额，说明制造费用尚未发生但被提前分配计入相关产品的成本。

为简化核算，每月制造费用实际发生额与按计划分配率计算的分配额之间的差额，年末一次性调整计入 12 月份产品的成本中。年末差额调整后，"制造费用"账户及其明细账均无余额。年度计划分配率分配法对企业的计划工作要求非常高，若企业计划工作不够精准，年度制造费用预算数与制造费用实际数相差较大，会直接影响分配结果的准确性。

（二）年度计划分配率分配法的计算

年度计划分配率分配法的计算步骤和具体计算公式如下：

步骤一： 计算年度计划分配率。

制造费用年度计划分配率＝年度制造费用预算数÷年度计划产量的定额工时之和

步骤二： 按年度计划分配率计算每月制造费用分配额。

$$\text{某种产品应分配的制造费用} = \text{制造费用年度计划分配率} \times \text{该种产品实际产量的定额工时}$$

步骤三：年末调整制造费用余额。

若"制造费用"账户的实际发生额大于计划分配额,用蓝字补足分配额,借记"基本生产成本"账户,贷记"制造费用"账户。

若"制造费用"账户的实际发生额小于计划分配额,用红字冲减分配额。

【例5-4】　沿用【例5-1】数据资料和计算要求,假设全年制造费用预算数为2 400 000元,3月份实际制造费用为195 856.96元,本年度实际制造费用为2 300 000元。公司基本生产车间有关产量资料,如表5-7所示。

表5-7　基本生产车间有关产量资料

产 品 名 称	年度预算产量（台）	单位产品工时定额（小时）	3月份产品实际产量（台）
双桶波轮式洗衣机	50 000	9	4 000
全自动波轮式洗衣机	55 000	10	4 800

要求：采用年度计划分配率分配法将归集的制造费用进行分配,列出计算流程,填写制造费用分配表(表5-7),并编制会计分录。

【解析】

步骤一：计算年度计划分配率。

制造费用年度计划分配率＝2 400 000÷(50 000×9＋55 000×10)＝2.4(元/时)

步骤二：按年度计划分配率计算3月制造费用分配额。

3月双桶波轮式洗衣机应分配的制造费用＝2.4×4 000×9＝86 400(元)

3月全自动波轮式洗衣机应分配的制造费用＝2.4×4 800×10＝115 200(元)

表5-8　制造费用分配表
(年度计划分配率分配法)
2023年3月
金额单位：元

产 品 名 称	本月实际产量（台）	本月实际生产工时（小时）	分配率	本月分配金额
双桶波轮式洗衣机	4 000	4 000×9＝36 000		86 400
全自动波轮式洗衣机	4 800	4 800×10＝48 000		115 200
合　计	8 800	84 000	2.4	201 600

根据制造费用分配表(表5-8),编制会计分录如下：

借：基本生产成本——双桶波轮式洗衣机　　　　　　　　86 400

　　　　　　　　　——全自动波轮式洗衣机　　　　　　115 200

　　贷：制造费用　　　　　　　　　　　　　　　　　　　　　201 600

步骤三：年末调整制造费用余额。

3 月末"制造费用"借方实际发生额为 195 856.96 元,贷方计划分配额为 201 600 元,因此"制造费用"账户存在贷方余额 5 743.04 元(201 600－195 856.96),表示多分配 5 743.04 元,3 月末不予调整。

假定年末已分配制造费用的计划数为 2 360 000 元,其中双桶波轮式洗衣机应分配 991 200 元,全自动波轮式洗衣机应分配 1 368 800 元,则本年度多分配 60 000 元 (2 360 000－2 300 000),年底针对差异可以按比例予以调整。

双桶波轮式洗衣机制造费用调减金额＝60 000×(991 200÷2 360 000)＝25 200 元

全自动波轮式洗衣机制造费用调减金额＝60 000×(1 368 800÷2 360 000)

＝34 800(元)

根据差异调减金额,年末差额调整后,"制造费用"总账及其明细账均无余额,编制会计分录如下:

借:制造费用　　　　　　　　　　　　　　　　　　　　　　　　60 000

　　贷:基本生产成本——双桶波轮式洗衣机　　　　　　　　　　25 200

　　　　　　　　　　——全自动波轮式洗衣机　　　　　　　　　34 800

任务解答

归集的制造费用是为生产双桶波轮式洗衣机和全自动波轮式洗衣机而发生的,因此下一步需要将制造费用从贷方转出,分配计入双桶波轮式洗衣机和全自动波轮式洗衣机两种产品,具体分配方法如表 5-9 所示。

表 5-9　两种产品可使用的制造费用分配方法

实际分配率法	计划分配率法
生产工人工时比例法	
生产工人工资比例法	年度计划分配率分配法
机器工时比例法	

任务三　Excel 在制造费用中的应用

任务提出

思考:在费用分配表制作中,最后一个分配对象的分配金额应该如何输入公式计算?

操作示范：
Excel 在制
造费用中的
应用

理论学习

一、制造费用归集的应用

如果生产车间只生产一种产品，制造费用直接转入该产品的生产成本；如果生产车间同时生产两种及以上的产品，制造费用应先归集，再合理分配。就北京恒锋电器有限公司生产的双桶波轮式洗衣机和全自动波轮式洗衣机两种产品而言，应该先运用 Excel 工具编制基本生产车间制造费用明细账，对制造费用进行归集。

详细操作步骤如下：

（1）制作表头和表体。在 Excel 中打开"制造费用明细账"工作表，选中 B1：J1 单元格区域，单击【开始】工具栏中的【合并后居中】按钮，对该区域单元格进行合并居中，输入表头"制造费用明细账"。

选中 B2：D2 单元格区域，进行单元格的合并居中，输入"车间：基本生产车间"；选中 E2：G2 单元格区域，进行单元格的合并居中，输入"2023 年 3 月"。

选中 B3：C3 单元格区域，进行单元格的合并居中，输入"2023 年"，在 D3：J3 单元格区域依次输入"凭证字号""摘要""职工薪酬""折旧费""摊销费""水电费""合计"；在 E4：E12 单元格区域依次输入"分配职工薪酬""分配职工福利费""分配职工教育经费""计提固定资产折旧""计提无形资产摊销""分配电费""分配水费""本月发生额""本月转出额"。

选中 B2：J12 单元格区域，单击【开始】工具栏中的【格式】，在【格式】按钮下拉列表中选择【自动调整列宽】命令，将表格内容调制合适的列宽。

选中 B3：J12 单元格区域，设置边框【所有框线】；将 B3：J3 单元格区域填充底色。

制作完成的基本生产车间制造费用明细账，如图 5 - 4 所示。

图 5 - 4　制造费用明细账

（2）完成制造费用明细账中数据的填制。在已经设置好的"制造费用明细账"中，利用单元格的引用，分别在 F4、F5、F6、G7、H8、I9、I10 单元格内关联"项目三　表 3 - 14 职工薪酬分配表、表 3－15 职工福利分配表、表 3－16 职工教育经费分配表、表 3－23 无形资产摊销表、表 3－24 固定资产折旧计算表、任务四　表 4－4 辅助生产费用分配表(直接分配法)”中与制造费用相关的数据。

(3) 在已经取数成功的“制造费用明细账”中，选中 F11 单元格，输入公式“＝SUM(F4：F10)”，随后选中 F11 单元格，利用填充柄向右完成 G11：I11 单元格区域的填充；选中 J4 单元格，输入公式“＝SUM(F4：I4)”，随后选中 J4 单元格，利用填充柄向下完成 J5：J11单元格区域的填充；选中 F12 单元格，输入公式“＝－F11”，利用填充柄向右完成 G12：J12 单元格区域的填充。选中 B2：J12 单元格区域，按照前述方式，将表格内容调制合适的列宽。填写完成的制造费用明细账如图 5－5 所示。

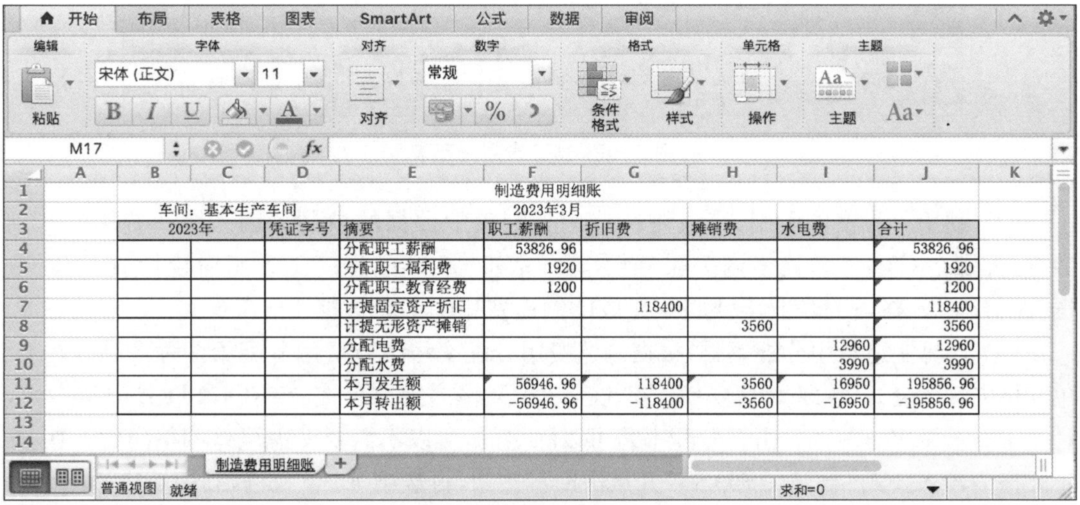

制造费用明细账

车间：基本生产车间　　2023年3月

2023年		凭证字号	摘要	职工薪酬	折旧费	摊销费	水电费	合计
			分配职工薪酬	53826.96				53826.96
			分配职工福利费	1920				1920
			分配职工教育经费	1200				1200
			计提固定资产折旧		118400			118400
			计提无形资产摊销			3560		3560
			分配电费				12960	12960
			分配水费				3990	3990
			本月发生额	56946.96	118400	3560	16950	195856.96
			本月转出额	-56946.96	-118400	-3560	-16950	-195856.96

图 5－5　制造费用明细账

二、制造费用的分配

在完成制造费用明细账后，可根据该明细账来编制制造费用分配表，进行合理分配。

详细操作步骤如下：

(1) 制作表头和表体。在 Excel 中打开“制造费用分配表”工作表，选中 B1：E1 单元格区域，进行单元格的合并居中，输入“制造费用分配表”；选中 B2：E2 单元格区域，进行单元格的合并居中，输入“(生产工人工时比例法)”；选中 B3：E3 单元格区域，进行单元格的合并居中，输入“2023 年 3 月　金额单位：元”。

在 B4：E4 单元格区域依次输入“产品名称”“生产工时/小时”“分配率”“分配金额”；在 B5：B7 单元格区域依次输入“双桶波轮式洗衣机”“全自动波轮式洗衣机”“合计”。

选中 B4：E7 单元格区域，单击【开始】工具栏中的【格式】，在【格式】按钮下拉列表中选择【自动调整列宽】命令，将表格内容调制合适的列宽。

选中 B4：E7 单元格区域，设置边框【所有框线】；将 B4：E4 单元格区域填充底色。

制作完成的基本生产车间制造费用分配表，如图 5－6 所示。

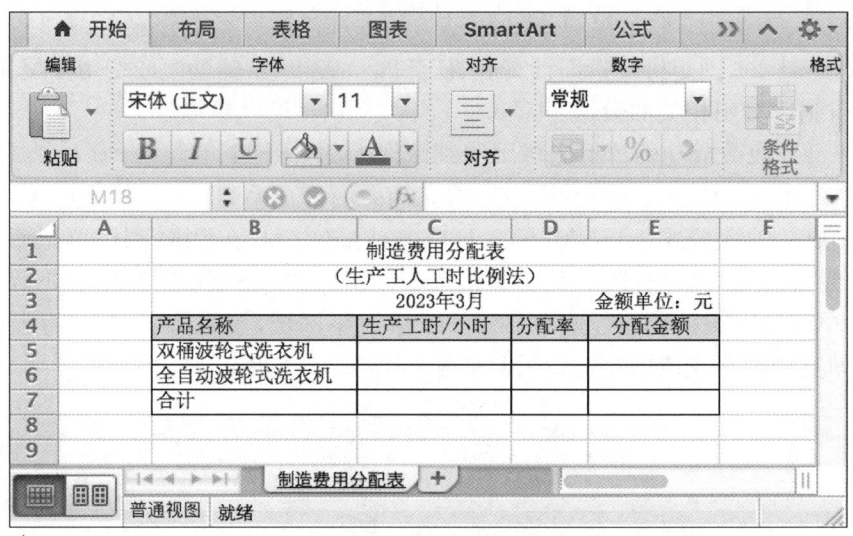

图 5‐6 制造费用分配表

（2）利用单元格的引用，完成制造费用分配表中数据的填制。输入制造费用的基础数据，分别在 C5、C6 单元格内关联"项目五　表 5‐3 产品生产工人工时统计表"工时数据，在 E7 单元格内关联上步骤归集完成的制造费用明细账数据 195 856.96。

（3）计算制造费用分配率，再根据制造费用分配率将制造费用分配给两种产品。在 C7 单元格内输入公式"＝SUM(C5：C6)"，在 D7 单元格内输入公式"＝ROUND(E7/C7，4)"，计算出制造费用分配率。由于分配率是可以除尽的，所以不需要考虑尾差调整问题。在 E5 单元格内输入公式"＝C5×＄D＄7"并点击回车按钮，再选中 E5 单元格，利用填充柄向下完成 E6 单元格区域的填充。如果制造费用分配率利用 ROUND 函数进行四舍五入，那么尾差需要在全自动波轮式洗衣机的分配金额中调整。选中 B2：E7 单元格区域，按照前述方式，将表格内容调制合适的列宽。填写完成的"制造费用分配表"如图 5‐7 所示。

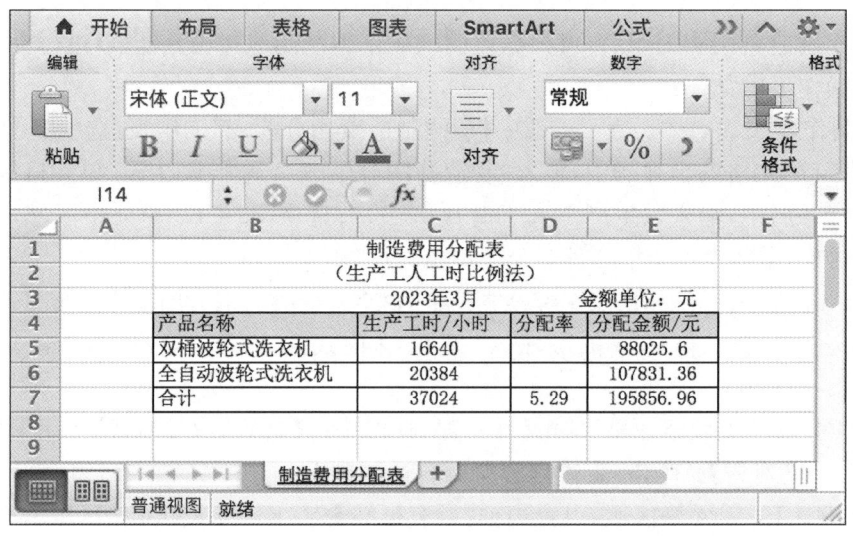

图 5‐7 制造费用分配表

📖 **任务解答**

（1）如果分配率为除得尽的小数，不存在小数尾差，则输入公式为：分配标准单元格×分配率单元格；

（2）如果分配率为除不尽小数，即存在小数尾差，则输入公式为：待分配金额总额－其他分配对象分配金额之和。

📖 **知识拓展**

大 数 据

在教育数字化的大力推动下，大数据（big data）已经被越来越多的人所熟悉，大数据已经逐渐成为一种思维工具，影响着人们的工作、学习和生活，可以说大数据的到来开启了人类大规模运用和分享数据的时代。例如，当前越来越多的人关注健康，将手上戴的传统机械手表替换成了智能运动手环，方便监测我们日常的心率、睡眠、运动等情况，运动手环能够根据监测结果给出改善自身运动计划，提高运动健康的建议；再例如人们通过淘宝、天猫等平台在线购物时，后台会根据消费者所查看的物品内容推送出更多相类似的商品来吸引消费者。大数据应用已涉及众多行业（图5-8），在金融业、医疗保健业、娱乐业、交通运输业、教育业等各行各业都能看到大数据的身影。

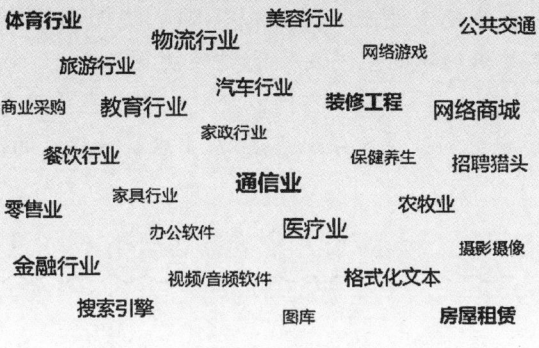

图 5-8 大数据应用已涉及众多行业

企业也不例外，特别是生产制造型企业通过大数据的平台资源对企业的成本进行时时追踪、分析和管控，通过对生产全过程的数据收集和管理，快捷高效地助力企业对生产过程进行直观监管。我们作为大数据成果的分享者也需要不断去挖掘和学习大数据知识和技能，能够实现大数据分析和处理的工具很多，例如 Excel、Python、Pandas 等，钻研这些工具的程序设计、处理流程和操作方法，尝试进行数据统计、数据清洗、数据规整和可视化，并应用于今后工作中，让企业的经营决策和管理更细致、更全面、更高效，真正实现财务会计向管理会计的转型，做走在时代前沿的奋进者和开拓者。

　　例如,作为企业管理者要想了解企业利润表各主要项目与所属行业均值之间的差异,我们可以采用大数据分析工具对给定行业"制造业——医药制造业"的相关数值进行爬取,爬取后计算各主要项目的行业变动率均值,通过将企业各项目变动率与行业变动率均值进行水平分析,充分挖掘企业自身的潜力,找寻机遇,也及时弥补企业自身的劣势,迎接挑战。

素养园地

客 观 公 正

　　B公司基本生产车间生产三种产品:传统甲产品和乙产品,以及本月新研发的丙产品。甲产品和乙产品的机械化程度低,多以人工生产为主;新研发的丙产品机械化程度高,由机器完成大部分生产工艺和流程,人力劳动大大减少。在未研发丙产品之前,由于甲产品和乙产品的工艺相似,机械化程度相同,因此对基本生产车间制造费用的分配采用的是生产工人工资比例分配法。本月成本会计小张在对归集完成的制造费用进行分配的时候,为了减少工作量,依然沿用以往的分配方式将制造费用分配给甲、乙、丙三种产品。

问题分析:

　　新产品丙产品的生产,由于机械化程度远高于传统甲产品和乙产品的机械化程度,依然采用生产工人工资比例分配法,会导致机械化程度低的甲产品和乙产品所耗用工资费用多,负担的制造费用也变多,而机械化程度高的丙产品则负担的制造费用较少,从而影响费用分配的合理性,有失公允。成本会计小张工作上"偷工减料",这样不合理的数据分配会导致三种产品的成本不准确,进而影响价格,甚至会误导企业管理人员对三种产品做出错误的生产决策和销售决策。

　　制造费用的分配方法一经确定,不得随意变更。但如果生产车间发生重大变化,例如新产品的引进,需要变更制造费用分配方法,应当在会计报表的附注中予以说明。

 练习巩固

一、单项选择题

1. "制造费用"是指企业生产车间发生的各项(　　)。
   　A. 间接费用　　　　B. 变动费用　　　　　C. 固定费用　　　　　D. 生产费用
2. 企业的制造费用明细账应当按照(　　)设置。
   　A. 不同产品品种　　　　　　　　　B. 不同明细费用项目
   　C. 不同生产单位　　　　　　　　　D. 不同成本核算对象
3. 采用年度计划分配率分配法分配制造费用时,"制造费用"账户应(　　)。
   　A. 有借方余额　　　　　　　　　　B. 有贷方余额
   　C. 无余额　　　　　　　　　　　　D. 年末差额分配结转后无余额

4. 制造费用按照机器工时比例分配法进行分配,前提是该企业(　　　　)。

    A. 产品生产工艺流程相同的企业　　　　　B. 机械化程度较高的生产企业

    C. 季节性生产企业　　　　　　　　　　D. 产品生产工时稳定准确的企业

5. 下列各项中,应通过"制造费用"账户核算的是(　　　　)。

    A. 生产车间机物料消耗　　　　　　　　　B. 车间生产工人福利费

    C. 销售部门工人福利费　　　　　　　　　D. 行政管理部门办公费

6. 下列项目中,属于制造费用的是(　　　　)。

    A. 企业管理人员工资　　　　　　　　　　B. 生产工人工资

    C. 车间管理人员工资　　　　　　　　　　D. 财务部门人员工资

7. 基本生产车间主任小明完成出差任务,到企业财务部报销差旅费 800 元,冲销出差前向财务处所借 550 元备用金,剩余现金补付。该笔业务中制造费用确认金额为(　　　　)元。

    A. 800　　　　　　B. 550　　　　　　C. 250　　　　　　D. 1 350

8. 本月归集制造费用 18 000 元,该车间生产甲和乙两种产品,产量分别为 200 件和 250 件。甲产品单位产品生产工时为 12.5 小时,乙产品单位产品生产工时为 10 小时,若选择生产工时作为分配标准,则该车间制造费用的分配率为(　　　　)。

    A. 3.6　　　　　　B. 40　　　　　　C. 800　　　　　　D. 18

二、多项选择题

1. 下列费用中,不属于制造费用的有(　　　　　　　)。

    A. 产品生产工人的工资、奖金、津贴和补贴

    B. 车间管理人员的工资、奖金、津贴和补贴

    C. 生产车间固定资产的折旧费和无形资产的摊销费

    D. 行政管理部门固定资产的折旧费和无形资产的摊销费

2. 下列各项中,属于制造费用分配方法的有(　　　　　　　)。

    A. 年度计划分配率分配法　　　　　　　　B. 生产工人工时比例法

    C. 机器工时比例法　　　　　　　　　　　D. 生产工人工资比例法

3. 根据工资结算汇总表,本月应付职工工资为 10 000 元。其中,车间管理人员 3 500 元,剩余为厂部管理人员工资 6 500 元,同时按照 30% 和 8% 计提社保和住房公积金。下列表述中,错误的有(　　　　　　　)。

    A. 车间管理人员工资 3 500 元应计入制造费用

    B. 厂部管理人员工资 6 500 元应计入制造费用

    C. 车间管理人员社保和住房公积金 1 300 元应计入制造费用

    D. 厂部管理人员社保和住房公积金 2 470 元应计入制造费用

4. 生产车间领用的低值易耗品,应记入(　　　　　　　)。

    A. "基本生产成本"账户的借方　　　　　　B. "制造费用"账户的借方

    C. "原材料"账户的贷方　　　　　　　　　D. "周转材料"账户的贷方

5. 某企业以库存现金支付本月水费 3 000 元,其中基本生产车间生产产品耗用 1 800 元,

车间一般消耗 500 元,企业行政管理部门耗用 300 元,销售部门耗用 400 元。下列表述中,正确的有(   )。

A. "制造费用"账户借方应记 2 300 元   B. "制造费用"账户借方应记 500 元

C. "管理费用"账户借方应记 700 元   D. "管理费用"账户借方应记 300 元

三、判断题

1. "制造费用"账户月末一般情况无余额。   (   )

2. 管理人员的工资和福利费,均应通过"制造费用"账户核算。   (   )

3. 制造费用账户可能出现余额的分配方法有年度计划分配率分配法。   (   )

四、实训题

1. 天津锋耀电器有限公司 2023 年 2 月份生产 BJ201 产品 120 件,BJ202 产品 150 件和 BJ203 产品 130 件,三种产品共同耗用制造费用 4 175 元。三种产品的单位产品生产工时分别为 3 小时/件、1 小时/件和 2.5 小时/件;三种产品的单位产品机器工时分别为 1.2 小时/件、0.8 小时/件和 2 小时/件;三种产品的生产工时工资率均为 5 元/时。(计算要求:若分配率除不尽,分配率的计算结果保留 2 位小数,尾差在 BJ203 中调整。)

要求:(1) 按照生产工人工时比例法分配制造费用(表 5 - 10),并编制会计分录。

表 5 - 10   制造费用分配表   金额单位:元

产 品	生产工时(小时)	分配率	分配金额
BJ201			
BJ202			
BJ203			
合 计			

(2) 按照机器工时比例法分配制造费用(表 5 - 11),并编制会计分录。

表 5 - 11   制造费用分配表   金额单位:元

产 品	机器工时(小时)	分配率	分配金额
BJ201			
BJ202			
BJ203			
合 计			

（3）按照生产工人工资比例法分配制造费用（表 5 - 12），并编制会计分录。

表 5 - 12　制造费用分配表　　　　　　　　金额单位：元

产　　品	生产工人工资	分配率	分配金额
BJ201			
BJ202			
BJ203			
合　　计			

2. 天津锋耀电器有限公司预计全年制造费用为 12 000 元，预计全年生产两种产品，HL301 型号产品的定额工时为 450 小时，HL302 型号产品的定额工时为 350 小时。2023 年 2 月 HL301 型号产品实际耗时 30 小时，HL302 型号产品实际耗时也为 30 小时，本月实际发生制造费用 860 元。在制造费用明细账中，期初有借方余额 120 元。

要求：（1）按照年度计划分配率分配法分配制造费用，填写制造费用分配表（表 5 - 13）。

表 5 - 13　制造费用分配表　　　　　　　　金额单位：元

产　　品	本月实际耗时（小时）	计划分配率	分配金额
HL301			
HL302			
合　　计			

（2）登记制造费用总账（表 5 - 14）。

表 5 - 14　制造费用总账

2023 年		摘　　要	借方	贷方	借或贷	余额
月	日					
2	1	期初余额				
2	28	本月实际发生制造费用				
2	28	期末分配结转				

 **任务总结**

一、复习思考

1. 制造费用的账户设置和费用归集；

2. 制造费用的四种分配方法,比较分析并思考每种分配方法的适用条件。

二、总结评价

根据要求完成本项目所有任务后,请填写归集和分配制造费用项目训练总结评价表(表 5 - 15)。

表 5 - 15   归集和分配制造费用项目训练总结评价表

考评内容标准	评　价			
	熟练	较好	一般	不会
制造费用的概念理解情况				
制造费用的归集掌握情况				
制造费用的分配方法掌握情况				
制造费用的分配实际运用情况				
总结与反思				

项目六
归集和分配生产费用

 **学习目标**

知识目标：

1. 了解在产品的含义及在产品数量的确定方法；

2. 理解在产品与产品成本计算的关系；

3. 掌握产品成本在完工产品与在产品之间的分配方法；

4. 掌握能够选择不同的分配方法将产品成本在完工产品与在产品之间进行正确分配。

技能目标：

1. 能够按所耗原材料分配法正确将生产费用在完工产品与在产品之间进行分配；

2. 能够按约当产量比例法正确将生产费用在完工产品与在产品之间进行分配；

3. 能够按定额比例法正确将生产费用在完工产品与在产品之间进行分配；

4. 能够按在产品按定额成本计算法正确将生产费用在完工产品与在产品之间进行分配。

素养目标：

1. 通过精确的计算与分配，形成成本控制意识；

2. 通过多种分配方法的运用，养成严谨的职业态度。

通过前面项目的学习，我们将企业生产产品所耗费的材料费用、人工费用和制造费用等，都归集到基本生产成本明细账中。每月月末，如果产品已经全部完工，基本生产成本明细账中归集的生产费用，就是该种完工产品的成本；如果产品全部没有完工，基本生产成本明细账中归集的生产费用，就是该种在产品的成本；但如果月末既有完工产品又有在产品，生产成本明细账中归集的生产费用中，多少应计入完工产品成本？多少应计入月末在产品的成本呢？

带着上述问题，本项目引出在产品的概念，并对生产费用在完工产品和在产品之间的各种分配方法进行讲解。

任务一　核算在产品

 任务提出

　　某企业基本生产车间在产品清查结果如下：甲产品的在产品盘盈 10 件，单位定额成本 20 元；乙产品的在产品盘亏 8 件，单位定额成本 30 元，应由过失人赔款 20 元；丙产品的在产品毁损 250 件，单位定额成本 20 元，残料入库作价 200 元。丙产品在产品的毁损是由自然灾害造成的，其中保险公司赔偿 3 000 元（款项尚未收到），上述清查结果都已经批准转账。

　　要求：

　　（1）针对甲在产品的盘盈，作出相应的账务处理。

　　（2）针对乙在产品的盘亏，作出相应的账务处理。

　　（3）针对丙在产品的毁损，作出相应的账务处理。

理论学习

一、在产品与完工产品之间的关系

（一）在产品的含义

在产品，就是尚未加工完成的产品，包括广义在产品与狭义在产品。

广义在产品，是指从产品投产开始至尚未制成最终产成品的一切产品，包括正在加工过程中的在制品、已完成一个或几个生产步骤还需继续加工的半成品、已完工但尚未入库的完工产品、正在返修或等待返修的废品等。广义在产品是就整个企业来说的。比如，某汽车生产企业，一车间生产汽车底盘，二车间生产发动机，三车间生产轮胎，四车间汽车装配。相对于汽车而言，前三个车间生产的产品无论是完工产品，还是月末在产品，都是广义的在产品。

狭义在产品，仅指正在某个生产车间或生产步骤加工中的产品。本项目所讲的在产品是狭义的在产品。

（二）完工产品的含义

在产品完成生产过程，验收入库以后，就成为完工产品。完工产品也有广义和狭义之分。狭义完工产品仅指最后步骤或成品车间生产完成的产品，即产成品。广义完工产品不仅包括本步骤或本车间生产完成的产品，也包括最后步骤生产完成的产品。本项目所说的完工产品是广义的完工产品。

（三）在产品与完工产品的数量关系

在产品与完工产品的数量关系用下列公式表示：

$$期初在产品数量＋本期投产量＝本期完工产品数量＋期末在产品数量$$

显然,在产量一定的情况下,在产品和完工产品数量存在此消彼长的关系。因此,正确计算在产品数量,确定在产品成本,是确定完工产品成本的关键。

二、完工产品成本和在产品成本计算的模式

企业在生产产品过程中所发生的各项费用,在经过分配后,都汇集在基本生产成本明细账中。这些费用的总和减去交库的废品价值后,就是本月发生的生产费用。如果月初、月末有在产品,则本月发生的生产费用加上月初在产品成本之后,必须在完工产品和月末在产品之间进行分配,才能计算出本月完工产品成本。月初在产品成本、本月生产费用、本月完工产品成本和月末在产品成本之间的关系可用下式表示:

$$月初在产品成本＋本月生产费用＝本月完工产品成本＋月末在产品成本$$

月初在产品成本可以从月初会计账簿记录中取得;本月发生的生产费用可以通过前面述及的费用归集分配方法得出。完工产品成本和在产品计算的模式,一般有以下三种:

（1）顺算法。所谓顺算法就是先计算完工产品成本,然后,将生产费用合计减去完工产品成本,其余额就是月末在产品成本。

（2）逆算法。所谓逆算法就是先计月末在产品成本,将生产费用合计减去月末在产品成本,其余额就是完工产品成本。

（3）同时计算法。所谓同时计算法,就是采用适当的分配标准,计算共同的分配率,同时计算出完工产品成本和月末在产品成本。

在实际工作中,人们习惯采用逆算法和同时计算法,而不采用顺算法,这主要是为了消除计算误差对各期成本的影响。

三、在产品数量的核算

在产品数量的核算,其主要内容包括两方面:一是做好在产品收入、发出和结存的核算;二是做好在产品定期和不定期的清查盘点,核实数量,查明盈亏的原因和责任。

(一) 在产品收发结存数量的日常核算

在产品收发结存数量的日常核算,通常是借助于在产品台账进行的。在产品台账又称"在产品收发结存账"(表6-1),可以分车间、班组并按零部件的名称、类别、批别分别设置,用以反映和记录车间、班组的在产品收入、发出和结存的情况;还可以结合生产的类型和管理的要求,进一步按照加工工序、工艺流程来组织在产品的数量核算。各车间应认真做好在产品的验收、计量和交接工作,根据在产品内部转移凭证、领料凭证、产品检验凭证和产品交库凭证等进行登记,以随时掌握在产品的增减动态与生产进度,加强生产管理。在产品收发结存账既可以由车间核算人员登记;也可以由各班组登记,并由车间核算人员审核汇总。

表 6-1　在产品收发结存账

产品名称：甲产品　　　　　　　　　　车间名称：一车间　　　　　　　　　　单位：件

2023年		摘　要	收　入		发　出		结　存	
月	日		凭证号	数量	凭证号	合格品	废品	完工	未完工
6	1	结存							200
6	3	收入	6 101	80	6 201	100		10	170
		……							
6	30	合计		900		790	10	180	120

（二）在产品清查的核算

为了核实在产品的数量，使账面数量与实物量相符，还必须对在产品进行定期或不定期的清查盘点，将清查盘点的数量如实记录下来，编制"在产品清查报告表"，根据报告表上的数据调整账面记录。

如果在产品发生盘盈，按盘盈在产品成本（一般按定额成本计算），借记"基本生产成本"账户；贷记"待处理财产损溢"账户。经批准处理时，则应借记"待处理财产损溢"账户，贷记"制造费用"等账户。

如果在产品发生盘亏和毁损，借记"待处理财产损溢"账户，贷记"基本生产成本"账户；取得的残料，应借记"原材料"账户，贷记"待处理财产损溢"账户；经报批准转销时，应根据不同的原因和责任，分别予以处理。其中，由于车间管理不善造成的损失，转入"制造费用"账户。因此，在产品盘盈盘亏处理的核算，应在"制造费用"账户结账之前进行。

【例 6-1】 某企业基本生产车间在产品清查结果：甲产品在产品盘亏 10 件，单位定额成本 100 元，经查属于统计错误。乙产品在产品毁损 10 件，单位定额成本 40 元，其中：残料入库 50 元，责任人赔偿 110 元。请编制会计分录。

【解析】

（1）发生盘亏和毁损时。

借：待处理财产损溢	1 400	
贷：基本生产成本——甲产品		1 000
——乙产品		400

（2）残料入库时。

借：原材料	50	
贷：待处理财产损溢		50

（3）责任人赔偿时。

借：其他应收款	110	
贷：待处理财产损溢		110

（4）批准转销时。

借：管理费用　　　　　　　　　　　　　　　　　　　　　　1 240
　　　贷：待处理财产损溢　　　　　　　　　　　　　　　　　　　　　1 240

任务解答

步骤一：甲产品盘盈的账务处理

（1）发生盘盈时。

借：基本生产成本——甲产品　　　　　　　　　　　　　　　200
　　　贷：待处理财产损溢　　　　　　　　　　　　　　　　　　　　　200

（2）批准转销时。

借：待处理财产损溢　　　　　　　　　　　　　　　　　　　200
　　　贷：管理费用　　　　　　　　　　　　　　　　　　　　　　　　200

步骤二：乙产品盘亏的账务处理

（1）发生盘亏时。

借：待处理财产损溢　　　　　　　　　　　　　　　　　　　240
　　　贷：基本生产成本——乙产品　　　　　　　　　　　　　　　　240

（2）责任人赔偿时。

借：其他应收款　　　　　　　　　　　　　　　　　　　　　20
　　　贷：待处理财产损溢　　　　　　　　　　　　　　　　　　　　　20

（3）批准转销时。

借：管理费用　　　　　　　　　　　　　　　　　　　　　　220
　　　贷：待处理财产损溢　　　　　　　　　　　　　　　　　　　　　220

步骤三：丙产品毁损的账务处理

（1）发生盘亏时。

借：待处理财产损溢　　　　　　　　　　　　　　　　　　　5 000
　　　贷：基本生产成本——丙产品　　　　　　　　　　　　　　　　5 000

（2）残料入库时。

借：原材料　　　　　　　　　　　　　　　　　　　　　　　200
　　　贷：待处理财产损溢　　　　　　　　　　　　　　　　　　　　　200

（3）责任人赔偿时。

借：其他应收款　　　　　　　　　　　　　　　　　　　　　3 000
　　　贷：待处理财产损溢　　　　　　　　　　　　　　　　　　　　　3 000

（4）批准转销时。

借：营业外支出　　　　　　　　　　　　　　　　　　　　　1 800
　　　贷：待处理财产损溢　　　　　　　　　　　　　　　　　　　　　1 800

任务二　在完工产品和在产品之间分配生产费用

任务提出

由前面的任务结果,可取得北京恒锋电器有限公司两种产品3月份的相关成本和完工产品数量等资料,如表6-6和表6-7所示,有关期末在产品的工序定额工时及在产品数量如表6-2、表6-3所示。

已知产品生产时材料在开始生产时一次性投入,其他成本按约当产量比例分配。

请采用约当产量比例法,完成以下任务:

(1)计算直接材料分配时期末在产品的约当产量,并完成表6-2和表6-3。

表6-2　期末在产品约当产量计算表——直接材料

产品名称:双桶波轮式洗衣机　　　　　2023年3月31日

工序	工序名称	单位定额工时（小时）	投料程度（%）	期末在产品数量（台）	在产品约当产量（台）
1	切割	2.8		50	
2	焊接	3.6		200	
3	安装	2.2		200	
4	调试	0.5			
5	面板安装	0.6		150	
6	检测	0.25			
7	包装	0.05			
合计		10		600	

表6-3　期末在产品约当产量计算表——直接材料

产品名称:全自动波轮式洗衣机　　　　　2023年3月31日

工序	工序名称	单位定额工时（小时）	投料程度（%）	期末在产品数量（台）	在产品约当产量（台）
1	切割	2.6		100	
2	焊接	3.5		400	

续　表

工序	工序名称	单位定额工时（小时）	投料程度（%）	期末在产品数量（台）	在产品约当产量（台）
3	安装	2.5		200	
4	调试	0.5			
5	面板安装	0.6		100	
6	检测	0.25			
7	包装	0.05			
合计		10		800	

（2）计算直接人工和制造费用分配时期末在产品的约当产量，并完成表6-4和表6-5。

表6-4　期末在产品约当产量计算表——直接人工和制造费用

产品名称：双桶波轮式洗衣机　　　　　　2023年3月31日

工序	工序名称	单位定额工时（小时）	完工程度（%）	期末在产品数量（台）	在产品约当产量（台）
1	切割	2.8		50	
2	焊接	3.6		200	
3	安装	2.2		200	
4	调试	0.5			
5	面板安装	0.6		150	
6	检测	0.25			
7	包装	0.05			
合计		10		600	

表6-5　期末在产品约当产量计算表——直接人工和制造费用

产品名称：全自动波轮式洗衣机　　　　　　2023年3月31日

工序	工序名称	单位定额工时（小时）	完工程度（%）	期末在产品数量（台）	在产品约当产量（台）
1	切割	2.6		100	
2	焊接	3.5		400	
3	安装	2.5		200	

工序	工序名称	单位定额工时 （小时）	完工程度 （%）	期末在产品数量 （台）	在产品约当产量 （台）
4	调试	0.5			
5	面板安装	0.6		100	
6	检测	0.25			
7	包装	0.05			
合计		10		800	

（3）完成生产费用在完工产品和在产品之间的分配，并填表6-6和表6-7。

（4）编制月末产品完工入库的会计分录。

表6-6　基本生产成本计算单

产品名称：双桶波轮式洗衣机　　　　　　　　2023年3月　　　　　　　　　　　金额单位：元

项　　目	成　本　项　目			合　　计
	直接材料	直接人工	制造费用	
月初在产品成本	203 072.90	27 102.90	3 242.50	233 418.30
本月生产费用	2 107 415.10	624 153.60	88 025.60	2 819 594.30
生产费用累计	2 310 488.00	651 256.50	91 268.10	3 053 012.60
在产品约当产量（台）				
完工产品数量（台）	4 000	4 000	4 000	——
总约当产量（台）				
费用分配率（单位成本）				
完工产品成本				
月末在产品成本				

表6-7　基本生产成本计算单

产品名称：全自动波轮式洗衣机　　　　　　　2023年3月　　　　　　　　　　　金额单位：元

项　　目	成　本　项　目			合　　计
	直接材料	直接人工	制造费用	
月初在产品成本	352 020.25	35 191.28	7 341.48	394 553.01
本月生产费用	2 892 339.75	764 588.16	107 831.36	3 764 759.27

续 表

项　　目	成 本 项 目			合　　计
	直接材料	直接人工	制造费用	
生产费用累计	3 244 360.00	799 779.44	115 172.84	4 159 312.28
在产品约当产量（台）				
完工产品数量（台）	4 800	4 800	4 800	
总约当产量（台）				
费用分配率（单位成本）				
完工产品成本				
月末在产品成本				

 理论学习

知识详解:
生产费用的
分配

一、生产费用分配的概述

企业应当根据产品的生产特点，如在产品数量的多少、各月末在产品数量变化的大小、各月末在产品数量变化的大小、各项费用在成本中所占的比重及定额管理基础的好坏等具体条件，选择既合理又简便的分配方法。

二、生产费用在完工产品和在产品之间分配的方法

生产费用在完工产品和在产品之间分配常用的方法有：不计算在产品成本法、在产品按年初数固定计算成本法、按所耗原材料成本计算法、在产品按完工产品计算法、在产品按定额成本计算法、定额比例法、约当产量法。

（一）不计算在产品成本法

不计算在产品成本法，指虽然月末有结存在产品，但月末在产品数量很少，全部生产费用由完工产品负担，其计算公式如下：

$$本月完工产品成本＝本月发生生产费用$$

特点：本月生产费用全部由完工产品负担。

适用范围：月末在产品数量很少、价值很低的产品，如食品、自来水厂等行业。

【例 6-2】 优贝公司大量生产的 A 产品，月末在产品数量很少，故采用不计算在产品成本法。本月 A 产品的成本计算单登记的生产费用总额为 160 000 元，其中直接材料为 76 000 元，直接人工为 54 000 元，制造费用为 30 000 元。A 产品本月完工 2 000 件。

要求：根据本月发生的生产费用资料，计算甲产品本月完工产品实际总成本和单位成本。编制产品成本计算单（表 6-8）。

【解析】

表 6 - 8　产品成本计算单

产品名称：A 产品　　　　　　2023 年 9 月　　　产量：2 000 件　　　单位：元

项　目	直接材料	直接人工	制造费用	合计
本月生产费用	76 000	54 000	30 000	160 000
本月完工产品总成本	76 000	54 000	30 000	160 000
本月完工产品单位成本	38	27	15	80

（二）在产品按年初数固定计算法

在产品按年初数固定计算法,是对各月月末在产品按年初在产品成本计价的一种方法,其计算公式如下：

$$月末在产品成本＝月初在产品成本＝年初固定数$$

$$本月完工产品成本＝月初在产品成本＋本月生产费用发生额－月末在产品成本＝本月生产费用发生额$$

特点：每年只在年末计算 12 月末的在产品成本,在次年 1—11 月份,不论在产品数量是否发生变化,都以固定的成本作为各月在产品成本。

适用范围：月末在产品数量较少,或数量较多但数量稳定、起伏不大的产品,如炼钢、化工企业。

【例 6 - 3】 优贝公司生产的 B 产品,各月末在产品数量相差不多,故采用按年初数固定计算在产品成本法。上年末在产品成本为 34 000 元,其中直接材料为 1 000 元,燃料及动力为 400 元,直接人工为 1 400 元,制造费用为 600 元。本月 B 产品成本计算单登记的生产费用总额为 32 620 元,其中直接材料为 5 600 元,燃料及动力为 7 500 元,直接人工为 15 720 元,制造费用为 30 000 元。

要求：根据本月发生的生产费用资料,编制产品成本计算单(表 6 - 9)。

【解析】

表 6 - 9　产品成本计算单

产品名称：B 产品　　　　　　2023 年 9 月　　　　　　　　　　　单位：元

项　目	成　本　项　目				合计
	直接材料	燃料及动力	直接人工	制造费用	
月初在产品成本	1 000	400	1 400	600	3 400
本月生产费用	5 600	7 500	15 720	3 800	32 620
生产费用合计	6 600	7 900	17 120	4 400	36 020

续　表

项　　目	成　本　项　目				合计
	直接材料	燃料及动力	直接人工	制造费用	
本月完工产品总成本	5 600	7 500	15 720	3 800	32 620
月末在产品成本	1 000	400	1 400	600	3 400

(三) 按所耗原材料成本计算法

按所耗原材料成本计算法,就是月末在产品只计算所耗的直接材料费用,不计算人工费用和制造费用的方法。其计算公式如下:

$$月末在产品成本 = 月末在产品材料成本$$

$$\frac{本月完工}{产品成本} = \frac{月末在产品}{材料成本} + \frac{本月生产费用}{发生额} - \frac{月末在产品}{材料成本}$$

特点:在产品只负担所耗材料费,而加工费全部由完工产品负担。

适用范围:月末在产品数量较多、变化较大且原材料费用比重大的产品,如纺织、造纸、酿酒行业。

【例6-4】 假定优贝公司C产品的月末在产品只计算直接材料费用。C产品月初直接材料费为5 000元,本月发生直接材料费用35 000元,直接人工费用3 300元,制造费用3 600元。本月完工C产品3 000件,月末在产品1 000件,材料在生产开始时一次投入,材料费用按完工产品和月末在产品数量比例分配。

要求:计算C产品本月完工产品实际总成本、单位成本和月末在产品成本,并编制基本生产成本计算单(表6-10)。

【解析】

材料费用分配率 = (5 000 + 35 000) ÷ (3 000 + 1 000) = 10(元)

月末在产品材料费用 = 1 000 × 10 = 10 000(元)

本月完工产品成本 = (5 000 + 35 000 + 6 900) - 10 000 = 36 900(元)

表6-10　基本生产成本计算表

产品名称:C产品　　　　　　　　　　2023年9月　　　　　　　　　　单位:元

项　　目	成　本　项　目			合　计
	直接材料	直接人工	制造费用	
月初在产品成本	5 000			5 000
本月生产费用	35 000	3 300	3 600	41 900
生产费用合计	40 000	3 300	3 600	46 900
结转完工产品成本	30 000	3 300	3 600	36 900

续表

项　目	成 本 项 目			合　计
	直接材料	直接人工	制造费用	
单位成本	10	1.1	1.2	12.3
月末在产品成本	10 000			10 000

（四）在产品按完工产品计算法

在产品按完工产品计算法，就是将在产品视同完工产品计算、分配生产费用的方法。其计算公式如下：

月末在产品成本＝月末在产品数量×单位完工产品成本

本月完工产品成本＝月初在产品成本＋本月生产费用发生额－月末在产品成本

特点：在产品视同完工产品，按两者的数量比例分配各项生产费用。

适用范围：月末在产品已接近完工或产品已经加工完毕，但尚未验收入库的产品。

【例6-5】　假定优贝公司生产的D产品月初在产品费用及本月发生费用如表6-11所示。本月完工D产品450件，月末在产品50件，在产品已接近完工。

要求：采用月末在产品按完工产品计算法，计算D产品本月完工产品实际总成本、单位成本和月末在产品成本，并编制基本生产成本计算单（表6-11）。

【解析】

表6-11　基本生产成本计算单

产品名称：D产品　　　　　　　　　　2023年9月　　　　　　　　　　单位：元

项　目	成 本 项 目			合　计
	直接材料	直接人工	制造费用	
月初在产品费用	9 600	5 200	7 600	22 400
本月生产费用	19 200	14 000	16 000	49 200
合计	28 800	19 200	23 600	71 600
结转完工产品成本	25 920	17 280	21 240	64 440
单位成本	57.60	38.40	47.20	143.20
月末在产品成本	2 880	1 920	2 360	7 160

（五）在产品按定额成本计算法

在产品按定额成本计算法，就是按照预先制度的定额成本计算月末在产品成本，即月末在产品成本按其数量和单位定额成本计算。其计算公式如下：

在产品直接材料定额成本＝在产品数量×材料消耗定额×材料计划单价

$$在产品直接人工定额成本＝在产品数量×工时定额×计划小时工资率$$

$$在产品制造费用定额成本＝在产品数量×工时定额×计划小时费用率$$

特点：在产品直接按定额成本计算，不考虑其实际与定额之间的差异。

适用范围：各项消耗定额或费用定额比较准确、稳定，但各月末在产品数量比较大的产品。

【例6-6】　优贝公司生产的E产品，采用在产品按定额成本计价法分配完工产品和在产品成本。月初在产品定额成本为20 000元，本月所耗原材料费用为45 000元，人工费用为21 000元，制造费用18 000元。完工E产品数量为400件，月末在产品200件。原材料在生产开始时一次投入。单位在产品定额资料如下：原材料定额60元，人工费用定额30元，制造费用定额20元。

要求：计算E产品本月完工产品成本，并编制基本生产成本计算单（表6-12）。

【解析】

在产品直接材料定额成本＝200×60＝12 000（元）

在产品直接人工定额成本＝200×30＝6 000（元）

在产品制造费用定额成本＝200×20＝4 000（元）

月末在产品定额成本＝12 000＋6 000＋4 000＝22 000（元）

完工产品成本＝20 000＋45 000＋21 000＋18 000－22 000＝82 000（元）

表6-12　基本生产成本计算单

产品名称：E产品　　　　　　　　　　　　　2023年9月　　　　　　　　　　　　　单位：元

项　　　目	成　本　项　目			合　　　计
	直接材料	直接人工	制造费用	
月初在产品成本	12 000	3 000	5 000	20 000
本月生产费用	45 000	21 000	18 000	84 000
生产费用合计	57 000	24 000	23 000	104 000
结转完工产品成本	45 000	18 000	19 000	82 000
单位成本	112.50	450	47.50	205
月末在产品定额成本	12 000	6 000	4 000	22 000
单位在产品定额成本	60	30	20	110

（六）定额比例法

定额比例法，就是将产品的生产费用在完工产品与月末在产品之间按照两者的定额消耗量或定额费用比例分配的方法。其计算公式如下：

$$\frac{生产费用}{分配率}＝\left(\begin{matrix}月初在产品\\实际费用\end{matrix}＋\begin{matrix}本月\\实际费用\end{matrix}\right)÷\left(\begin{matrix}完工产品定额原材料\\费用或定额工时\end{matrix}＋\begin{matrix}月末在产品定额原材料\\费用或定额工时\end{matrix}\right)$$

特点：将当期各项生产费用总额按照定额消耗量或定额费用的比例进行分配。

适用范围：定额管理工作较好，各项消耗定额或费用定额比较准确、稳定，且各月末在产品数量变化较大的企业。

【例 6 - 7】 优贝公司生产的 F 产品月初在产品费用及本月发生费用如表 6 - 13 所示。本月完工产品 1 800 件，定额直接材料 8 000 元；定额工时 11 000 小时。月末在产品 200 件，定额直接材料 2 000 元；定额工时 4 000 小时。在完工产品与月末在产品之间，直接材料费用按定额费用比例分配，其他各项费用按定额工时比例分配。

要求：计算 F 产品本月完工产品成本，并编制基本生产成本计算单（表 6 - 13）。

【解析】

表 6 - 13 基本生产成本计算单

产品名称：F 产品　　　　　　　　　　　2023 年 9 月　　　　　　　　　　　金额单位：元

项　　　目		成　本　项　目			合　　计
		直接材料	直接人工	制造费用	
月初在产品成本		1 800	600	400	2 800
本月生产费用		8 600	3 000	2 000	13 600
生产费用累计		10 400	3 600	2 400	16 400
费用分配率		1.04	0.24	0.16	—
完工产品成本	定额	8 000	11 000 小时	11 000 小时	
	实际	8 320	2 640	1 760	12 720
月末在产品成本	定额	2 000	4 000 小时	4 000 小时	
	实际	2 080	960	640	3 680

（七）约当产量比例法

1. 约当产量比例法的含义及适用范围

约当产量，是指月末在产品的数量按其完工程度，折合成相当于完工产品的产量。约当产量比例法，是指按照本月完工产品的数量和月末在产品的约当产量分配生产费用，以确定本月完工产品和月末在产品实际成本的方法。

特点：按照完工产品数量与月末在产品约当产量的比例分配计算完工产品成本和月末在产品成本。

适用范围：月末在产品数量较大，各月末在产品数量变化也较大，产品成本中原材料费用和人工费及制造费用所占的比重相差不多的产品。

2. 约当产量的计算

直接材料费用项目约当产量的确定，取决于产品生产过程中的投料情况。即：

直接材料项目在产品约当产量＝在产品数量×投料程度

如果材料是在生产开始时一次投入的，则投料程度为 100%。如果原材料是在生产过程中分次或陆续投入的，则需采用一定的方法估算投料程度。

其他成本项目约当产量的确定,取决于完工程度,即:

$$其他成本项目在产品约当产量 = 在产品数量 \times 完工程度$$

因此,在约当产量比例法下,完工产品与月末在产品应分配的各项费用,一般不能按照数量比例直接分配,而是要按约当产量比例进行分配。其计算公式如下:

$$\frac{费用}{分配率} = \left(\begin{array}{c}期初\\在产品成本\end{array} + \begin{array}{c}本期\\生产费用\end{array}\right) \div \left(\begin{array}{c}完工\\产品产量\end{array} + \begin{array}{c}期末在产品\\约当产量\end{array}\right)$$

$$完工产品成本 = 完工产品产量 \times 费用分配率$$

$$月末在产品成本 = 在产品约当产量 \times 费用分配率$$

【例 6-8】 某企业生产 G 产品,月初在产品成本中直接材料费用 2 400 元,直接人工费用 1 600 元,制造费用 850 元;本月发生的直接材料费用 6 050 元,直接人工费用 3 020 元,制造费用 3 000 元。本月完工产品 80 件,月末在产品 50 件,原材料属于在生产开始时一次投入,在产品的完工程度为 60%。

要求:采用约当产量比例法,计算本月完工 G 产品成本,并编制基本生产成本计算单(表 6-14)。

【解析】

(1) 直接材料费用的分配。

在产品材料费用的约当产量 = 50×100% = 50(件)

单位产品的直接材料费用 = (2 400+6 050)÷(80+50) = 65(元/件)

完工产品应负担的直接材料费用 = 80×65 = 5 200(元)

月末在产品应负担的直接材料费用 = 50×65 = 3 250(元)

(2) 直接人工费用的分配。

在产品人工费用的约当产量 = 50×60% = 30(件)

直接人工分配率 = (1 600+3 020)÷(80+30) = 42(元/件)

完工产品应负担的直接人工费用 = 80×42 = 3 360(元)

月末在产品应负担的直接人工费用 = 30×42 = 1 260(元)

(3) 制造费用的分配。

在产品制造费用的约当产量 = 50×60% = 30(件)

制造费用分配率 = (850+3 000)÷(80+30) = 35(元/件)

完工产品应负担的制造费用 = 80×35 = 2 800(元)

月末在产品应负担的制造费用 = 30×35 = 1 050(元)

表 6-14 基本生产成本计算单

产品名称:G 产品   单位:元

项　　目	成 本 项 目			合　　计
	直接材料	直接人工	制造费用	
月初在产品成本	2 400	1 600	850	4 850
本月生产费用	6 050	3 020	3 000	12 070

续 表

项 目	成 本 项 目			合 计
	直接材料	直接人工	制造费用	
生产费用累计	8 450	4 620	3 850	16 920
在产品约当产量	50	30	30	—
完工产品数量	80	80	80	—
总约当产量	130	110	110	—
费用分配率(单位成本)	65	42	35	142
完工产品成本	5 200	3 360	2 800	11 360
月末在产品成本	3 250	1 260	1 050	5 560

3. 投料程度的确定

运用约当产量比例法时,核心问题是计算确定在产品的投料程度和完工程度。

(1)原材料在生产开始时一次投入,在产品的投料程度为 100%。

(2)原材料在生产过程中是陆续、均衡的投入,可以按照各工序的累计材料定额占完工产品材料定额的比率计算。其计算公式如下:

$$\begin{array}{l}某道工序上的\\在产品投料程度\end{array}=\left(\begin{array}{l}前面各道工序的\\累计材料定额\end{array}+\begin{array}{l}本道工序\\材料定额\end{array}\times 50\%\right)\div\begin{array}{l}完工产品\\材料定额\end{array}\times 100\%$$

注:为了简化投料程度的测算工作,在本工序一律按平均完工率 50% 计算。

【例 6 - 9】 某企业生产的 E 产品依次经过三道工序加工,原材料在各工序生产过程中陆续均衡投入,E 产品单位产品原材料消耗定额为 2 000 元,其中第一工序投入 1 000 元,第二工序投入 600 元,第三工序投入 400 元。本月 E 产品月末在产品为 300 件,其中第一工序 120 件,第二工序 100 件,第二工序 80 件。

要求:计算 E 产品的投料程度和约当产量。

【解析】 其月末在产品投料程度和约当产量的计算结果,如表 6 - 15 所示。

表 6 - 15 在产品投料程度及约当产量计算表

产品:E 产品　　　　　　　　　　　　　　2023 年 12 月

工序	各工序投料定额(元)	投料程度(%)	在产品数量(件)	约当产量(件)
一	1 000	$1\,000\times 50\%\div 2\,000\times 100\%=25\%$	120	$120\times 25\%=30$
二	600	$(1\,000+600\times 50\%)\div 2\,000\times 100\%=65\%$	100	$100\times 65\%=65$
三	400	$(1\,000+600+400\times 50\%)\div 2\,000\times 100\%=90\%$	80	$80\times 90\%=72$
合计	2 000		300	167

（3）原材料分次投入，并在各工序开始时一次投入。其计算公式如下：

$$\begin{matrix}某道工序上的\\在产品投料程度\end{matrix}=\left(\begin{matrix}前面各道工序的\\累计材料定额\end{matrix}+\begin{matrix}本道工序\\材料定额\end{matrix}\right)\div\begin{matrix}完工产品\\材料定额\end{matrix}\times100\%$$

【例 6-10】 假设 F 产品的生产由两道工序制成，其原材料分次投入，分别在两个工序开始时一次投入，原材料消耗定额和在产品数量如表 6-16 所示。

要求：计算 F 产品的投料程度和约当产量。

【解析】 F 产品的投料程度和约当产量的计算结果，如表 6-16 所示。

表 6-16 约当产量计算表

工序	原材料消耗定额(千克)	在产品数量(件)	在产品投料程度	在产品约当产量(件)
1	600	1 100	600÷1 000×100%=60%	1 100×60%=660
2	400	500	(600+400)÷1 000×100%=100%	500×100%=500
合计	1 000	1 600	—	1 160

如果 F 产品本月完工 5 000 件，月初在产品直接材料成本和本月发生的直接材料费用累计为 61 600 元，那么，直接材料成本分配可计算如下：

直接材料成本分配率=61 600÷(5 000+1 160)=10(元/件)

完工产品应负担的直接材料费用=5 000×10=50 000(元)

月末在产品应负担的直接材料费用=1 160×10=11 600(元)

4. 完工程度的确定

当企业生产进度比较均衡，各道工序在产品加工数量相差不大时，在产品完工程度可以按 50% 平均计算，否则，各道工序在产品完工程度应按工序分别测定。在产品完工程度的计算公式如下：

$$\begin{matrix}某道工序上的\\在产品完工程度\end{matrix}=\left(\begin{matrix}前面各道工序的\\累计工时定额\end{matrix}+\begin{matrix}本道工序\\工时定额\end{matrix}\times50\%\right)\div\begin{matrix}完工产品\\材料定额\end{matrix}\times100\%$$

注：为了简化完工程度的测算工作，在本工序一律按平均完工程度 50% 计算。

【例 6-11】 某企业生产 F 产品，其单件工时定额为 50 小时，经两道工序制成。其中第一道工序的工时定额为 20 小时，第二道工序工时定额为 30 小时。

要求：计算 F 产品的完工程度。

【解析】

第一道工序在产品的完工程度=20×50%÷50×100%=20%

第二道工序在产品的完工程度=(20+30×50%)÷50×100%=70%

如果 F 产品本月完工 600 件，第一与第二道工序的在产品数量分别为 200 件、100 件。月初在产品和本月发生的制造费用共计 142 000 元，按上述确定的在产品完工程度，对费用分配计算如下：

第一道工序在产品的约当产量＝200×20％＝40(件)

第二道工序在产品的约当产量＝100×70％＝70(件)

制造费用分配率＝142 000÷(600＋40＋70)＝200(元/件)

完工产品应负担的制造费用＝600×200＝120 000(元)

月末在产品应负担的制造费用＝(40＋70)×200＝22 000(元)

任务解答

任务解答中以双桶波轮式洗衣机为例说明,全自动波轮式洗衣机的相关处理留白,请学生自己完成。

步骤一:计算直接材料分配时期末在产品的约当产量,如表 6-17 和表 6-18 所示。

表 6-17　期末在产品约当产量计算表——直接材料

产品名称:双桶波轮式洗衣机　　　　　　　2023 年 3 月 31 日

工序	工序名称	单位定额工时 (小时)	投料程度 (％)	期末在产品数量 (台)	在产品约当产量 (台)
1	切割	2.8	100	50	50
2	焊接	3.6	100	200	200
3	安装	2.2	100	200	200
4	调试	0.5	100		
5	面板安装	0.6	100	150	150
6	检测	0.25	100		
7	包装	0.05	100		
合计		10		600	600

表 6-18　期末在产品约当产量计算表——直接材料

产品名称:全自动波轮式洗衣机　　　　　　　2023 年 3 月 31 日

工序	工序名称	单位定额工时 (小时)	投料程度 (％)	期末在产品数量 (台)	在产品约当产量 (台)
1	切割	2.6		100	
2	焊接	3.5		400	
3	安装	2.5		200	
4	调试	0.5			

续　表

工序	工序名称	单位定额工时（小时）	投料程度（%）	期末在产品数量（台）	在产品约当产量（台）
5	面板安装	0.6		100	
6	检测	0.25			
7	包装	0.05			
合计		10		800	

步骤二：计算直接人工和制造费用分配时期末在产品的约当产量，如表 6-19 和表 6-20 所示。

表 6-19　期末在产品约当产量计算表——直接人工和制造费用

产品名称：双桶波轮式洗衣机　　　　　2023 年 3 月 31 日

工序	工序名称	单位定额工时（小时）	完工程度（%）	期末在产品数量（台）	在产品约当产量（台）
1	切割	2.8	14.00	50	7
2	焊接	3.6	46.00	200	92
3	安装	2.2	75.00	200	150
4	调试	0.5	88.50		
5	面板安装	0.6	94.00	150	141
6	检测	0.25	98.25		
7	包装	0.05	99.75		
合计		10		600	390

表 6-20　期末在产品约当产量计算表——直接人工和制造费用

产品名称：全自动波轮式洗衣机　　　　　2023 年 3 月 31 日

工序	工序名称	单位定额工时（小时）	完工程度（%）	期末在产品数量（台）	在产品约当产量（台）
1	切割	2.6		100	
2	焊接	3.5		400	
3	安装	2.5		200	
4	调试	0.5			

续　表

工序	工序名称	单位定额工时（小时）	完工程度（%）	期末在产品数量（台）	在产品约当产量（台）
5	面板安装	0.6		100	
6	检测	0.25			
7	包装	0.05			
合计		10		800	

步骤三：完成生产费用在完工产品和在产品之间的分配，如表 6 - 21 和表 6 - 22 所示。

表 6 - 21　基本生产成本计算单

产品名称：双桶波轮式洗衣机　　　　　　　　2023 年 3 月　　　　　　　　　　单位：元

项　　目	成　本　项　目			合　　计
	直接材料	直接人工	制造费用	
月初在产品成本	203 072.90	27 102.90	3 242.50	233 418.30
本月生产费用	2 107 415.10	624 153.60	88 025.60	2 819 594.30
生产费用累计	2 310 488.00	651 256.50	91 268.10	3 053 012.60
在产品约当产量（台）	600	390	390	—
完工产品数量（台）	4 000	4 000	4 000	—
总约当产量（台）	4 600	4 390	4 390	
费用分配率（单位成本）	502.28	148.35	20.79	671.42
完工产品成本	2 009 120	593 400	83 160	2 685 680
月末在产品成本	301 368	57 856.50	8 108.10	367 332.60

表 6 - 22　基本生产成本计算单

产品名称：全自动波轮式洗衣机　　　　　　　　　　　　　　　　　　金额单位：元

项　　目	成　本　项　目			合　　计
	直接材料	直接人工	制造费用	
月初在产品成本	352 020.25	35 191.28	7 341.48	394 553.01
本月生产费用	2 892 339.75	764 588.16	107 831.36	3 764 759.27

续　表

项　目	成　本　项　目			合　计
	直接材料	直接人工	制造费用	
生产费用累计	3 244 360	799 779.44	115 172.84	4 159 312.28
在产品约当产量(台)				
完工产品数量(台)	4 800	4 800	4 800	
总约当产量(台)				
费用分配率(单位成本)				
完工产品成本				
月末在产品成本				

步骤四：编制产品完工入库会计分录。

双桶波轮式洗衣机完工入库的会计分录如下：

借：库存商品——双桶波轮式洗衣机　　　　　　　　　　　　　2 685 680

　　贷：生产成本——双桶波轮式洗衣机　　　　　　　　　　　2 685 680

请学生自行完成全自动波轮式洗衣机完工入库的会计分录。

　任务三　**Excel 在生产费用分配中的应用**

　任务提出

要求：运用 Excel 表格插入公式计算的功能对表 6-15 进行改进,令表格中不再出现直接的算式列示。

理论学习

一、直接材料费用分配时期末在产品约当产量的计算

月末直接材料费用在完工产品和在产品之间分配时,应先计算期末在产品约当产量,再与完工产品参与直接材料费用的分配。Excel 完成的结果如图 6-1 所示。

详细操作步骤如下：

(1)制作表头和表体。在 Excel 中打开"期末在产品约当产量计算表"工作表,选中

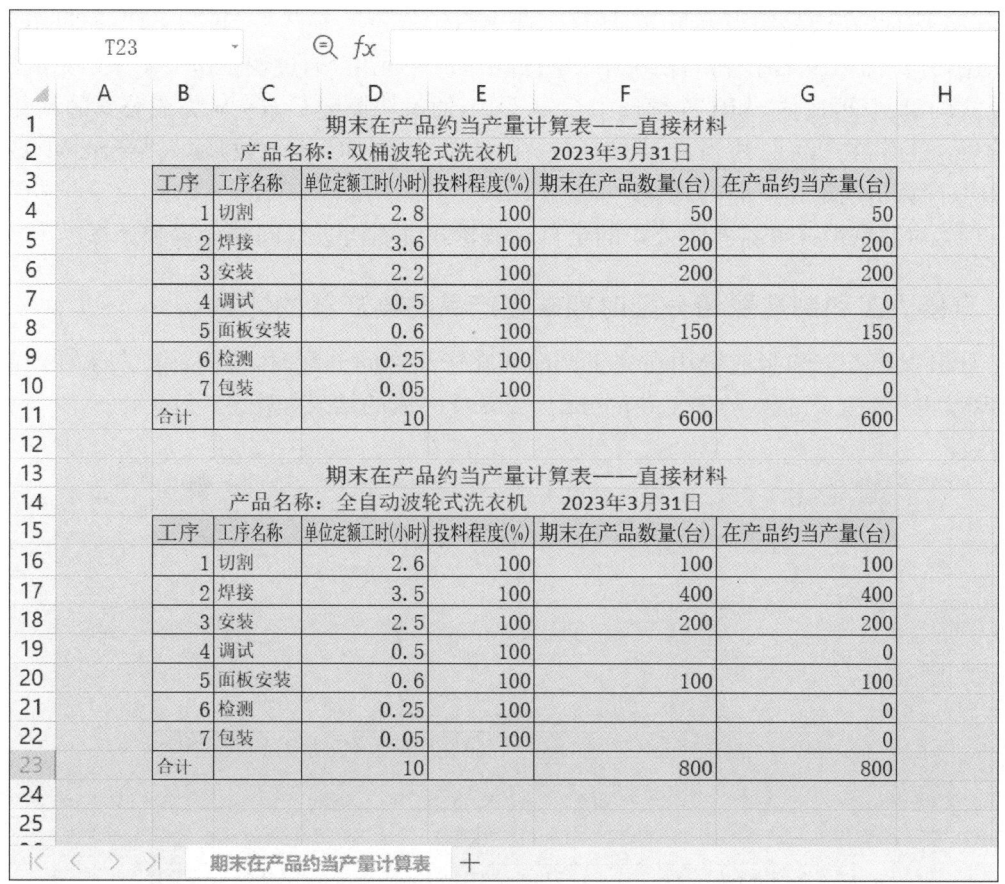

图6-1 期末在产品约当产量计算表——直接材料Excel操作结果

B1：G1单元格区域，单击【开始】工具栏中的【合并后居中】按钮，对该区域单元格进行合并居中，输入表头"期末在产品约当产量计算表——直接材料"。

选中B2：G2单元格区域，进行单元格的合并居中，输入"产品名称：双桶波轮式洗衣机 2023年3月31日"。

在B3：G3单元格区域中，依次输入"工序""工序名称""单位定额工时（小时）""投料程度（%）""期末在产品数量（台）""在产品约当产量（台）"，在B4：B11单元格区域中，依次输入"1""2""3""4""5""6""7""合计"，在C4：C10单元格区域中，依次输入"切割""焊接""安装""调试""面板安装""检测""包装"，在D4：D11单元格区域中，依次输入"2.8""3.6""2.2""0.5""0.6""0.25""0.05""10"，在F4：F6单元格区域中，依次输入"50""200""200"，在F8单元格中输入"150"，在F11单元格中输入"600"。

选中B：D列区域，单击【开始】工具栏中的【格式】，在【格式】按钮下拉列表中选择【自动调整列宽】命令，将表格内容调至合适的列宽。

选中B3：G11单元格区域，批量设置单元格内容【水平居中】；设置边框【所有框线】；将B3：G3单元格区域填充浅蓝色。

（2）完成"投料程度"的计算。选中E4单元格，输入"100%"，并通过快捷键Ctrl+C完成单元格的复制；再按住Shift连续选中E5：E10，通过快捷键Ctrl+C完成粘贴。

（3）完成"在产品约当产量"的计算。选中 G4 单元格，输入"＝E4＊F4"，通过单元格的引用，计算出第 1 工序在产品约当产量；选中 G4 单元格，通过快捷键 Ctrl＋C 完成单元格公式的复制；再按住 Shift 连续选中 G5：G10，通过快捷键 Ctrl＋V 完成公式的粘贴，计算出每一工序在产品的约当产量；最后选中 G11，利用 SUM 函数，输入"＝SUM(G4：G10)"，计算出期末在产品的约当产量。

（4）对北京恒锋电器有限公司的全自动波轮式洗衣机进行同样设置和计算。

二、直接人工和制造费用分配时期末在产品约当产量的计算

月末直接人工和制造费用在完工产品和在产品之间分配时，应先计算期末在产品约当产量，再与完工产品参与加工费的分配。Excel 完成的结果如图 6-2 所示。

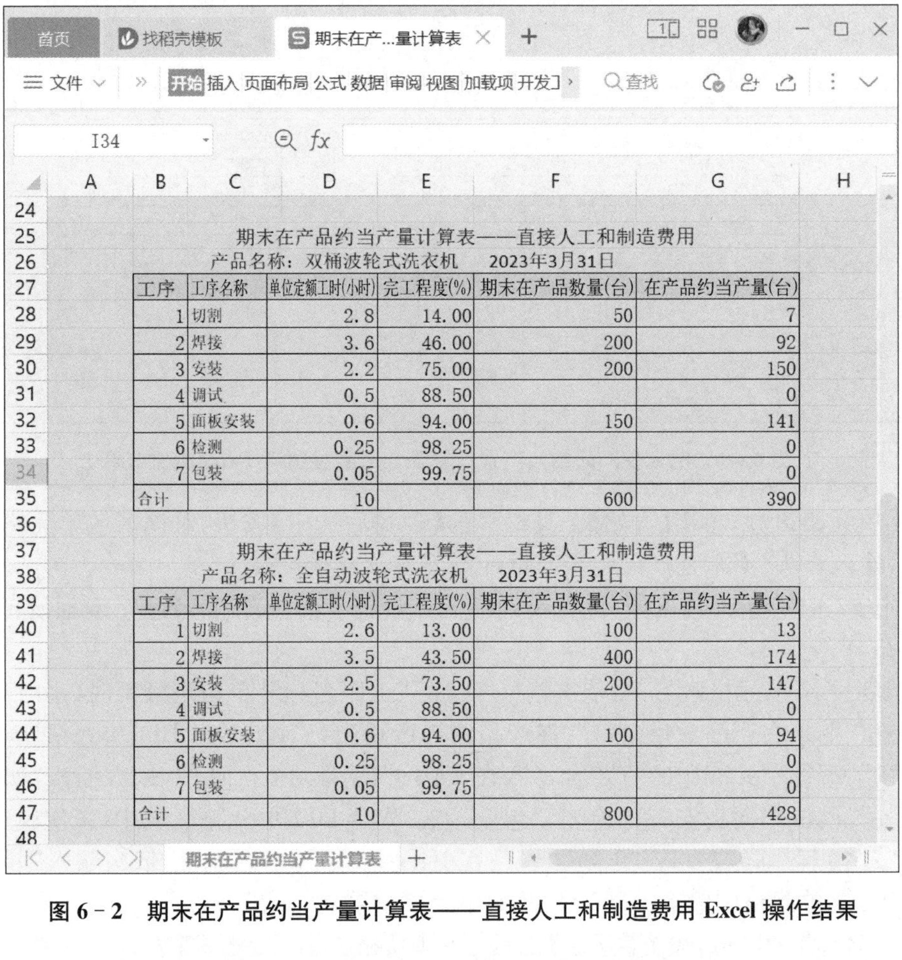

图 6-2　期末在产品约当产量计算表——直接人工和制造费用 Excel 操作结果

详细操作步骤与上述直接材料基本一致，特殊之处在于第（2）步，完工程度的计算与投料程度有所不同，故此处详细说明第（2）步的处理，其他不再赘述。

第（2）步：完成"投料程度"的计算。选中 E28 单元格，输入"＝SUM（＄D＄24：D27，D28＊50％）/＄D＄35"，利用 SUM 函数、绝对引用等技巧计算出第 1 工序的完工程度；通过快捷键 Ctrl＋C 完成单元格公式的复制；按住 Shift 连续选中 E29：E34，通过快捷键

Ctrl＋V完成公式的粘贴;连续选中E28∶E34,设置数字格式为百分比,并保留两位小数。如此便完成了每一工序完工程度的计算。

三、生产费用的分配

月末,将累计发生的生产费用在在产品和完工产品之间进行分配。Excel完成的结果如图6-3所示。

操作示范:
Excel在生产费用中的应用二

项目	成本项目			合计
	直接材料	直接人工	制造费用	

基本生产成本计算单
产品名称:双桶波轮式洗衣机　　2023年3月　　金额单位:元

项目	直接材料	直接人工	制造费用	合计
月初在产品成本	203072.9	27102.9	3242.5	233418.3
本月生产费用	2107415.1	624153.6	88025.6	2819594.3
生产费用累计	2310488	651256.5	91268.1	3053012.6
在产品约当产量(台)	600	390	390	
完工产品数量(台)	4000	4000	4000	
总约当产量(台)	4600	4390	4390	
费用分配率(单位成本)	502.28	148.35	20.79	671.42
完工产品成本	2009120	593400	83160	2685680
月末在产品成本	301368	57856.5	8108.1	367332.6

基本生产成本计算单
产品名称:全自动波轮式洗衣机　　2023年3月　　金额单位:元

项目	直接材料	直接人工	制造费用	合计
月初在产品成本	352020.25	35191.28	7341.48	394553.01
本月生产费用	2892339.8	764588.2	107831.4	3764759.3
生产费用累计	3244360	799779.4	115172.8	4159312.3
在产品约当产量(台)	800	428	428	
完工产品数量(台)	4800	4800	4800	
总约当产量(台)	5600	5228	5228	
费用分配率(单位成本)	579.35	152.98	22.03	754.36
完工产品成本	2780880	734304	105744	3620928
月末在产品成本	463480	65475.44	9428.84	538384.28

基本生产成本计算表

图6-3　生产费用的分配Excel操作结果

详细操作步骤如下:

(1)制作表头和表体。在Excel中打开"基本生产成本计算单"工作表,选中B1∶H1单元格区域,单击【开始】工具栏中的【合并后居中】按钮,对该区域单元格进行合并居中,输入表头"基本生产成本计算单"。

选中B2∶D2单元格区域,进行单元格的合并居中,输入"产品名称:双桶波轮式洗衣机",并设置成【左对齐】。

选中B3∶C3单元格区域,进行单元格的合并居中,输入"2023年";在B4和C4单元格分别输入"月""日";选中D3∶D4单元格区域,进行单元格的合并居中,输入"项目";选中E3∶G3单元格区域,设置【合并后居中】,输入"成本项目";在E3∶G3单元格分别输入"直接材料""直接人工""制造费用";选中 H3：H4 单元格区域,进行单元格的合并居中,输入"合计"。

在 B5：C13 单元格中分别输入日期,在 D5：D13 中依次输入摘要,在 E5：G5 中依次输入期初在产品成本"203072.9""27102.9""3242.5",在 H5 中利用 SUM 函数,输入"＝SUM(E5：G5)",计算出期初在产品成本合计数。

选中 B3：H13 单元格区域,单击【开始】工具栏中的【格式】,在【格式】按钮下拉列表中选择【自动调整列宽】命令,将表格内容调至合适的列宽。

选中 B3：H13 单元格区域,设置边框【所有框线】;将 B3：H3 单元格区域填充浅蓝色。

（2）利用单元格的引用,完成基本生产成本"本月发生费用"数据的填制。此处需要关联【项目三　要素费用的归集和分配】、【项目四　辅助生产费用的归集和分配】和【项目五　制造费用的归集和分配】中的公司双桶波轮式洗衣机的成本数据,包括直接材料、直接人工和制造费用的金额。

（3）通过关联【期末在产品约当产量计算表】,分别获取三个成本项目下在产品约当产量。

（4）手动输入完工产品数量,并利用 SUM 函数,计算总约当产量。

（5）利用单元格关联,将各成本项目生产费用累计除以总约当产量,计算费用分配率。

（6）对于每个成本项目,将完工产品数量乘以费用分配率,计算出完工产品成本;并通过倒挤的方式,将生产费用累计减去完工产品成本,计算出月末在产品成本。

（7）利用 SUM 函数,分别对完工产品成本和月末在产品成本直接材料、直接人工、制造费用进行加总求和,分别计算出其总成本。

（8）对北京恒锋电器有限公司的全自动波轮式洗衣机进行同样设置和计算。

📖 任务解答

步骤一：设计表头与表体

使用 Excel 制作表头示范如图 6－4 所示。

	A	B	C	D	E	F	G	H
1				表6-15　在产品投料程度及约当产量计算表				
2	产品：E产品				2023年12月			
3	工序	各工序投料定额（元）	各道工序投料程度	完工比例一	完工比例二	完工比例三	在产品数量（件）	约当产量（件）
4								
5								
6	一							
7	二							
8	三							
9	合计							
10								

图 6－4　使用 Excel 制作表头示范

步骤二：输入数据和公式并计算

计算分配的过程与结果展示如图6-5所示。

	A	B	C	D	E	F	G	H
1			表6-15　在产品投料程度及约当产量计算表					
2	产品：E产品			2023年12月				
3	工序	各工序投料定额（元）	各道工序投料程度	完工比例一	完工比例二	完工比例三	在产品数量（件）	约当产量（件）
4								
5		①	②=①×50%	③=②/B9	④=(B6+②)/B9	⑤=(B6+B7+②)/B9	⑥	⑦=⑥×③or ④or⑤
6	一	1,000	500	25%			120	30
7	二	600	300		65%		100	65
8	三	400	200			90%	80	72
9	合计	2,000					300	167
10								

图6-5　计算分配的过程与结果展示

注：表格第5行为公式列示行，主要目的是为了示范如何在每列单元格输入公式，如果制作表格时对公式使用熟练，此行可删除。

任务四　品种法总结

任务提出

北京恒锋电器有限公司设有一个基本生产车间和两个辅助生产车间——供水车间和供电车间，大量单步骤生产双桶波轮式洗衣机和全自动波轮式洗衣机，采用品种法计算产品成本。2023年3月成本计算资料如下：

1. 成本核算制度

（1）公司原材料采用计划成本计价法组织日常核算，材料成本差异率为综合差异率，材料成本差异率计算保留百分号前2位小数；周转材料、库存商品采用实际成本计价法组织日常核算。

（2）公司采用品种法计算产品成本，成本项目为直接材料、直接人工和制造费用。

本月发生的直接材料费如属于多种产品共同耗用的材料，以各种产品材料定额消耗量为标准在各种产品之间进行分配，本月发生的直接人工和制造费用按实际生产工时在各种产品之间进行分配。

（3）生产费用在月末在产品和完工产品之间采用约当产量法分配，原材料在第一道工序开始一次投入，直接人工费用和制造费用的完工程度分工序按定额生产工时计算，月末在产品在本工序的完工程度均为 50%。

(4) 供水车间和供电车间的辅助生产费用,采用直接分配法进行分配。

(5) 制造费用按生产工人工时在产品之间进行分配。

(6) 公司固定资产折旧、无形资产摊销采用年限平均法。

2. 产品期初及本月部分生产资料(表 6-23)

表 6-23   产品期初及本月部分生产资料

2023 年 3 月

产 品 名 称		双桶波轮式洗衣机	全自动波轮式洗衣机
期初在产品 成本(元)	直接材料	203 072.90	352 020.25
	直接人工	27 102.90	35 191.28
	制造费用	3 242.50	7 341.48
	合计	233 418.30	394 553.01
产量(台)	完工	4 000	4 800
	月末在产品	600	800
生产工人工时(小时)		16 640	20 384

3. 产品各工序定额生产工时(表 6-24)

表 6-24   产品各工序定额生产工时   单位:小时

工序	工 序 名 称	双桶波轮式洗衣机 定额工时	全自动波轮式洗衣机 定额工时
1	切割	2.8	2.6
2	焊接	3.6	3.5
3	安装	2.2	2.5
4	调试	0.5	0.5
5	面板安装	0.6	0.6
6	检测	0.25	0.25
7	包装	0.05	0.05
合计		10	10

结合前面【项目三   归集和分配要素费用】、【项目四   归集和分配辅助生产费用】、

【项目五 归集和分配制造费用】和【项目六 归集和分配生产费用】的相关业务,完成品种法成本核算程序的完整流程。

要求:

(1)按产品品种设置产品成本明细账,按成本项目(直接材料、直接人工、制造费用)设置专栏。

(2)根据各项生产费用发生的原始凭证和其他有关资料,编制各要素费用分配表,分配各要素费用,并记入产品成本明细账。

(3)根据辅助生产成本明细账所归集的各项生产费用,编制辅助生产费用分配表,并据以登记有关费用明细账。

(4)根据制造费用明细账归集的生产费用,编制制造费用分配表,并登记产品成本明细账。

(5)对产品成本明细账中归集的各种生产费用,月末在完工产品和在产品之间进行分配,计算出完工产品和在产品的成本。

(6)根据各产品成本明细账中的产成品成本资料,编制产品成本汇总表。

理论学习

一、品种法的含义及特点

品种法,是指以产品的品种作为成本计算对象归集分配生产费用,计算产品成本的一种方法。品种法是最基本的方法,既不要求分批别计算产品成本,也不要求按照生产步骤计算产品成本。其特点主要体现在以下三个方面:

(1)品种法是以产品品种作为成本计算对象,并据以设置生产成本明细账归集生产费用,计算产品成本。

(2)成本计算期与会计报告期一致,与生产周期不一致。

品种法下,一般需按月计算产品成本,在大量大批生产的企业,由于连续不断地生产产品,不能随时做到产品完工时立即计算产品成本,只能定期在月末计算当月完工产品成本。

(3)生产费用在完工产品和在产品之间分配。

在大量大批单步骤生产中,由于月末一般没有在产品,或者虽有在产品但在产品数量较少,此时是否计算在产品的成本对产品成本计算的影响不大,因而可以不计算在产品的成本,各产品所归集的生产费用,就是当月完工产品的成本。在一些规模较小,管理上又不要求按照生产步骤计算产品成本的大量大批多步骤生产企业,月末一般都会存在在产品,而且有时数量较多,在这个时候,通常是需要将所归集的生产费用在完工产品和在产品之间进行分配。

二、品种法的适用范围

(1)大量大批单步骤生产企业,多使用品种法计算产品成本。

(2)在大量大批多步骤生产下,如果企业或者生产部门规模较小,或者生产部门是封闭式的,也就是从原材料的投入直到产品的产出全部在一个生产部门内进行,或者生产是按照流水线组织的,管理上不要求按照生产步骤计算产品成本,也可以采用品种法进行产品成本计算。

（3）企业辅助生产的供水、供电、供气等部门提供的水、电、气等产品或劳务，由于其是大量单步骤生产，因而也可以采用品种法来计算成本。

三、品种法成本核算程序

（1）按产品品种设置产品成本明细账，按成本项目（如直接材料、直接人工、制造费用等）设置专栏。

（2）根据各项生产费用发生的原始凭证和其他有关资料，编制各要素费用分配表，分配各要素费用，并记入产品成本明细账。

（3）根据辅助生产成本明细账所归集的各项生产费用，编制辅助生产费用明细表，按受益对象和受益量的大小分配辅助生产费用，并据以登记有关费用明细账。

（4）根据制造费用明细账归集的生产费用，编制制造费用明细表，在各种产品之间分配制造费用，登记产品成本明细账。

（5）对产品成本明细账中归集的各种生产费用，在月末按照适当的方法在完工产品和在产品之间进行分配，计算出完工产品和在产品的成本。

（6）根据各产品成本明细账中的产成品成本资料，编制产品成本汇总表。

任务解答

步骤一： 按产品品种设置产品成本明细账，按成本项目（直接材料、直接人工、制造费用）设置专栏，两种产品的基本生产成本明细账如表6－25、表6－26所示。

表6－25　基本生产成本明细账

产品名称：双桶波轮式洗衣机

2023年		凭证字号	摘　　要	成　本　项　目			合　　计
月	日			直接材料	直接人工	制造费用	
3	1	（略）	月初在产品成本	203 072.90	27 102.90	3 242.50	233 418.30

表 6－26　基本生产成本明细账

产品名称：全自动波轮式洗衣机

2023 年		凭证字号	摘　要	成　本　项　目			合　　计
月	日			直接材料	直接人工	制造费用	
3	1	（略）	月初在产品成本	352 020.25	35 191.28	7 341.48	394 553.01

步骤二：根据各项生产费用发生的原始凭证和其他有关资料，编制各要素费用分配表，分配各要素费用，并记入产品成本明细账。

1. 归集和分配材料费用

项目三任务二【任务解答】中表 3－4、表 3－5、表 3－6、表 3－8、表 3－9 已做此部分处理。具体如表 6－27、表 6－28、表 6－29、表 6－30、表 6－31 所示。

（1）编制发出材料汇总表（表 6－27）和生产车间材料费用分配表（表 6－28）。

表 6－27　发出材料汇总表

2023 年 3 月 31 日　　　　　　　　　　　　　　　　　　金额单位：元

材　料　用　途				生　产　产　品						合　　计	
				双桶波轮式洗衣机		全自动波轮式洗衣机		共同耗用			
品　名	单位	计划单价		数量	金额	数量	金额	数量	金额	数量	金额
PCM 彩钢板	千克	6.70						182 400	1 222 080.00	182 400	1 222 080.00
控制装置	个	203.60		4 200	855 120.00					4 200	855 120.00
洗涤电动机	个	86.00		4 200	361 200.00					4 200	361 200.00
电动机	个	180.00		5 000	900 000.00					5 000	900 000.00

材料用途			生产产品						合　计	
			双桶波轮式洗衣机		全自动波轮式洗衣机		共同耗用			
品　名	单位	计划单价	数量	金额	数量	金额	数量	金额	数量	金额
电气控制系统	个	216.40			5 000	1 082 000.00			5 000	1 082 000.00
组装耗材	个	36.50					9 200	335 800.00	9 200	335 800.00
辅助耗材	千克	9.00					12 300	110 700.00	12 300	110 700.00
合　计			1 216 320.00		1 982 000.00		1 668 580.00		222 300	4 866 900.00

表 6-28　生产车间材料费用分配表

2023 年 3 月 31 日　　　　　　　　　　　　　　　　　　金额单位：元

计入成本方式		分配率	双桶波轮式洗衣机/4 200(台)			全自动波轮式洗衣机/5 000(台)			合计
材料名称			单位消耗定额	分配标准	分配额	单位消耗定额	分配标准	分配额	
分配计入	PCM 彩钢板	6.70	22	92 400	619 080.00	18	90 000	603 000.00	1 222 080.00
	组装耗材	36.50	1	4 200	153 300.00	1	5 000	182 500.00	335 800.00
	辅助耗材	9.00	1.5	6 300	56 700.00	1.2	6 000	54 000.00	110 700.00
直接计入					1 216 320.00			1 982 000.00	3 198 320.00
合　计					2 045 400.00			2 821 500.00	4 866 900.00

根据发出材料汇总表和生产车间材料费用分配表，编制会计分录如下：

借：基本生产成本——双桶波轮式洗衣机　　　　　　　　　2 045 400

　　　　　　　　——全自动波轮式洗衣机　　　　　　　　2 821 500

　　贷：原材料——PCM 彩钢板　　　　　　　　　　　　　1 222 080

　　　　　　　——控制装置　　　　　　　　　　　　　　　855 120

　　　　　　　——洗涤电动机　　　　　　　　　　　　　　361 200

　　　　　　　——电动机　　　　　　　　　　　　　　　　900 000

　　　　　　　——电气控制系统　　　　　　　　　　　　1 082 000

　　　　　　　——组装耗材　　　　　　　　　　　　　　　335 800

　　　　　　　——辅助耗材　　　　　　　　　　　　　　　110 700

（2）编制辅助生产车间发出材料汇总表，如表 6-29 所示。

表 6 - 29 辅助生产车间发出材料汇总表

2023 年 3 月 31 日
金额单位：元

辅助生产车间	单位	计划单价	供水车间		供电车间		合计	
			数量	金额	数量	金额	数量	金额
辅助耗材	千克	9.00	100	900.00	500	4 500.00	600	5 400.00

根据辅助生产车间发出材料汇总表，编制会计分录如下：

借：辅助生产成本——供水车间   900

    ——供电车间   4 500

  贷：原材料——辅助耗材   5 400

（3）编制发出材料成本差异计算表，如表 6 - 30 所示。

表 6 - 30 发出材料成本差异计算表

2023 年 3 月 31 日
金额单位：元

产 品 名 称	计划成本	材料成本差异率（%）	材料成本差异额
双桶波轮式洗衣机	2 045 400.00	0.65	13 295.10
全自动波轮式洗衣机	2 821 500.00	0.65	18 339.75
供水车间	900.00	0.65	5.85
供电车间	4 500.00	0.65	29.25
合 计	4 872 300.00		31 669.95

根据发出材料成本差异计算表，编制会计分录如下：

借：基本生产成本——双桶波轮式洗衣机   13 295.10

    ——全自动波轮式洗衣机   18 339.75

  辅助生产成本——供水车间   5.85

    ——供电车间   29.25

  贷：材料成本差异   31 669.95

（4）编制周转材料分配表，如表 6 - 31 所示。

表 6 - 31 周转材料分配表

2023 年 3 月 31 日
金额单位：元

材料名称	单位	单位成本	双桶波轮式洗衣机		全自动波轮式洗衣机	
			数量（台）	金额	数量（台）	金额
1#纸箱	个	6.50	4 200	27 300.00		
2#纸箱	个	5.80			5 000	29 000.00

材料名称	单位	单位成本	双桶波轮式洗衣机		全自动波轮式洗衣机	
			数量(台)	金额	数量(台)	金额
1♯泡沫	套	5.10	4 200	21 420.00		
2♯泡沫	套	4.70			5 000	23 500.00
合　计				48 720.00		52 500.00

根据周转材料分配表,编制会计分录如下:

借:基本生产成本——双桶波轮式洗衣机　　　　　　　　　　　48 720
　　　　　　　　——全自动波轮式洗衣机　　　　　　　　　　52 500
　　贷:周转材料——1♯纸箱　　　　　　　　　　　　　　　27 300
　　　　　　　　——2♯纸箱　　　　　　　　　　　　　　　29 000
　　　　　　　　——1♯泡沫　　　　　　　　　　　　　　　21 420
　　　　　　　　——2♯泡沫　　　　　　　　　　　　　　　23 500

2. 归集和分配职工薪酬

项目三任务四【任务解答】中表3-14、表3-15、表3-16已做此部分处理。具体如表6-32、表6-33、表6-34所示。

(1) 编制职工薪酬分配表,如表6-32所示。

表6-32　职工薪酬分配表

2023年3月31日　　　　　　　　　　　　　　　　　　　金额单位:元

受　益　对　象		分配标准(工时)(小时)	分配率	分配金额
生产车间工人	双桶波轮式洗衣机	16 640	35.49	590 553.60
	自动波轮式洗衣机	20 384	35.49	723 428.16
	小　计	37 024		1 313 981.76
车间管理人员				53 826.96
公司管理人员				188 515.00
公司销售人员				68 900.80
供水车间人员				3 030.15
供电车间人员				6 350.75
合　计				1 634 605.42

根据职工薪酬分配表,编制会计分录如下:

借:基本生产成本——双桶波轮式洗衣机 590 553.60

          ——全自动波轮式洗衣机 723 428.16

   制造费用 53 826.96

   管理费用 188 515.00

   销售费用 68 900.80

   辅助生产成本——供水车间 3 030.15

          ——供电车间 6 350.75

  贷:应付职工薪酬——职工薪酬 1 634 605.42

(2)编制职工福利分配表,如表6-33所示。

表6-33 职工福利分配表

2023年3月31日　　　　　　　　　　　　　　　　金额单位:元

受 益 对 象		分配标准(人数)(人)	分配率	分配金额
生产车间工人	双桶波轮式洗衣机	80	320	25 600.00
	自动波轮式洗衣机	98	320	31 360.00
	小　计	178		56 960.00
车间管理人员				1 920.00
公司管理人员				6 400.00
公司销售人员				1 920.00
供水车间人员				200.00
供电车间人员				600.00
合　计				68 000.00

根据职工福利费分配表,编制会计分录如下:

借:基本生产成本——双桶波轮式洗衣机 25 600

          ——全自动波轮式洗衣机 31 360

   制造费用 1 920

   管理费用 6 400

   销售费用 1 920

   辅助生产成本——供水车间 200

          ——供电车间 600

  贷:应付职工薪酬——职工福利费 68 000

（3）编制职工教育经费分配表，如表 6-34 所示。

表 6-34　职工教育经费分配表

2023 年 3 月 31 日　　　　　　　　　　　　　　　　　　　　金额单位：元

受　益　对　象		分配标准（人数）（人）	分配率	分配金额
生产车间工人	双桶波轮式洗衣机	80	100	8 000.00
	自动波轮式洗衣机	98	100	9 800.00
	小　计	178		17 800.00
车间管理人员				1 200.00
公司管理人员				4 800.00
公司销售人员				1 200.00
供水车间人员				50.00
供电车间人员				100.00
合　计				25 000.00

根据职工薪酬分配表，编制会计分录如下：

借：基本生产成本——双桶波轮式洗衣机　　　　　　　　　　8 000
　　　　　　　　——全自动波轮式洗衣机　　　　　　　　 9 800
　　制造费用　　　　　　　　　　　　　　　　　　　　　 1 200
　　管理费用　　　　　　　　　　　　　　　　　　　　　 4 800
　　销售费用　　　　　　　　　　　　　　　　　　　　　 1 200
　　辅助生产成本——供水车间　　　　　　　　　　　　　　　 50
　　　　　　　　——供电车间　　　　　　　　　　　　　　 100
　　贷：应付职工薪酬——职工教育经费　　　　　　　　　 25 000

3. 归集和分配折旧摊销

项目三任务五【任务解答】中表 3-11、表 3-18 已做此部分处理。具体如表 6-35、表 6-36 所示。

（1）编制无形资产摊销表，如表 6-35 所示。

表 6-35　无形资产摊销表

2023 年 3 月 31 日　　　　　　　　　　　　　　　　　　　　金额单位：元

无形资产	使用日期	成本	摊销年限（年）	月摊销额	备　注
土地使用权	2020 年 1 月 1 日	18 090 000	30	50 250	管理部门
专利权	2021 年 1 月 1 日	427 200	10	3 560	生产车间
非专利技术	2023 年 3 月 1 日	103 200	10	860	管理部门
合　计		18 620 400		54 670	

根据无形资产摊销表,编制会计分录如下:

借:制造费用　　　　　　　　　　　　　　　　　　　3 560

　　管理费用　　　　　　　　　　　　　　　　　　　51 110

　　贷:累计摊销　　　　　　　　　　　　　　　　　　　　　54 670

(2)编制固定资产折旧计算表,如表6-36所示。

表6-36　固定资产折旧计算表

2023年3月31日　　　　　　　　　　　　　　　　　　金额单位:元

使用单位和固定资产类别		月初原值	固定资产折旧率	本月应提折旧额
生产车间	厂房	20 600 000	0.40%	82 400
	生产设备	4 500 000	0.80%	36 000
	小　计	25 100 000		118 400
管理部门	房屋	7 920 000	0.40%	31 680
	运输设备	630 000	2.00%	12 600
	管理设备	156 000	1.60%	2 496
	小　计	8 706 000		46 776
销售部门	管理设备	32 000	1.60%	512
已出租生产设备		368 000	0.80%	2 944
供水车间	生产设备	43 750	0.80%	350
供电车间	生产设备	347 500	0.80%	2 780
合　计		34 597 250		171 762

根据固定资产折旧计算表,编制会计分录如下:

借:制造费用　　　　　　　　　　　　　　　　　　　118 400

　　管理费用　　　　　　　　　　　　　　　　　　　46 776

　　销售费用　　　　　　　　　　　　　　　　　　　512

　　其他业务成本　　　　　　　　　　　　　　　　　2 944

　　辅助生产成本——供水车间　　　　　　　　　　　350

　　　　　　　　——供电车间　　　　　　　　　　　2 780

　　贷:累计折旧　　　　　　　　　　　　　　　　　　　171 762

步骤三:根据辅助生产成本明细账所归集的各项生产费用,编制辅助生产费用分配表,并据以登记有关费用明细账。

项目四任务二中表4-4及其后分录已做此部分处理。编制辅助生产费用分配表,如表6-37所示。

表 6-37　辅助生产费用分配表

（直接分配法）

2023 年 3 月 31 日　　　　　　　　　　　　　金额单位：元

项　目	供电车间		供水车间		合计金额
	劳务量（千瓦·时）	金额	劳务量（吨）	金额	
待分配辅助生产费用	—	14 360	—	4 536	18 896
对外提供劳务量	17 950	—	1 080	—	—
费用分配率（单位成本）	—	0.8	—	4.2	—
基本生产车间（制造费用）	16 200	12 960	950	3 990	16 950
公司管理部门（管理费用）	1 750	1 400	130	546	1 946
合　计	17 950	14 360	1 080	4 536	18 896

根据辅助生产费用分配表，编制会计分录如下：

借：制造费用　　　　　　　　　　　　　　　　　　　　　16 950

　　管理费用　　　　　　　　　　　　　　　　　　　　　　1 946

　　贷：辅助生产成本——供电车间　　　　　　　　　　　　　　14 360

　　　　　　　　——供水车间　　　　　　　　　　　　　　　4 536

编制辅助生产车间（供电车间、供水车间）的生产成本明细账，如表 6-38 和表 6-39 所示。

表 6-38　辅助生产成本明细账

车间名称：供电车间

2023 年		凭证字号	摘　要	材料费	职工薪酬	折旧费	其他费用	合计
月	日							
3	31	（略）	辅助耗材	4 500.00				4 500.00
3	31		分配材料成本差异	29.25				29.25
3	31		分配职工薪酬		6 350.75			6 350.75
3	31		分配职工福利费		600.00			600.00
3	31		分配职工教育经费		100.00			100.00
3	31		计提固定资产折旧			2 780.00		2 780.00
3	31		分配其他费用				0	0

续　表

2023 年		凭证	摘　要	材料费	职工薪酬	折旧费	其他费用	合计
月	日	字号						
3	31		本月发生额	4 529.25	7 050.75	2 780.00		14 360.00
3	31		本月转出额	4 529.25	7 050.75	2 780.00		14 360.00

表 6 - 39　辅助生产成本明细账

车间名称：供水车间

2023 年		凭证	摘　要	材料费	职工薪酬	折旧费	其他费用	合计
月	日	字号						
3	31	（略）	辅助耗材	900.00				900.00
3	31		分配材料成本差异	5.85				5.85
3	31		分配职工薪酬		3 030.15			3 030.15
3	31		分配职工福利费		200.00			200.00
3	31		分配职工教育经费		50.00			50.00
3	31		计提固定资产折旧			350.00		350.00
3	31		分配其他费用				0	0
3	31		本月发生额	905.85	3 280.15	350.90		4 536.00
3	31		本月转出额	905.85	3 280.15	350.00		4 536.00

　　步骤四：根据制造费用明细账归集的生产费用，编制制造费用分配表表，并登记产品成本明细账。

　　项目五任务二中表 5 - 4 及其后分录已做此部分处理。编制制造费用分配表，如表 6 - 40 所示。

表 6 - 40　制造费用分配表
（生产工人工时比例法）
2023 年 3 月 31 日

金额单位：元

产　品　名　称	生产工时(小时)	分配率	分配金额
双桶波轮式洗衣机	16 640		88 025.60
全自动波轮式洗衣机	20 384		107 831.36
合　计	37 024	5.29	195 856.96

根据制造费用分配表,编制会计分录如下:

借:基本生产成本——双桶波轮式洗衣机　　　　　　　　　　88 025.60

　　　　　　——全自动波轮式洗衣机　　　　　　　　　　107 831.36

　　贷:制造费用　　　　　　　　　　　　　　　　　　　　　　　195 856.96

编制制造费用明细账,如表 6 - 41 所示。

表 6 - 41　制造费用明细账

车间名称:基本生产车间

2023 年		凭证 字号	摘　　要	职工薪酬	折旧费	摊销费	水电费	合计
月	日							
3	31	(略)	分配职工薪酬	53 826.96				53 826.96
3	31		分配职工福利费	1 920.00				1 920.00
3	31		分配职工教育经费	1 200.00				1 200.00
3	31		计提固定资产折旧		118 400.00			118 400.00
3	31		计提无形资产摊销			3 560.00		3 560.00
3	31		分配电费				12 960.00	12 960.00
3	31		分配水费				3 990.00	3 990.00
3	31		本月发生额	56 946.96	118 400.00	3 560.00	16 950.00	195 856.96
3	31		本月转出额	56 946.96	118 400.00	3 560.00	16 950.00	195 856.96

步骤五:对产品成本明细账中归集的各种生产费用,月末在完工产品和在产品之间进行分配,计算出完工产品和在产品的成本。

项目六任务二【任务解答】中表 6 - 6 至表 6 - 7 已做此部分处理。编制双桶波轮式洗衣机、全自动波轮式洗衣机的基本生产成本计算单,如表 6 - 42 和表 6 - 43 所示。

表 6 - 42　基本生产成本计算单

产品名称:双桶波轮式洗衣机　　　　　　2023 年 3 月　　　　　　金额单位:元

项　　目	成 本 项 目			合　　计
	直接材料	直接人工	制造费用	
月初在产品成本	203 072.90	27 102.90	3 242.50	233 418.30
本月生产费用	2 107 415.10	624 153.60	88 025.60	2 819 594.30
生产费用累计	2 310 488.00	651 256.50	91 268.10	3 053 012.60

续　表

项　目	成　本　项　目			合　计
	直接材料	直接人工	制造费用	
在产品约当产量（台）	600	390	390	—
完工产品数量（台）	4 000	4 000	4 000	—
总约当产量（台）	4 600	4 390	4 390	
费用分配率（单位成本）	502.28	148.35	20.79	671.42
完工产品成本	2 009 120.00	593 400.00	83 160.00	2 685 680.00
月末在产品成本	301 368.00	57 856.50	8 108.10	367 332.60

表 6‑43　基本生产成本计算单

产品名称：全自动波轮式洗衣机　　　　　　　2023 年 3 月　　　　　　　金额单位：元

项　目	成　本　项　目			合　计
	直接材料	直接人工	制造费用	
月初在产品成本	352 020.25	35 191.28	7 341.48	394 553.01
本月生产费用	2 892 339.75	764 588.16	107 831.36	3 764 759.27
生产费用累计	3 244 360.00	799 779.44	115 172.84	4 159 312.28
在产品约当产量（台）	800	428	428	—
完工产品数量（台）	4 800	4 800	4 800	—
总约当产量（台）	5 600	5 228	5 228	
费用分配率（单位成本）	579.35	152.98	22.03	754.36
完工产品成本	2 780 880.00	734 304.00	105 744.00	3 620 928.00
月末在产品成本	463 480.00	65 475.44	9 428.84	538 384.28

借：库存商品——双桶波轮式洗衣机　　　　　　　　　　　2 685 680

　　贷：生产成本——双桶波轮式洗衣机　　　　　　　　　　　2 685 680

借：库存商品——全自动波轮式洗衣机　　　　　　　　　　3 620 928

　　贷：生产成本——全自动波轮式洗衣机　　　　　　　　　　3 620 928

编制双桶波轮式洗衣机和全自动波轮式洗衣机的基本生产成本明细账，如表 6‑44
和表 6‑45 所示。

表 6－44　基本生产成本明细账

产品名称：双桶波轮式洗衣机

| 2023 年 | | 凭证字号 | 摘　　要 | 成 本 项 目 | | | 合　　计 |
月	日			直接材料	直接人工	制造费用	
3	1	（略）	月初在产品成本	203 072.90	27 102.90	3 242.50	233 418.30
3	31		本月生产费用	2 107 415.10	624 153.60	88 025.60	2 819 594.30
3	31		生产费用累计	2 310 488.00	651 256.50	91 268.10	3 053 012.60
3	31		完工产品成本转出	2 009 120.00	593 400.00	83 160.00	2 685 680.00
3	31		月末在产品成本	301 368.00	57 856.50	8 108.10	367 332.60

表 6－45　基本生产成本明细账

产品名称：全自动波轮式洗衣机

| 2023 年 | | 凭证字号 | 摘　　要 | 成 本 项 目 | | | 合　　计 |
月	日			直接材料	直接人工	制造费用	
3	1	（略）	月初在产品成本	352 020.25	35 191.28	7 341.48	394 553.01
3	31		本月生产费用	2 892 339.75	764 588.16	107 831.36	3 764 759.27
3	31		生产费用累计	3 244 360.00	799 779.44	115 172.84	4 159 312.28
3	31		完工产品成本转出	2 780 880.00	734 304.00	105 744.00	3 620 928.00
3	31		月末在产品成本	463 480.00	65 475.44	9 428.84	538 384.28

步骤六：根据各产品成本明细账中的产成品成本资料，编制产品成本汇总表。

汇总步骤五中基本生产成本计算表中的完工产品成本，编制完工产品成本汇总表如表 6－46 所示。

表 6－46　完工产品成本汇总表

2023 年 3 月 31 日　　　　　　　　　　　　　　　　　　　　　　　　金额单位：元

| 产品名称 | 双桶波轮式洗衣机（4 000 台） | | 全自动波轮式洗衣机（4 800 台） | |
	总成本	单位成本	总成本	单位成本
直接材料	2 009 120.00	502.28	2 780 880.00	579.35
直接人工	593 400.00	148.35	734 304.00	152.98

续　表

产品名称	双桶波轮式洗衣机(4 000 台)		全自动波轮式洗衣机(4 800 台)	
	总成本	单位成本	总成本	单位成本
制造费用	83 160.00	20.79	105 744.00	22.03
合　　计	2 685 680.00	671.42	3 620 928.00	754.36

 知识拓展

云　计　算

　　云计算(cloud computing)是通过网络"云"将巨大的数据计算处理程序分解成无数个小程序,然后通过多部服务器组成的系统处理和分析这些小程序,得到结果并返回给用户。

　　云计算是继互联网、计算机后在信息时代又一种革新,云计算是信息时代的一个大飞跃,未来的时代可能是云计算的时代。云计算具有很强的扩展性和需要性,可以为用户提供一种全新的体验,云计算的核心是可以将很多的计算机资源协调在一起,因此,使用户通过网络就可以获取到无限的资源,同时获取的资源不受时间和空间的限制。

　　云计算背景带来的信息技术发展有利于提升制造业企业成本管理系统化水平。可以将制造业企业的成本管理流程、成本管理处理过程的信息化和智能化以及最后的成本管理相关数据收集和反馈衔接到一起,进一步完善和提高系统化水平;可以高效采集及处理数据,提升成本管理覆盖面以及加速企业传统成本管理模式向现代模式的转变。

　　制造业企业需要将云计算融合到成本管理的每一环节,不断提升制造业企业的成本管理体系,为其实现成功转型和可持续发展助力。

　　资料来源:余倩.大智移云时代制造业企业成本管理存在的问题与应对[J].质量与市场,2022(23):64-66.

素养园地

发扬劳动精神

　　工厂成本会计往往是制造业财务的核心岗位,第一次做成本会计的时候往往千头万绪,不知道该如何下手。其实应秉持吃苦耐劳的劳动精神,先去 3 个地方考察调研。

　　第一个地方:生产车间

　　去车间了解产品生产工艺,弄清楚每类产品的工序,整个制造过程花了多少小时。只有知道产品长什么样? 用的材料是什么? 这些有了直观感受,看到系统数据才能更加有感觉。

第二个地方：财务部

搞清楚生产的基础情况之后，接着就是查看系统的单据数据、进销存、企业的生产系统、物流系统和财务系统的对接。所有单据的设置与成本核算方法的选择都是需要关联的。

第三个地方：仓库

材料成本的计算是通过材料"收发存"来提取当期材料的消耗成本。为了"收发存"的准确，成本会计少不了经常要跟仓库打交道，多观察、多提问，关注材料盘点的方式。教科书上有永续盘点、实地盘点，感觉很简单，但落实到具体的盘点方法和使用场合，不同环境适用不同方法，不同方法适用不同目的。比如盲盘、抽盘，怎么使用才能用最小的成本达到内部控制的效果，这些都是一门学问。

 练习巩固 ～～～～～～～～～～～～～～～～～～～～～～～～～～

一、单项选择题

1. 各项要素费用的归集与分配后，应计入本期各种产品的费用均已集中反映到各成本核算对象的（　　）明细账中。

   A. 基本生产成本　　　　　　　　　　B. 制造费用

   C. 材料费用　　　　　　　　　　　　D. 生产损失

2. 月初在产品成本、月末在产品成本、本月生产费用和本月完工产品成本四者之间的关系，可用公式表示为（　　）。

   A. 月初在产品成本－本月生产费用＝本月完工产品成本＋月末在产品成本

   B. 月初在产品成本＋本月生产费用＝本月完工产品成本＋月末在产品成本

   C. 月初在产品成本＋本月生产费用＝本月完工产品成本－月末在产品成本

   D. 月初在产品成本－本月生产费用＝本月完工产品成本－月末在产品成本

3. 要计算在产品的成本，首先要准确计算在产品的（　　）。

   A. 运费　　　　　B. 成本　　　　　C. 数量　　　　　D. 质量

4. 在产品的清查一般于（　　）结账前进行，采用实地盘点法进行清查。

   A. 月中　　　　　B. 月初　　　　　C. 任意时间　　　　　D. 月末

5. 企业在清查中发生在产品盘盈时，应按实际平均单位成本、定额成本或计划成本予以入账，借记（　　）账户。

   A. 制造费用　　　　B. 待处理财产损溢　　　　C. 基本生产成本　　　　D. 管理费用

6. 采用在产品成本按年初固定成本计算法，将生产费用在完工产品与期末在产品之间的分配，适用于（　　）的情况。

   A. 各月在产品数量很大

   B. 各月末在产品数量虽大，但各月之间变化不大

   C. 各月末在产品数量变化较大

   D. 各月成本水平相差不大

7. 当企业月末在产品数量较大且数量变化也较大,而原材料费用在成本中所占比重较大的产品,通常应按(　　)将生产费用在完工产品和月末在产品之间分配。

A. 定额比例法

B. 在产品按原材料费用计价法

C. 约当产量比例法

D. 在产品按定额成本计价法

8. 企业某种产品的各项定额准确、稳定,且各月末在产品数量变化不大,为了简化成本计算工作,其生产费用在完工产品与在产品之间分配应采用(　　)。

A. 定额比例法

B. 在产品按完工产品成本计算法

C. 约当产量比例法

D. 在产品按定额成本计价法

9. 定额管理基础较好,各项消耗定额或费用定额比较准确、稳定,但各月末在产品数量变化较大的企业,在产品成本的计算通常采用(　　)。

A. 在产品按定额成本计价法

B. 定额比例法

C. 在产品按原材料费用计价法

D. 约当产量比例法

10. 按完工产品和月末在产品数量比例,分配计算完工产品和月末在产品成本,必须具备的条件是(　　)。

A. 在产品已接近完工

B. 原材料在生产开始时一次投料

C. 在产品原材料费用比重较大

D. 各项消耗定额比较准确、稳定

11. 某种产品经两道工序加工而成。单位产品的工时定额为 40 小时,其中第一道工序为 10 小时,第二道工序为 30 小时,各道工序在产品在本道工序的加工程度按工时定额的 50% 计算。第一道工序在产品数量 80 件,第二道工序在产品数量 40 件,则期末在产品的约当产量为(　　)件。

A. 120　　　　　B. 35　　　　　C. 25　　　　　D. 60

12. 某企业产品经过两道工序,各工序的工时定额分别为 30 小时和 40 小时,则第二道工序的完工率为(　　)。

A. 68%　　　　　B. 69%　　　　　C. 70%　　　　　D. 71%

13. 下列选项中,不属于完工产品与月末在产品之间分配费用的方法是(　　)。

A. 约当产量比例法

B. 不计算在产品成本法

C. 按年度计划分配率分配法

D. 定额比例法

14. 采用约当产量比例法,如果产品生产过程中直接人工费用和制造费用的发生都比较均衡,在产品完工程度可按(　　)计算。

A. 25%　　　　　B. 50%　　　　　C. 60%　　　　　D. 100%

15. 某产品经过两道工序加工完成。第一道工序月末在产品数量为 100 件,完工程度为 20%;第二道工序的月末在产品数量为 200 件,完工程度为 70%。据此计算的月末在产品约当产量为(　　)件。

A. 20　　　　　B. 135　　　　　C. 140　　　　　D. 160

16. 采用约当产量比例法计算完工产品和在产品成本时,若原材料不是在开始生产时一次投入的,而是随生产进度陆续投入,但在每道工序是一次投入的,原材料消耗定额第一道工序为 30 千克,第二道工序为 60 千克,则第二道工序在产品的投料程度为(　　)。

A. 67%　　　　　B. 22%　　　　　C. 100%　　　　　D. 97%

17. 采用约当产量比例法计算在产品成本时,影响在产品成本准确性的关键因素是（　　）。

    A. 在产品的数量　　　　　　　　　　B. 在产品的完工程度

    C. 完工产品的数量　　　　　　　　　D. 废品的数量

18. 企业只生产和销售 M 产品,2022 年 6 月 1 日期初在产品成本 7 万元。6 月份发生如下费用:领用材料 12 万元,生产工人工资 4 万元,制造费用 2 万元,行政管理部门物料消耗 3 万元,专设销售机构固定资产折旧费 1.6 万元。月末在产品成本 6 万元。该企业 6 月份完工 M 产品的生产成本为（　　）万元。

    A. 18　　　　　　　　B. 19　　　　　　　　C. 16.6　　　　　　　　D. 23.6

19. 在产品按定额成本计价法计算时,其实际成本与定额成本之间的差异应计入（　　）。

    A. 在产品成本　　　B. 营业外支出　　　C. 完工产品成本　　　D. 期间费用

20. 某企业本月生产某种完工产品为 200 件,在产品为 50 件,在产品完工程度为 40%,月初与本月投入原材料费用合计为 50 000 元,原材料为生产开始时一次性投入,则完工产品与在产品之间的原材料费用各为（　　）。

    A. 45 000 元和 5 000 元　　　　　　　　B. 3 750 元和 125 000 元

    C. 40 000 元和 10 000 元　　　　　　　D. 45 454.55 元和 4 545.45 元

21. 月末,（　　）账户若有余额,说明基本生产车间有尚未加工完成的在产品。

    A. 基本生产成本　　B. 制造费用　　　　C. 燃料费用　　　　　D. 管理成本

22. 下列各项中,属于品种法的特点是（　　）。

    A. 不分批计算产品成本

    B. 不分步计算产品成本

    C. 既不分批又不分步计算产品成本

    D. 既不分批又不分步,只分品种计算产品成本

23. 在品种法下,成本计算期的特点是（　　）。

    A. 定期按月计算成本,与生产周期一致

    B. 定期按月计算成本,与会计报告期一致

    C. 不定期计算成本,与生产周期一致

    D. 不定期计算成本,与会计报告期不一致

24. 采用品种法,基本生产成本明细账或产品成本计算单应当按照（　　）分别开设。

    A. 生产单位　　　　B. 产品品种　　　　C. 生产步骤　　　　D. 产品类别

25. 下列各生产类型中,适用于品种法的是（　　）。

    A. 大量大批单步骤或管理上不要求分步骤计算产品成本的多步骤生产

    B. 大量小批单步骤或管理上不要求分步骤计算产品成本的多步骤生产

    C. 单件小批单步骤或管理上不要求分步骤计算产品成本的多步骤生产

    D. 大量大批单步骤或管理上要求分步骤计算产品成本的多步骤生产

二、多项选择题

1. 在完工产品和月末在产品之间分配费用的方法通常有（　　）。

A. 先确定月末在产品费用,再计算完工产品费用

B. 将前两项之和在后两项之间按照一定的分配比例进行分配,同时算出完工产品费用和月末在产品费用

C. 先确定月初在产品费用,再计算完工产品费用

D. 将前两项之和在后两项之间按照一定的分配比例进行分配,同时算出完工产品费用和月初在产品费用

2. 无论采用哪一种分配方法,都必须正确组织在产品数量核算,取得在产品(　　　　　)的数量资料。

A. 收入　　　　　　　B. 发出　　　　　　　　C. 结存　　　　　　　　D. 储存

3. 企业产品的生产情况一般包括(　　　　　)。

A. 在某种产品没有在产品的情况下,计入该种产品成本的全部生产费用,就是本期完工产品的总成本

B. 如果本月没有完工产品,则计入该种产品成本的全部生产费用,就是期初在产品的总成本

C. 如果本月没有完工产品,则计入该种产品成本的全部生产费用,就是期末在产品的总成本

D. 如果本期产品生产既有完工产品,又有在产品,就需要采用适当的方法,将本月累计发生的生产费用在完工产品和月末在产品之间进行分配,分别计算出完工产品成本和期末在产品成本

4. 完工产品与月末在产品之间分配费用的方法有(　　　　　)。

A. 交互分配法　　　　　　　　　　B. 不计算在产品成本法

C. 约当产量比例法　　　　　　　　D. 在产品按定额成本计价法

5. 确定完工产品与月末在产品之间费用分配的方法时,应考虑的因素有(　　　　　)。

A. 各项费用比重的大小　　　　　　B. 在产品数量的多少

C. 定额管理基础的好坏　　　　　　D. 各月在产品数量变化的程度

6. 采用在产品按原材料费用计价法分配生产费用时,应具备的条件有(　　　　　)。

A. 原材料费用在产品成本中占比重较大　　B. 各月末在产品数量较大

C. 各月末在产品数量变化较大　　　　　　D. 各月在产品数量比较稳定

7. 采用在产品按定额成本计算法在完工产品和月末在产品之间分配生产费用,应考虑的条件有(　　　　　)。

A. 各月末在产品数量变化不大　　　　B. 原材料费用在产品成本中占比重较大

C. 各月末在产品数量变化较大　　　　D. 消耗定额比较准确

8. 采用约当产量比例法分配完工产品和月末在产品费用,适用于(　　　　　)的产品。

A. 月末在产品数量不大　　　　　　B. 月末在产品数量较大

C. 产品成本中各项费用所占比重相差不多　　D. 各月在产品数量变动较大

9. 进行完工产品成本的结转时应记入的账户有(　　　　　)。

A. 生产成本　　　　B. 制造费用　　　　C. 原材料　　　　　　D. 库存商品

10. 企业在确定产品成本计算方法时,必须从企业的具体情况出发,同时考虑的因素

有（　　　　　）。

A. 企业的生产特点

B. 企业生产规模的大小

C. 进行成本管理的要求

D. 月末有无在产品

11. 品种法的特点包括（　　　　）。

A. 以产品品种作为成本计算对象

B. 定期按月计算产品成本

C. 如果有在产品时，需要在完工产品和期末在产品之间分配生产费用

D. 需要采用一定的方法，在各生产步骤之间分配生产费用

12. 下列企业中，采用品种法计算其产品成本的有（　　　　　）。

A. 采掘企业　　　B. 汽车制造企业　　　C. 供水供电企业　　　D. 小型水泥厂

三、判断题

1. 不论什么企业、不论什么生产类型的产品，也不论管理要求如何，最终都必须按照品种法计算出产品成本。　　　　（　　）

2. 车间在产品收发结存的日常核算，可以通过"在产品收发结存账"（也叫"在产品台账"或者"在产品记录卡"）进行实物数量的核算。　　　　（　　）

3. 企业在清查中发生在产品盘盈时，应按实际平均单位成本、定额成本或计划成本予以入账。　　　　（　　）

4. 企业应根据其在产品数量的多少、各月在产品数量变化的大小、各种费用比重的大小以及定额管理基础的好坏等具体条件和实际情况，选择既合理又简便的分配方法。（　　）

5. 当采用在产品按原材料费用计价法分配生产费用时，本月发生的加工费用，全部由在产品负担。　　　　（　　）

6. 采用约当产量比例法分配生产费用时，由于月末在产品的投料程度和加工程度可能不一致，应分别按产品成本项目计算月末在产品的约当产量，根据不同的约当产量分配不同成本项目的费用。　　　　（　　）

7. 品种法的计算程序体现着产品成本计算的一般程序。　　　　（　　）

8. 某工序在产品的累计工时定额＝前面各工序时定额之和＋本工序工时定额。（　　）

9. 当采用定额比例法分配生产费用时，每月生产费用脱离定额的差异，全部由完工产品负担。　　　　（　　）

10. 在品种法下，成本计算期定期进行，与产品生产周期不一致。　　　　（　　）

四、实训题

1. 假定绿源有限公司A产品的月末在产品只计算原材料费用。A产品月初原材料费用为10 000元；本月发生原材料费用55 000元，本月发生职工薪酬3 500元和制造费用3 000元，本月完工A产品3 500件，月末在产品1 500件，材料在生产开始时一次投入，材料费用按完工产品和月末在产品数量比例分配。

要求：

（1）按所耗原材料成本计算法计算在产品的成本。

（2）计算完工产品成本与期末在产品成本，并编制基本生产成本计算单（表6-47）。

（3）编制完工产品入库的会计分录。

表6-47　基本生产成本计算单

产品名称：　　　　　　　　　　　　年　月　　　　　　　　　金额单位：元

项　　目	成　本　项　目			合　　计
	直接材料	直接人工	制造费用	
月初在产品成本				
本月发生费用				
本月合计				
完工产品数量（件）				
月末在产品数量（件）				
分配率				
月末在产品成本				
完工产品成本				

2. 绿源有限公司生产B产品，采用在产品按定额成本计价法分配完工产品和在产品费用。月初在产品定额成本为30 000元（其中原材料20 000元，职工薪酬6 000元，制造费用4 000元）；本月所耗原材料费用为55 000元，职工薪酬费用为25 000元，制造费用10 000元。完工产品数量为300件，月末在产品100件。单位在产品定额资料为：原材料定额60元，职工薪酬定额20元，制造费用定额10元。

要求：

（1）按定额成本计价法计算在产品的成本。

（2）计算完工产品成本与期末在产品成本，并编制基本生产成本计算单（表6-48）。

（3）编制完工产品入库的会计分录。

表6-48　基本生产成本计算单

产品名称：　　　　　　　　　　　　年　月　　　　　　　　　金额单位：元

项　　目	成　本　项　目			合　　计
	直接材料	直接人工	制造费用	
月初在产品成本				
本月发生费用				

续　表

项　　目	成　本　项　目			合　　计
	直接材料	直接人工	制造费用	
本月合计				
月末在产品成本				
完工产品成本				

3. 绿源有限公司生产 C 产品,月初在产品成本和本月发生费用如表 6-49 所示。本月完工产品 1 200 件,定额原材料 10 000 元,定额工时 8 000 小时;月末在产品 200 件,定额原材料 2 000 元,定额工时 2 000 小时。在完工产品和月末在产品之间,原材料费用按定额费用比例分配,其他各项费用按定额工时比例分配。

要求:按定额比例法计算完工产品成本与期末在产品成本,并编制基本生产成本计算单(表 6-49)。

表 6-49　基本生产成本计算单

产品名称:C 产品　　　　　　　　　　　　　年　　月　　　　　　　　　　　金额单位:元

项　　目		成　本　项　目			合　　计
		直接材料	直接人工	制造费用	
月初在产品成本		2 800	600	400	
本月发生费用		8 600	3 400	2 100	
本月合计					
费用分配率					
完工产品成本	定额		(小时)	(小时)	
	实际				
月末在产品成本	定额				
	实际				

4. 绿源有限公司生产 D 产品,完工产品与在产品之间费用的分配采用约当产量比例法进行,有关资料如下:

(1) 本月完工产品 2 000 件。

(2) 期末在产品 500 件。

(3) D 产品的原材料在生产开始时一次性投入,在产品的完工程度为 60%。

（4）有关生产费用资料如表 6-54 所示。

要求：采用约当产量比例法，计算完工产品成本与期末在产品成本，并编制基本生产成本计算单（表 6-50）。

表 6-50　基本生产成本计算单

产品名称：　　　　　　　　　　　年　月　　　　　　　　　　金额单位：元

项　　目	成 本 项 目			合　　计
	直接材料	直接人工	制造费用	
月初在产品成本	6 000	2 250	3 000	
本月发生费用	36 000	15 000	20 000	
本月合计				
在产品约当产量（件）				
完工产量（件）				
费用分配率				
月末在产品成本				
完工产品成本				

5. 绿源有限公司生产 E 产品，E 产品需经三道工序制成，直接材料消耗定额为 100 千克，其中，第一道工序直接材料消耗定额为 40 千克，第二道工序直接材料消耗定额为 30 千克，第三道工序直接材料消耗定额为 30 千克。月末在产品数量：第一道工序为 200 件，第二道工序为 300 件，第二道工序为 100 件。完工产品为 750 件。

要求：

（1）假定原材料在各工序一次性投入，计算 E 产品期末约当产量，并编制在产品约当产量计算单（表 6-51）。

（2）假定原材料陆续投入，且投入量与加工进度不一致，计算 E 产品期末约当产量，并编制在产品约当产量计算单（表 6-52）。

表 6-51　在产品约当产量计算单（直接材料）
年　月

工序	本工序直接材料消耗定额（千克）	投料程度（%）	在产品产量（件）	在产品约当产量（件）
1				
2				
3				
合计				

表 6-52　在产品约当产量计算单(直接材料)
年　月

工序	本工序直接材料消耗定额(千克)	投料程度(%)	在产品产量(件)	在产品约当产量(件)
1				
2				
3				
合计				

6. 绿源有限公司生产 F 产品。

(1) F 产品需顺序经过三道工序连续加工才能完成,材料在产品生产时一次投入,本月完工产品 310 件,在产品在各工序的完工程度均为 50%。具体资料如表 6-53 所示。

表 6-53　各工序在产品工时及数量

项　　目	一工序	二工序	三工序	合　计
工时定额(小时)	60	100	40	200
在产品数量(件)	80	60	50	190

(2) 月初在产品成本和本月发生费用,如表 6-54 所示。

要求:

(1) 按上述资料,在表 6-54 中计算在产品约当产量。

表 6-54　在产品约当产量计算

项　　目	一工序	二工序	三工序	合　计
工时定额(小时)	60	100	40	200
完工程度(%)				
在产品数量(件)	80	60	50	190
在产品约当产量(件)				

(2) 计算完工产品成本与期末在产品成本,并编制基本生产成本计算单(表 6-55)。

表 6-55　基本生产成本计算单

产品名称：　　　　　　　　　　　　　年　　月　　　　　　　　　　　金额单位：元

项　目	成　本　项　目			合　计
	直接材料	直接人工	制造费用	
月初在产品成本	40 000	26 000	41 000	107 000
本月发生费用	139 640	112 500	146 000	398 140
合　计				
在产品约当产量(件)				
完工产量(件)				
分配率				
完工产品成本				
月末在产品成本				

 任务总结 〰〰〰〰〰〰〰〰〰〰〰〰〰〰〰〰〰〰〰〰

一、复习思考

1. 什么是在产品？什么是完工产品？

2. 影响生产费用在完工产品和月末在产品分配的因素有哪些？

3. 什么是约当产量？

4. 采用约当产量法，如何分工序确定期末在产品投料率和在产品完工率？

5. 定额比例法和月末在产品按定额成本计算法有什么共同点？

6. 约当产量法和定额比例法的适用范围是什么？

7. 品种法的概念是什么？有什么特点？适用哪些生产企业？

8. 简述成本计算方法的核算程序。

二、总结评价

根据要求完成本项目所有任务后，请填写归集和分配生产费用项目训练总结评价表（表 6-56）。

表 6-56　归集和分配生产费用项目训练总结评价表

考评内容标准	评　价			
	熟练	较好	一般	不会
生产费用分配方法理解情况				
在产品约当产量计算掌握情况				

续　表

考评内容标准	评　价			
	熟练	较好	一般	不会
品种法核算程序步骤情况				
品种法运用情况				
总结与反思				

项目七

运用分批法计算产品成本

 学习目标 ～～～～～～～～～～～～～～～～～～～～～～

知识目标：

1. 了解分批法的特点、适用范围；

2. 了解简化分批法的特点、适用范围；

3. 掌握一般分批法和简化分批法的核算程序。

技能目标：

1. 能根据要素费用归集的成本数据，运用分批法计算产品成本；

2. 能根据要素费用归集的成本数据，运用简化分批法计算产品成本。

素养目标：

培育成本核算的科学精神，降本减费的探索创新精神。

从近十年中国船舶制造业占世界造船市场份额的变化可以看出，中国船舶制造业在全球市场上所占的比重正在明显上升，中国已经成为全球重要的造船中心之一。 由于船舶的航区、任务和要求不同，船舶产品具有生产批量小、批量间的品种具有差异性、生产周期各不相同等特点。 为了有节奏地生产，缩短制造周期，造船厂从接受订货至完工交船为止，都必须有周密的生产管理和技术管理。 也正因上述原因，在计算船舶生产成本时，必须要采用一种适合此类按照批次或者单件进行生产的成本计算方法，本章节将开始学习成本计算方法——分批法。

任务一　**认知及运用分批法**

任务提出

合肥力达有限公司根据客户订单组织生产，采用分批法计算产品成本。该公司有两个基本生产车间，原材料是在第一车间生产开始时一次投入，有关资料如下。

月初在产品成本，如表 7-1 所示。

表 7-1　月初在产品成本　　　　　　　　　金额单位：元

产品批次	产品名称	直接材料	直接人工	制造费用	合　计
701	甲产品	5 000	3 000	1 000	9 000

本月生产费用表，如表 7-2 所示。

表 7-2　本月生产费用表　　　　　　　　　金额单位：元

产品批次	产品名称	直接材料	直接人工	制造费用	合　计
701	甲产品	6 000	10 000	2 000	18 000
702	乙产品	9 000	3 750	3 000	15 750
703	丙产品	8 000	5 600	1 600	15 200

产品产量记录表，如表 7-3 所示。

表 7-3　产品产量记录表

产品批号	产品名称	开工日期	投产批量(台)	本月完工数量(台)
701	甲产品	11 月	20	10
702	乙产品	12 月	15	15
703	丙产品	12 月	10	6

该公司对单内跨月陆续完工的产品，月末计算成本时，对完工产品按定额成本转出，待全部完工后再重新计算完工产品实际总成本和单位成本。701 批甲产品 12 月末完工

10台,按定额成本结转,其中原材料单位定额成本500元,工资单位定额成本950元,制造费用单位定额成本200元。703批丙产品,原材料系开工时一次性投入,生产费用采用约当产量法在完工产品和月末在产品间进行分配,月末在产品完工程度为50%。

要求:采用分批法计算完工产品成本。

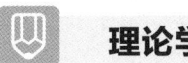 **理论学习**

一、分批法的特点及适用范围

(一) 分批法概念

分批法,是按照产品批别归集生产费用、开设成本明细账,归集生产费用,计算产品成本的一种方法。产品批别在成批组织生产的企业或车间中,是按照一定品种、一定批量产品划分的。在实际工作中,产品的品种和批量往往根据客户的订单确定,根据批别计算的产品成本也基本是根据订单而来的,因此分批法也称订单法。

(二) 特点

1. 成本计算对象为产品批别

分批法的成本计算对象为产品批别(订单或生产通知单)。在单件或小批生产中,产品批别一般根据客户的订单确定,因此在计算每批或每件产品成本时,通常都依据订单来计算。但产品的批别与订单并不完全相同,根据客户的要求和生产组织的需要,一张订单可分成多个批别组织生产,几张相同产品的订单也可合为一批组织生产。比如一张订单中有几种不同种类的产品,或虽然只有一种产品但是数量较多需分批交货,又或是大型复杂的产品,价值较大,生产周期较长,这些情况都是可以将上述订单按照产品品种或者组成部分划分批别组织生产,计算成本。又比如,如果在同一时期内,企业接到不同购货单位要求生产同一产品的几张订单,为了经济合理地组织生产,企业生产计划部门也可以将其合并为一批组织生产,计算成本,这种情况下,需要根据生产通知单来确定成本计算对象。

2. 成本计算期不固定

一般来说,各批产品的成本应在其完工后计算,因此,分批法的成本计算期与各批产品的生产周期一致,与会计报告期不一致。

3. 生产费用一般不需要在完工产品与在产品间进行分配

在单件、小批生产模式下,完工产品的成本计算期与产品的生产周期是一致的,因此在月末时,通常不存在生产费用在完工产品与月末在产品间分配的问题。

若是单件生产,产品完工前,产品成本明细账所归集的生产费用,都是属于在产品成本,产品完工时,产品成本明细账所归集的生产费用,就都属于完工产品成本。因此,月末不存在生产费用在完工产品与月末在产品间分配的问题。

若是小批生产,当批内产品都能同时完工,月末不需要进行完工产品与在产品成本的分配;但当批内产品跨月陆续完工,即月末部分产品已完工,部分尚未完工时,需要进行完工产品与在产品成本的分配。一般看批内产品跨月陆续完工的情况是否较多,若批内产品跨月陆续完工的情况较多,月末批内完工产品的数量占全部批量的比重较大,则生产费用在完工产品与在产品成本之间的分配,应相应采用定额比例法或约当产量法或在产品按定额成本计价法等方法。若批内产品跨月陆续完工的情况不多,可采用简便的分配方法。

(三) 分批法的适用范围

分批法适用于根据购买者订单生产的企业,产品种类经常变动的小规模制造厂、专门进行修理业务的工厂、新产品试制车间。简单地说,分批法适用于小批单件单步骤生产或管理上不需分步计算成本的多步骤产品的生产。

二、分批法成本核算程序

1. 按批别开设成本明细账

在生产开始时,企业的生产计划部门下达生产任务通知单,根据签发的生产任务通知单中所规定的产品批号,为每批产品开设基本生产成本明细账,在明细账账页上既要注明批号,也要列明产品名称、规格等信息。因为单件小批生产的特点,分批法下产品成本计算期通常与产品的生产周期一致,因此产品成本明细账的开设和结账,通常同生产任务通知单的签发和结束也是基本一致的,以保证各批产品成本计算的正确性。

2. 归集与分配生产费用

按批别归集和分配本月发生的各项费用,登记有关明细账。将各批次产品的直接费用,按批号直接汇总计入各批产品成本明细账内,而将发生的间接费用按照一定的标准在各批次产品之间进行分配,分别记入有关批次的产品成本。

3. 计算完工产品成本

月末当各批完工产品检验合格后,应由生产车间填制完工通知单,报送财会部门,此时加计完工批别成本明细账中所归集的费用,计算完工产品的实际总成本和单位成本;月末各批未完工产品成本明细账中归集的生产费用即为月末在产品成本;若月末有部分完工,部分未完工,要采用适当的方法在完工产品和月末在产品之间分配费用。最后编制完工产品成本汇总表,结转完工入库产品的成本。

📖 **任务解答**

步骤一: 按批别开设成本明细账,登记月初在产品成本。

为每批产品开设基本生产成本明细账,在明细账账页上既要注明批号,也要列明产品名称、规格等信息。根据月初在产品成本表(表 7-1)登记有关批次产品基本生产成本明细账。

步骤二: 归集和分配本月生产费用。

按批别归集和分配本月发生的各项费用,根据本月生产费用表(表 7-2)登记有关批次产品基本生产成本明细账。

步骤三: 计算各批次产品完工成本。

该公司对单内跨月陆续完工的产品,月末计算成本时,对完工产品按定额成本转出,待全部完工后再重新计算完工产品实际总成本和单位成本。

701 批甲产品 12 月末完工 10 台,按定额成本结转,按照原材料、工资和制造费用的单位定额成本乘以完工数量计算得到完工转出成本,并登记基本生产成本明细账如表7-4 所示。

表7-4   基本生产成本明细账

产品批次:701　　　　　产品名称:甲　　　　　开工日期:2023 年 11 月　　　　　完工日期:2023 年 12 月
产品批量:20 台　　　　　完工产量:10 台

日期	凭证号数	摘　　要	直接材料	直接人工	制造费用	合计
12.31	(略)	月初在产品成本	5 000	3 000	1 000	9 000
		领用材料	6 000			6 000
		分配人工费用		10 000		10 000
		分配制造费用			2 000	2 000
		本月生产费用合计	11 000	13 000	3 000	27 000
		完工产品单位定额成本	500	950	200	
		完工 10 台转出	5 000	9 500	2 000	16 500
		月末在产品成本	6 000	3 500	1 000	10 500

702 批乙产品本月投产,本月全部完工,因此全部生产费用由完工产品 15 台承担,登记基本生产成本明细账如表 7-5 所示。

表7-5   基本生产成本明细账

批号:702　　　　　产品名称:乙　　　　　开工日期:2023 年 12 月　　　　　完工日期:2023 年 12 月
产品批量:15 台　　　　　完工产量:15 台

日期	凭证号数	摘　　要	直接材料	直接人工	制造费用	合计
12.31	(略)	领用材料	9 000			9 000
		分配人工费用		3 750		3 750
		分配制造费用			3 000	3 000
		本月生产费用合计	9 000	3 750	3 000	15 750
		完工 15 台转出	9 000	3 750	3 000	15 750
		单位成本	600	250	200	1 050

703 批丙产品,原材料系开工时一次性投入,而生产费用则采用约当产量法进行分配,登记基本生产成本明细账如表 7-6 所示。

表 7-6 基本生产成本明细账

批号：703　　　　产品名称：丙　　　　开工日期：2023 年 12 月　　　　完工日期：2023 年 12 月
产品批量：10 台　　　　　　　　　　完工产量：6 台

日期	凭证号数	摘要	直接材料	直接人工	制造费用	合计
12.31	（略）	领用材料	8 000			8 000
		分配人工费用		5 600		5 600
		分配制造费用			1 600	1 600
		本月生产费用合计	8 000	5 600	1 600	15 200
		完工产品数量（台）	6	6	6	
		月末在产品约当产量（台）	4	2	2	
		产量合计（台）	10	8	8	
		费用分配率	800	700	200	
		转出 5 台完工产品	4 800	4 200	1 200	10 200
		月末在产品成本	3 200	1 400	400	5 000

任务二　运用简化分批法计算产品成本

 任务提出

　　合肥力达有限公司属于小批生产，采用简化的分批法计算成本。2023 年 4 月生产情况如下：

　　（1）月初在产品成本：7001 批号，直接材料 2 800 元；7003 批号，直接材料 3 200 元。月初直接人工 1 800 元，制造费用 2 300 元。

　　（2）月初在产品耗用累计工时：7001 批号 400 小时；7003 批号 200 小时。

　　（3）本月的生产情况，发生的工时和直接材料如表 7-7 所示。

表 7-7 生产情况表

产品名称	批号	批量（件）	本月完工产量（件）	投产日期	完工日期	本月发生工时（小时）	本月发生直接材料（元）
A	7001	10	10	3 月	4 月	100	1 200
B	7002	8	4	4 月	5 月	200	2 000
C	7003	4	0	3 月	5 月	200	1 800

本月发生的各项间接费用为：直接人工 1 500 元，制造费用 2 100 元。其中，7002 批次的 B 产品原材料于生产开始时一次性投入，完工产品所耗工时为 100 工时。

要求：根据上述资料，登记基本生产成本二级账和产品成本明细账，计算完工产品成本。

 理论学习

一、简化分批法的特点及适用范围

在有些单件小批生产的企业里，订单量大且生产周期较长，实际每月完工的批量不多，这种情况下，如果依然采用当月分配各项费用，工作量会比较繁重。因此，为了简化核算，企业可以采用不分批计算在产品成本的分批法，也称为简化分批法或是间接（计入）费用累计分批法。

（一）特点

简化分批法，是按批别设置产品成本明细账同时设置基本生产成本二级账，在各批产品完工之前，产品成本明细账内只按月登记直接计入费用（如直接材料）和生产工时。每月发生的各项间接计入费用（包括直接人工、制造费用等），不是按月在各批产品之间进行分配，而是通过基本生产成本二级账进行归集，按成本项目累计起来，仅在有产品完工的月份，按照完工产品累计生产工时的比例，计算累计间接费用分配率，在各批完工产品直接进行分配，而对未完工的在产品则不分配间接计入费用。

（二）适用范围

简化分批法适用于投产批数繁多而且月末未完工批数较多的企业，以及各批次按月分配的工作量繁重的企业。

二、简化分批法成本核算程序

（1）根据生产任务通知单设立多张基本生产成本明细账，并设置基本生产成本二级账。根据材料费用分配表和生产工时记录等，将各批别耗用的材料费用和耗用的工时计入各成本明细账和二级账。

（2）根据其他费用要素分配表，将人工费用和制造费用计入基本生产成本二级账。

（3）月末，将二级账中直接材料费用和生产工时与成本明细账中直接材料费用和生产工时核对。

（4）月末，如有完工产品，计算累计间接费用分配率，并据此分配间接费用，登记基本生产成本明细账。

对各批完工产品分配间接费用，一般按完工产品累计生产工时比例分配，计算公式如下：

某项间接费用累计分配率＝全部产品累计该项间接费用÷全部产品累计工时

某批产品应负担的该项间接费用＝该批完工产品累计工时×该项间接费用累计分配率

简化分批法成本核算程序，如图 7-1 所示。

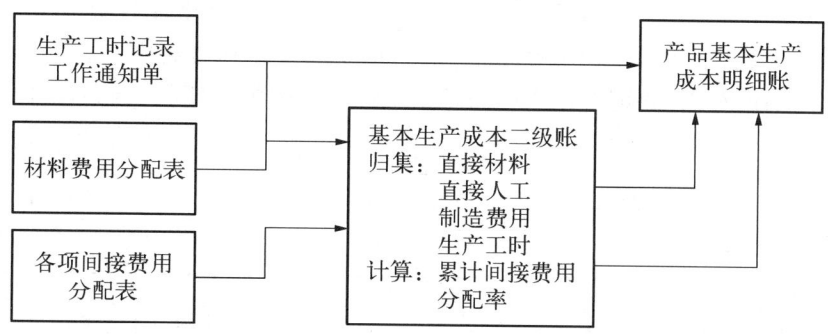

图 7-1 简化分批法成本核算程序

任务解答

步骤一：按批别开设成本明细账，并设置基本生产成本二级账。

根据要求采用简化分批法，开设各批次产品基本生产成本明细账将材料费用和生产工时记录等各批别耗用的情况分别计入各批次产品基本生产成本明细账（表 7-9 至表7-11）和基本生产成本二级账（表 7-8）。

步骤二：计算累计间接费用分配率。

在各批次产品基本生产成本明细账中，平时只按月登记直接材料费用和生产工时，各个批次基本生产成本明细账中的材料费用和生产工时相加合计数，应该与基本生产成本二级账中全部批次产品的材料费用累计数和生产工时累计数相等。当月末有完工产品，根据基本生产成本二级账计算累计间接费用分配率。

步骤三：登记基本生产成本二级账（表 7-8）。

表 7-8 基本生产成本二级账

| 2023 年 | | 凭证 号数 | 摘 要 | 直接 材料 | 生产 工时 | 直接 人工 | 制造 费用 | 合 计 |
月	日							
4	1	（略）	累计发生	6 000	600	1 800	2 300	10 100
4	30		本月发生	5 000	500	1 500	2 100	8 600
4	30		累计发生数	11 000	1 100	3 300	4 400	18 700
	30		累计间接费用分配率			3	4	
	30		本月完工成本转出	5 000	600	1 800	2 400	9 700
	30		月末在产品成本	6 000	500	1 500	2 000	9 000

步骤四：计算完工产品成本并登记各批次产品基本生产成本明细账。

批次 7001 号 A 产品本月全部完工,材料费用和生产工时累计数全部由完工产品承担,将生产工时乘以累计间接费用分配率(包括直接人工和制造费用)计算可知完工产品的直接人工和制造费用,登记各批次产品基本生产成本明细账如表 7-9 所示。

表 7-9　产品成本明细账

批号:7001　　　　产品名称:A　　　　投产日期:2023 年 3 月　　　　完工日期:2023 年 4 月
产品批量:10 台　　　　　　　　　　完工产量:10 台

| 2023 年 | | 凭证号数 | 摘　要 | 直接材料 | 生产工时 | 直接人工 | 制造费用 | 合计 |
月	日							
4	1	(略)	累计发生	2 800	400			
4	30		本月发生	1 200	100			
4	30		累计发生数	4 000	500			
	30		累计间接费用分配率			3	4	
	30		本月完工成本转出	4 000	500	1 500	2 000	7 500
	30		完工产品单位成本	400	50	150	200	670

批次 7002 号 B 产品本月部分完工,根据原材料一次性投入的方式,材料费用分配可直接根据数量分配计算,完工产品的直接人工和制造费用根据累计间接费用分配率和完工产品工时计算,登记各批次产品成本明细账,如表 7-10 所示。

表 7-10　产品成本明细账

批号:7002　　　　产品名称:B　　　　投产日期:2023 年 4 月　　　　完工日期:2023 年 5 月
产品批量:8 台　　　　　　　　　　完工产量:4 台

| 2023 年 | | 凭证号数 | 摘　要 | 直接材料 | 生产工时 | 直接人工 | 制造费用 | 合计 |
月	日							
4	30	(略)	本月发生	2 000	200			
	30		累计间接费用分配率			3	4	
	30		本月完工成本转出	1 000	100	300	400	2 200
	30		完工产品单位成本	250	25	75	100	550
	30		月末在产品成本	1 000	100			

批次 7003 号为本月未完工,不需要计算分配生产费用,产品成本明细账如表 7-11 所示。

表 7‑11　产品成本明细账

批号：7003　　　　　　　产品名称：C　　　　　投产日期：2023 年 3 月　　　　　完工日期：2023 年 5 月
产品批量：4 台　　　　　　　　　　　　　　　完工产量：0 台

2023 年		凭证号数	摘　　　要	直接材料	生产工时	直接人工	制造费用	合计
月	日							
4	1	（略）	累计发生	3 200	200			
4	30		本月发生	1 800	200			
	30		月末在产品成本	5 000	400			

任务三　**Excel 在分批法中的应用**

任务提出

思考：品种法和分批法在运用 Excel 设计基本生产成本明细账时有何区别？

理论学习

一般分批法的成本计算程序除明细账设置和完工产品计算上与品种法略有不同外，其他程序基本一致，因此，本任务将着重以简化分批法为例，学习 Excel 在分批法中的应用。

通过前期的学习，对各产品批次在本月发生的各项生产费用进行归集和分配，分配辅助生产费用，分配基本生产车间的制造费用，接下来按产品批次运用 Excel 工具编制基本生产成本明细账和基本生产成本二级账。

一、简化分批法基本生产成本明细账

详细操作步骤如下：

（1）制作表头。在 Excel 中打开"基本生产成本明细账"工作表，选中 B1：J1 单元格区域，单击【开始】工具栏中的【合并后居中】按钮，对该区域单元格进行合并居中，输入表头"基本生产成本明细账"。

（2）制作表体。选中 B2：D2 单元格区域，进行单元格的合并居中，输入"车间：基本生产车间"；在 E2 单元格内输入"批次：7001"；选中 F2：G2 单元格区域，进行单元格的合并居中，输入"2023 年 4 月"。

（3）选中 B3：C3 单元格区域，进行单元格的合并居中，输入"日期"，在 B4：C4 单元

操作示范：
Excel 在分批法中的应用

格区域的单元格中,分别输入"月"和"日";选中 D3:D4 单元格区域进行单元格的合并居中,输入"凭证号数";选中 E3:E4 单元格区域进行单元格的合并居中,输入"摘要";分别选中 F3:F4、G3:G4、H3:H4、I3:I4、J3:J4 单元格区域进行单元格的合并居中,依次输入"直接材料""生产工时""直接人工""制造费用""合计";在 E5:E10 单元格区域的单元格中,依次输入"月初在产品成本""本月发生生产费用""累计生产费用""累计间接费用分配率""结转完工产品成本""完工产品单位成本"。

(4) 选中 B2:J10 单元格区域,单击【开始】工具栏中的【格式】,在【格式】按钮下拉列表中选择【自动调整列宽】命令,将表格内容调制合适的列宽。

(5) 选中 B3:J10 单元格区域,设置边框【所有框线】;将 B3:J4 单元格区域填充浅蓝色,设置完成的基本生产成本明细账,如图 7-2 所示。

图 7-2　简化分批法基本生产成本明细账

二、简化分批法基本生产成本二级账

详细操作步骤如下:

(1) 制作表头。在 Excel 中打开"基本生产成本二级账"工作表,选中 B1:J1 单元格区域,单击【开始】工具栏中的【合并后居中】按钮,对该区域单元格进行合并居中,输入表头"基本生产成本明细账"。

(2) 制作表体。选中 B2:D2 单元格区域,进行单元格的合并居中,输入"车间:基本生产车间";在 F2 单元格内输入"日期:2023 年 4 月"。

(3) 选中 B3:C3 单元格区域,进行单元格的合并居中,输入"日期",在 B4:C4 单元格区域的单元格中,分别输入"月"和"日";选中 D3:D4 单元格区域进行单元格的合并居中,输入"凭证号数";选中 E3:E4 单元格区域进行单元格的合并居中,输入"摘要";分别选中 F3:F4、G3:G4、H3:H4、I3:I4、J3:J4 单元格区域进行单元格的合并居中,依次输入"直接材料""生产工时""直接人工""制造费用""合计";在 E5:E10 单元格区域的单元格中,依次输入"累计发生""本月发生""累计发生数""累计间接费用分配率""本月完工成本转出""月末在产品成本"。

（4）选中 B2：J10 单元格区域，单击【开始】工具栏中的【格式】，在【格式】按钮下拉列表中选择【自动调整列宽】命令，将表格内容调制合适的列宽。

（5）选中 B3：J10 单元格区域，设置边框【所有框线】；将 B3：J4 单元格区域填充浅蓝色，设置完成的基本生产成本明细账，如图 7-3 所示。

图 7-3 简化分批法基本生产成本二级账

	日期		凭证号数	摘要	直接材料	生产工时	直接人工	制造费用	合计
	月	日							
				累计发生					
				本月发生					
				累计发生数					
				累计间接费用分配率					
				本月完工成本转出					
				月末在产品成本					

车间：基本生产车间　　日期：2023年4月　　（基本生产成本二级账）

三、计算完工产品成本并登记各批次产品基本生产成本明细账

详细操作步骤如下：

（1）完成基本生产成本明细账和二级账中基础数据的填制。以 7001 批次产品为例，关联任务提出中的资料和"表 7-7 生产情况表"月初直接材料、直接人工、制造费用，填入表中，简化分批法基本生产成本明细账，如图 7-4 所示。

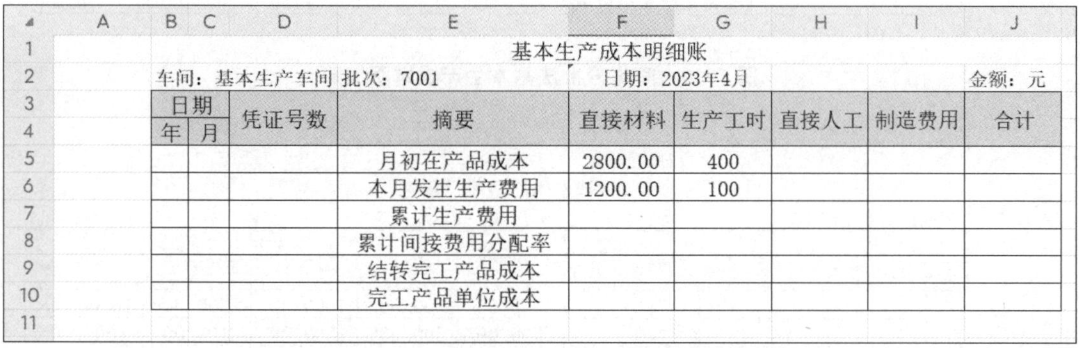

图 7-4 简化分批法基本生产成本明细账

车间：基本生产车间　批次：7001　　日期：2023年4月　　金额：元

	日期		凭证号数	摘要	直接材料	生产工时	直接人工	制造费用	合计
	年	月							
				月初在产品成本	2800.00	400			
				本月发生生产费用	1200.00	100			
				累计生产费用					
				累计间接费用分配率					
				结转完工产品成本					
				完工产品单位成本					

简化分批法基本生产成本二级账如图 7-5 所示。

（2）计算累计间接费用分配率。首先通过 SUM 函数分别计算两个表的"累计生产费用"和"累计发生数"这两个合计数，然后在"图 7-5 简化分批法基本生产成本二级账"中

▲	A	B	C	D	E	F	G	H	I	J
1					基本生产成本二级账					
2		车间：基本生产车间			日期：2023年					金额：元
3		日期		凭证号数	摘要	直接材料	生产工时	直接人工	制造费用	合计
4		月	日							
5					累计发生	6000.00	600.00	1800.00	2300.00	10100.00
6					本月发生	5000.00	500.00	1500.00	2100.00	8600.00
7					累计发生数					
8					累计间接费用分配率					
9					本月完工成本转出					
10					月末在产品成本					
11										

图 7-5　简化分批法基本生产成本二级账

的 H8 单元格中输入公式"＝ROUND(H7/＄G＄7)，2)"计算直接人工的累计间接费用分配率,右拉填充柄填写制造费用的累计间接费用分配率。

(3) 计算分配 7001 批次产品成本。在"图 7-4　简化分批法基本生产成本明细账"中 H8 和 I8 单元格中引用关联"图 7-5　简化分批法基本生产成本二级账"中的累计间接费用分配率,在 H9 单元格中输入公式"＝H8 * ＄G＄7",右拉填充柄填写制造费用的分配金额。F9 单元格中输入公式"＝F7",G9 单元格中输入公式"＝G7",J9 单元格输入公式"＝F9＋H9＋I9",最后通过完工产品数量计算单位成本,计算结果如图 7-6、图 7-7 所示。

▲	A	B	C	D	E	F	G	H	I	J
1					基本生产成本明细账					
2		车间：基本生产车间		批次：7001		日期：2023年4月				金额：元
3		日期		凭证号数	摘要	直接材料	生产工时	直接人工	制造费用	合计
4		年	月							
5					月初在产品成本	2800.00	400			
6					本月发生生产费用	1200.00	100			
7					累计生产费用	4000.00	500.00			
8					累计间接费用分配率			3.00	4.00	
9					结转完工产品成本	4000.00	500.00	1500.00	2000.00	7500.00
10					完工产品单位成本	400.00	50.00	150.00	200.00	750.00
11										

图 7-6　简化分批法基本生产成本明细账

▲	A	B	C	D	E	F	G	H	I	J
1					基本生产成本二级账					
2		车间：基本生产车间			日期：2023年					金额：元
3		日期		凭证号数	摘要	直接材料	生产工时	直接人工	制造费用	合计
4		月	日							
5					累计发生	6000.00	600.00	1800.00	2300.00	10100.00
6					本月发生	5000.00	500.00	1500.00	2100.00	8600.00
7					累计发生数	11000.00	1100.00	3300.00	4400.00	18700.00
8					累计间接费用分配率			3.00	4.00	
9					本月完工成本转出	5000.00	600.00	1800.00	2400.00	9700.00
10					月末在产品成本	6000.00	500.00	1500.00	2000.00	9000.00
11										

图 7-7　简化分批法基本生产成本二级账

任务解答

（1）表头不同：品种法下，明细账左上角一般说明车间或产品名称；分批法下会注明批次编号。

（2）摘要内容不同：品种法一般会有约当产量，按各种分配方法计算的单位成本或分配率；分批法则可能有累计间接费用分配率内容。

知识拓展

财务机器人

"十四五"规划纲要明确提出要"加快数字化发展，建设数字中国"，将数字技术与实体经济全方位深度融合，而智能化是企业数字化转型的必经之路，财务机器人就是智能化迅速发展下衍生出来的一个产物，是流程自动化机器人（RPA）和人工智能（AI）的整合。RPA 是一种流程自动化软件，能够模拟人类与计算机交互过程，基于固定规则对高度重复、劳动量大的工作进行自动化处理；AI 是一种既有计算机理论知识，又有人类思维和意识，可以替代人类劳动的智能软件。财务机器人即是在人工智能的技术上所建立的一种智能自动化的业务流程，依据工作中操作的每一个步骤和流程，基于计算机编码并根据特定的规则来完成指令的软件和第三方系统实现模拟人工进行的方式来帮助我们处理各项工作。

财务机器人有着丰富的应用场景，无论是大型集团企业还是中小型企业，甚至小微企业和代理记账企业。财务机器人具有高效精准、耗能低、反应快捷及学习能力强等优势，随着财务机器人的应用，会计工作的准确性和时效性得到了一定的保障，为优化财务任务处理、释放人力创造力和智能化财务管理，实现财务数字化转型提供明确的、可持续的路径。

财务机器人的应用大幅提升会计工作效率、会计信息质量得到保证，使得会计行业的人才需求结构发生改变。对于财会人员来讲，财务机器人的出现及应用是挑战与机遇并存。会计人员应努力跟上时代发展的脚步，积极抓住机遇，不断更新会计知识储备，掌握最新的会计政策和法律法规，向复合型的管理会计转型。同时，财会人员要想在当今时代站稳脚跟，就必须认清自身的优缺点，不断调整，积极适应环境的变化，主动迎合人工智能时代下的发展趋势。

资料来源：黄浩，蓝秋香.财务机器人对会计行业的影响及对策研究[J].国际商务财会，2022(10)；程平，李宛霖.RPA 财务机器人在企业中的应用与展望[J].财务与会计，2022(3).

素养园地

培育科学精神、探索创新精神

中国第一汽车集团（简称"中国一汽"）作为一家专注于汽车开发、生产、营销且拥有自主知识产品的汽车公司,坚决贯彻习近平总书记视察中国一汽重要讲话精神,深入落实国务院国资委关于中央企业提质增效行动的部署要求,坚持"一切成本费用皆可降"的理念,大力实施"降本减费工程",成本费用管理水平在近几年大幅提升,为企业加快高质量发展提供了坚实支撑。

中国一汽主要从四个层面实现"降本减费"这一目标的,首先在组织机制建设上,建立横联纵通的降本减费管理组织,充分激发员工降本减费积极性;第二在管理协同上,持续深化提质增效、预算管理、对标管理、降本减费等工作的深度协同,开展全成本对标工作;第三在过程管控上,坚持价值导向、用户导向、问题导向,建立"TOP C"重点成本项目管理机制,同时,结合自身实际,创新总结"降本十二法",充分赋能全员、全要素、全过程、全价值链的关键成本管控环节;最后在知识管理上,围绕降本减费知识管理搭建了数字化共享平台,实现降本成果和经验资产化、标准化、共享化、数字化。

中国一汽通过不断挖掘降本减费的创新点,科学高效地推进降本减费项目落地实施,因此在核算产品成本时,不仅要真实、准确,更要能够在全过程中不断进行降本减费的探索和创新,培育科学精神、探索创新精神,提高企业的生产效率,提升成本效益意识。

资料来源:国务院国有资产监督管理委员会官网,经编者编写。

 练习巩固

一、单项选择题

1. 分批法的成本计算对象通常是(　　　　)。
   A. 产品批别　　　　B. 产品品种　　　　C. 客户要求　　　　D. 产品步骤

2. 简化分批法与分批法的区别主要表现在(　　　　)
   A. 不分批计算在产品成本　　　　B. 不分批计算完工产品成本
   C. 不进行间接费用的分配　　　　D. 不分批核算原材料费用

3. 采用简化分批法,在产品完工之前,产品成本明细账(　　　　)。
   A. 不登记任何费用　　　　B. 只登记直接计入费用和生产工时
   C. 只登记原材料费用　　　　D. 登记间接计入费用,不登记直接计入费用

4. 下列情况中,不宜采用简化分批法的是(　　　　)。
   A. 各月间接计入费用水平相差不多　　　　B. 月末未完工产品批数较多
   C. 同一月份投产的批数很多　　　　D. 各月间接计入费用水平相差较多

5. 分批法一般是按客户的订单来组织生产的,所以也叫(　　　　)。
   A. 订单法　　　　B. 系数法　　　　C. 分类法　　　　D. 定额法

二、多项选择题

1. 下列关于分批法的说法中,正确的有(　　　　)。
   A. 产品成本计算是不定期的
   B. 成本核算的对象是产品的批别

C. 成本的计算一般定期计算产品成本

D. 成本计算期与产品生产周期基本一致,一般不存在完工产品与在产品之间分配成本

2. 采用简化分批法,各月(　　　　)。

　A. 只计算完工产品成本　　　　　　　　B. 只对完工产品分配间接费用

　C. 不分批计算在产品成本　　　　　　　D. 不在完工产品和在产品之间分配间接费用

3. 采用简单分批法,基本生产成本明细账登记(　　　　)。

　A. 直接计入费用　B. 间接费用　　　　C. 生产工时　　　　　D. 期间费用

4. 采用简化的分批法,在某批产品完工以前,成本计算单只需按月登记(　　　　)。

　A. 直接材料　　　B. 间接费用　　　C. 生产工时　　　　　D. 生产成本

5. 采用分批法时,可以作为一个成本计算对象的有(　　　　)。

　A. 不同订单中的同种产品　　　　　　　B. 同一订单中的不同种产品

　C. 同一订单中的同种产品　　　　　　　D. 一件大型复杂产品的某个组成部分

三、判断题

1. 为了使同一批产品同时完工,避免跨月陆续完工情况,减少在完工产品与月末在产品之间分配费用的工作,产品的批量越小越好。　　　　　　　　　　　　(　　)

2. 简化分批法是不分批计算在产品成本的分批法。　　　　　　　　　　(　　)

3. 采用简化分批法,可以设立基本生产成本二级账,也可以不设立。　　　(　　)

4. 如果同一时期内几张订单规定有相同的产品,应按订单确定批别,分批组织生产。(　　)

5. 分批法的成本计算期和生产周期不一致,与会计报告期一致。　　　　　(　　)

6. 采用分批法计算产品成本时,必须在该批产品全部完工时才能计算成本。(　　)

四、实训题

1.某公司小批生产甲、乙产品。2023 年 5 月有关资料如下:

(1) 生产的产品批次。

0201 批次:甲产品 10 台,本月投产,本月完工 10 台。

0202 批次:乙产品 10 台,本月投产,本月完工 6 台。

(2) 各批次生产费用情况。生产费用分配表如表 7-12 所示。

表 7-12　生产费用分配表　　　　　　　　　　　　单位:元

批次	原材料	人工费用	制造费用
0201	4 500	3 050	2 000
0202	4 000	2 550	3 000

(3) 0202 批次甲产品采用约当产量法分配完工产品和在产品成本。其中,原材料在生产开始时一次投入,其他费用均匀发生,在产品完工程度为 50%。

要求:根据以上资料,采用分批法,登记产品基本生产成本明细账(表 7-13 和表 7-14),计算各批产品的完工产品成本和月末在产品成本。

表 7 - 13   基本生产成本明细账

年		凭证字号	摘要	成本项目			合计
月	日			直接材料	直接人工	制造费用	

表 7 - 14   基本生产成本明细账

年		凭证字号	摘要	成本项目			合计
月	日			直接材料	直接人工	制造费用	

2. 某公司生产组织属于小批生产,因而采用简化的分批法计算产品成本。

(1) 9 月份生产批号及完工情况。

0701 号：A 产品 5 件,8 月投产,9 月全部完工。

0702 号：B 产品 10 件,8 月投产,9 月完工 6 件。

(2) 各批号 9 月初材料费用(原材料在生产开始时一次投入)和工时资料。

0701 号：材料费用 25 000 元,工时 600 小时。

0702 号：材料费用 30 000 元,工时 900 小时。

(3) 各批号 9 月发生材料费用和工时资料。

0701 号：材料费用 30 000 元,工时 2 000 小时。

0702 号：材料费用 35 000 元,工时 2 500 小时。

(4) 9 月初,该厂全部产品人工费用 8 000 元,制造费用 2 000 元。

(5) 该厂 9 月发生人工费用累计 10 000 元,制造费用 1 000 元。

完工 A 产品工时 2 600 小时,完工 B 产品工时 2 000 小时。

要求：

(1) 根据上列资料,登记基本生产成本二级账(表 7 - 15)和各批产品基本生产成本明细账(表 7 - 16、表 7 - 17)。

（2）计算和登记累计间接费用分配率。

（3）计算各批完工产品成本。

表 7 - 15　基本生产成本二级账

××年		凭证号数	摘　要	生产工时	成　本　项　目			合计
月	日				直接材料	直接人工	制造费用	

表 7 - 16　基本生产成本明细账

产品批号：0701　　　　产品名称：　　　　　　　　　投产日期：
订货单位：　　　　　　产品批量：　　　　本月完工：　　完工日期：

××年		凭证号数	摘　要	生产工时	成　本　项　目			合计
月	日				直接材料	直接人工	制造费用	

表 7 - 17　基本生产成本明细账

产品批号：0702　　　　产品名称：　　　　　　　　　投产日期：
订货单位：　　　　　　产品批量：　　　　本月完工：　　完工日期：

××年		凭证号数	摘　要	生产工时	成　本　项　目			合计
月	日				直接材料	直接人工	制造费用	

续　表

××年		凭证号数	摘　要	生产工时	成　本　项　目			合计
月	日				直接材料	直接人工	制造费用	

 **任务总结**

一、复习思考

1. 如何采用简化的分批法进行成本核算,适用条件是什么?

2. 复习分批法的特点和计算程序。

二、总结评价

　　根据要求完成本项目所有任务后,请填写运用分批法计算产品成本项目训练总结评价表(表7‑18)。

表7‑18　运用分批法计算产品成本项目训练总结评价表

考评内容标准	评　　价			
	熟练	较好	一般	不会
分批法理解情况				
分批法计算步骤掌握情况				
分批法应用情况				
总结与反思				

项 目 八
运用分步法计算产品成本

 **学习目标**

知识目标：

1. 了解分步法的特点及适用范围；

2. 掌握分步法的核算程序；

3. 掌握逐步结转分步法和平行结转分步法的区别；

4. 掌握综合结转分步法与分项结转分步法的区别。

技能目标：

1. 能运用分步法计算产品成本；

2. 能进行综合结转分步法下的成本还原。

素养目标：

1. 培养精准核算、厉行节约、务实高效、有步骤有计划的职业素养；

2. 树立成本管理大局意识，认识到成本计算与成本管理的重要性，热爱会计职业。

小张大学毕业后应聘到光明钢铁厂担任成本会计。 该厂设有炼铁、炼钢和轧钢三个基本生产车间。 炼铁车间生产炼钢生铁、铸造生铁和锰铁三种生铁。 其中炼钢生铁全部供应本厂炼钢耗用；铸造生铁和锰铁全部外售。 炼钢车间生产高碳镇静和低碳镇静两种钢锭，全部供应本厂轧钢车间轧制钢材：高碳钢轧制盘条，低碳钢轧制圆钢。 此外，该厂还设有供水、供电等辅助生产车间和企业管理部门。 担任成本核算员的小张，应该如何选择合适的成本计算方法进行产品成本核算呢？

任务一 认知及运用分步法

 任务提出

思考：

（1）学习导入中光明钢铁厂的产品生产工艺和组织特点是什么？

（2）该厂能否选择品种法或分批法作为成本计算方法？

理论学习

一、分步法的特点

分步法，是产品成本计算分步法的简称，是以产品生产步骤和产品品种为成本计算对象，来归集和分配生产费用、计算产品成本的一种方法。这种方法的主要特点表现在以下几个方面。

（一）成本计算对象

采用分步法计算产品成本，如果只生产一种产品，成本计算对象就是该种产品及其所经过的各生产步骤的半成品，生产成本明细账应分别按产品品种及其所经过的各个生产步骤的半成品设置，计算各步骤的半成品成本和完成产品成本；如果生产多种产品，其成本计算对象就是各种完工产品的成本及其所经过的各个生产步骤的半成品成本，生产成本明细账应分别按每种产品及其各个生产步骤的半成品设置，计算各种产品及其半成品成本。

需要注意的是，成本计算划分的步骤与实际的生产步骤不一定完全一致，它根据实际加工步骤结合管理要求加以确定。为简化核算，只对管理上有必要分步计算成本的生产步骤单独开设产品成本明细账，单独计算成本；管理上不要求单独计算成本的生产步骤，则可与其其他生产步骤合并设立成品成本明细账，使用品种法计算产品成本。

（二）成本计算期

分步法以会计周期作为成本计算期。在大量大批多步骤生产的企业里，原材料连续不断投入生产，各生产步骤的半成品不断地向下一生产步骤转交，直至最后产成品完工入库。完工产品在各个会计周期不断地完工，通常也在月末存在一定数量的未完工产品。为了保证成本核算的及时性，因此，与品种法一样，分步法也需要在月末计算完工产品的成本。

（三）生产费用在完工产品与在产品之间的分配

分步法的成本计算期是会计周期，决定了使用分步法在计算产品成本时，生产费用需要在完工产品与在产品之间进行分配。在大量大批多步骤生产的产品往往都是跨月陆续完工,月末各步骤一般都存在未完工的产品。因此,在计算成本时,需要在会计期末采用如约当产量法、定额比例法等适当的分配方法,将归集在各种产品、各生产步骤产品成本明细账的生产费用在完工产品与在产品之间进行分配,计算各该产品、各该生产步骤的完工产品成本和在产品成本。

(四) 各生产步骤之间成本的结转

在大量大批多步骤生产中,由于产品的生产步骤是分步骤进行的,上一步骤生产的半成品是下一步骤的加工对象。因此,为了计算各种产品的产成品成本,还需要按照产品品种结转各步骤成本。也就是说,与其他成本计算方法不同,在采用分步法计算产品成本时,还需要将成本在各步骤之间结转,这是分步法的一个重要特点。

二、分步法的适用范围

分步法主要适用于大量大批多步骤,管理上又要求提供步骤成本信息的企业。例如机器制造企业的生产可分为铸造、加工、装配等步骤,冶金企业的生产可分为炼铁、炼钢、轧钢等步骤,纺织企业的生产可分为纺纱、织布、印染等步骤。为了加强各生产步骤的成本管理,不仅要求按照产品品种归集生产费用,计算产品成本,而且要求按照产品的生产步骤估计生产费用,计算各步骤产品成本,提供反映各种产品及其各生产步骤成绩计划执行情况的资料。

不同类型的企业有不同的管理要求,有的企业为了加强成本管理,各个生产部门分别进行成本核算,有时产品的半成品也要对外销售,在这种情况下,就要求分步骤计算半成品成本;有的企业为了简化成本计算工作,只要求计算出最后步骤的产成品成本,不必计算半成品成本。因此,分步法又可以逐步结转分步法和平行结转分步法两种。

 任务解答

光明钢铁厂不能选择品种法或分批法作为成本计算方法,应选择分步法。该厂设有三个车间,且分别对应着产品生产的不同步骤,钢铁厂一般生产数量比较庞大,所以该厂完全符合分步法成本计算对象特征,即大量大批多步骤生产,并要求提供步骤成本信息。

任务二

运用逐步结转分步法计算产品成本

任务提出

思考:汽车制造公司和面粉厂均属于大量大批多步骤生产企业,它们分别适用哪种逐步结转分步法?

 理论学习

一、逐步结转分步法概述

逐步结转分步法也叫顺序结转分步法,它是按照产品加工顺序,逐步计算并结转各步骤半成品的成本,直至最后生产步骤计算出产成品成本的一种成本计算方法。计算各生产步骤半成品成本是逐步结转分步法的显著特征。因此,逐步结转分步法也称计算半成品成本的分步法。

逐步结转分步具备以下的特点:半成品的成本要随着半成品的实物转移而结转;各步骤基本生产成本明细账归集的费用,包括本步骤自身发生的费用和上一步骤完工的半成品成本;逐步结转分步法下的在产品是狭义的在产品,不包括各步骤已完工的半成品,只包括在各个步骤加工中的在产品。

逐步结转分步法主要适用于大量大批多步骤生产,并且在管理上有必要提供半成品成本资料的企业,尤其是各步骤所产半成品可以作为商品对外销售的企业。如纺织企业在生产过程中,先将棉花经过洗棉、梳棉、并条、粗纺等步骤制成半成品棉纱,然后对棉纱经过络筒、整经、装纱和织造等步骤最后制成棉布,其中,生产的棉纱既可以为企业自用留待进一步加工,又可以进行出售。

二、逐步结转分步的计算程序

由于采用逐步结转分步法来计算产品成本时,上一步骤所产半成品的成本要随着半成品实物的转移而结转,因而其计算程序要受半成品实物流转的影响。半成品实物的流转有两种形式,即半成品不经过仓库收发和经过仓库收发。

(一)半成品不通过仓库收发(即不设半成品库)

在这种情况下,逐步结转分步法的产品成本计算流程是:计算第一步骤半成品成本,然后随半成品实物转移,将其成本转入第二步骤产品成本明细账,再加上第二步骤所发生的费用,计算第二步骤半成品成本,一次逐步累积结转,直到最后步骤计算出产品成本为止。

(二)半成品通过半成品库收发

在这种情况下,成本核算的基本步骤与上述半成品不经过仓库基本相同,区别在于在各步骤开设"自制半成品明细账"来核算各步骤半成品的收入、发出、结存的情况,要运用到发出存货计价方法来计算下一步领用半成品的成本。

从以上可看出,逐步结转分步法实际上就是品种法的多次连续应用。即采用品种法计算上一步骤的半成品成本以后,按照下一步的耗用量转入下一步骤成本;下一步骤再一次采用品种法归集所耗半成品的费用和本步骤其他费用,计算其半成品成本;如此逐步结转,直至最后一个步骤计算出产成品成本。

按照半成品成本在下一步骤成本明细账中的反映方法,逐步结转分步法才有综合结转分步法和分项结转分步法之分。

三、综合结转分步法

知识详解:
综合结转分
步法按实际
成本结转

综合结转分步法,是指将各步骤所耗用的上一步骤半成品成本,以一个综合的金额计入各该步骤产品成本计算单的"直接材料"或专设的"半成品"成本项目。半成品成本的综合结转可以按实际成本结转,也可以按计划成本或定额成本结转。

（一）综合结转分步法的举例

1. 按实际成本结转

【例 8-1】 南京顺昌有限公司设有三个基本生产车间,大量大批生产甲产品。甲产品顺序经过三个步骤进行生产。第一步骤生产 A 半成品,完工后全部交给第二步骤继续加工;第二步骤生产 B 半成品,完工后全部交给半成品仓库;第三车间从半成品仓库领出 B 半成品继续加工,完工后即为甲产品,全部交产成品仓库。

该公司以生产的甲产品及其所经过生产步骤的半成品(A、B 两种半成品)为成本核算对象。生产成本明细账按成本核算对象开设,即分为甲产品(第三步骤)、B 半成品(第二步骤)和 A 半成品(第一步骤),并按直接材料、直接人工和制造费用三个成本项目设专栏组织核算。该公司设置"自制半成品"账户,下设明细账核算 B 半成品的收入、发出和结存情况。没有经过半成品仓库收发的 A 半成品,不通过"自制半成品"账户核算。该公司各生产步骤所产半成品,按实际成本综合结转。半成品仓库发出的 B 半成品采用月末一次加权平均法计算其实际成本。

该公司各生产步骤完工产品和月末在产品之间的费用分配均采用约当产量法。甲产品原材料在第一车间生产开始时一次投入;第二步骤、第三步骤领用的半成品,也在各生产步骤生产开始时投入。各步骤在产品完工率分别为 30%、50% 和 60%。

该公司 2023 年 6 月份生产的有关记录如下。

（1）各步骤产量资料,如表 8-1 所示。

表 8-1　各步骤产量资料

产品:甲产品　　　　　　　　　　　2023 年 6 月　　　　　　　　　　　单位:件

项　　目	第一步骤	第二步骤	第三步骤
月初在产品	70	90	30
本月投入或上步转入	180	150	200
本月完工转入下步或入库	150	200	180
月末在产品	100	40	50

（2）生产费用记录如表 8-2 所示。

表 8-2　生产费用记录

产品:甲产品　　　　　　　　　　　2023 年 6 月　　　　　　　　　　　单位:元

项　　目		直接材料	半成品	直接人工	制造费用	合计
月初在产品成本	一车间	3 500		1 400	600	5 500
	二车间		6 600	1 800	1 600	10 000

续　表

项　目		直接材料	半成品	直接人工	制造费用	合　计
月初在产品成本	三车间		7 100	1 200	500	8 800
本月生产费用	一车间	9 000		4 000	3 000	16 000
	二车间			7 000	5 000	12 000
	三车间			3 000	1 600	4 600

（3）6 月初，半成品库结存 B 半成品 30 件，实际总成本为 4 800 元。

【解析】

1. 第一步骤基本生产成本计算单，如表 8-3 所示。

表 8-3　第一步骤基本生产成本计算单

车间名称：第一步骤　　　　　　　　　　　　　　　　　　　　　　　完工产量：150 件
产品名称：A 半成品　　　　　　　　　　　　2023 年 6 月　　　　　　　金额单位：元

项　目	直接材料	直接人工	制造费用	合　计
月初在产品成本	3 500	1 400	600	5 500
本月生产费用	9 000	4 000	3 000	16 000
合　计	12 500	5 400	3 600	21 500
本月完工产品数量（件）	150	150	150	—
月末在产品约当产量（件）	100	30	30	—
约当总产量（件）	250	180	180	—
单位完工产品成本	50	30	20	100
完工产品总成本	7 500	4 500	3 000	15 000
月末在产品成本	5 000	900	600	6 500

将生产费用在 A 半成品和月末在产品之间进行分配：

单位半成品直接材料成本＝（3 500＋9 000）÷（150＋100×100％）＝50（元/件）

完工 A 半成品直接材料成本＝150×50＝7 500（元）

月末在产品直接材料成本＝100×50＝5 000（元）

单位半成品直接人工成本＝（1 400＋4 000）÷（150＋100×30％）＝30（元/件）

完工 A 半成品直接人工成本＝150×30＝4 500（元）

月末在产品直接人工成本＝100×30％×30＝900（元）

单位半成品制造费用＝（600＋3 000）÷（150＋100×30％）＝20（元/件）

完工 A 半成品制造费用＝150×20＝3 000（元）

月末在产品制造费用＝100×30％×20＝600（元）

2. 第二步骤基本生产成本计算单，如表 8-4 所示。

表 8-4　第二步骤基本生产成本计算单

车间名称：第二步骤　　　　　　　　　　　　　　　　　　　完工产量：200 件
产品名称：B 半成品　　　　　　　　　　2023 年 6 月　　　　　　金额单位：元

项　目	A 半成品	直接人工	制造费用	合　计
月初在产品成本	6 600	1 800	1 600	10 000
本月生产费用	15 000	7 000	5 000	27 000
合　计	21 600	8 800	6 600	37 000
本月完工产品数量(件)	200	200	200	—
月末在产品约当产量(件)	40	20	20	—
约当总产量(件)	240	220	220	—
单位完工产品成本	90	40	30	160
完工产品总成本	18 000	8 000	6 000	32 000
月末在产品成本	3 600	800	600	5 000

将生产费用在 B 半成品和月末在产品之间进行分配：

单位 B 半成品负担的 A 半成品成本＝(6 600＋15 000)÷(200＋40×100%)＝90(元/件)

完工 B 半成品负担的 A 半成品成本＝200×90＝18 000(元)

月末在产品负担的 A 半成品成本＝40×90＝3 600(元)

单位 B 半成品直接人工成本＝(1 800＋7 000)÷(200＋40×50%)＝40(元/件)

完工 B 半成品直接人工成本＝200×40＝8 000(元)

月末在产品直接人工成本＝40×50%×40＝800(元)

单位 B 半成品制造费用＝(1 600＋5 000)÷(200＋40×50%)＝30(元/件)

完工 B 半成品制造费用＝200×30＝6 000(元)

月末在产品制造费用＝40×50%×30＝600(元)

登记第二步骤完工半成品入库，自制半成品明细账，如表 8-5 所示。

表 8-5　自制半成品明细账

名称：B 半成品　　　　　　　　　　　　　　　　　　　　　　　单位：元

月份	月初余额		本月增加		合　计			本月减少	
	数量(件)	实际成本	数量(件)	实际成本	数量(件)	实际成本	单位成本	数量(件)	实际成本
6	30	4 800	200	32 000	230	36 800	160	200	32 000

根据完工入库半成品成本,编制如下会计分录:

借:自制半成品——B半成品　　　　　　　　　　　　　　　　　32 000

　　贷:生产成本——基本生产成本——B半成品　　　　　　　　　　　32 000

根据第三步骤半成品领用单,编制如下会计分录:

借:生产成本——基本生产成本——第三步骤　　　　　　　　　　　32 000

　　贷:自制半成品——B半成品　　　　　　　　　　　　　　　　　32 000

3. 第三步骤基本生产成本计算单,如表8-6所示。

表 8-6　第三步骤基本生产成本计算单

车间名称:第三步骤　　　　　　　　　　　　　　　　　　　　　完工产量:180 件

产品名称:甲产品　　　　　　　　　　2023 年 6 月　　　　　　　金额单位:元

项　　目	B半成品	直接人工	制造费用	合　　计
月初在产品成本	7 100	1 200	500	8 800
本月生产费用	32 000	3 000	1 600	36 600
合　　计	39 100	4 200	2 100	45 400
本月完工产品数量(件)	180	180	180	—
月末在产品约当产量(件)	50	30	30	—
约当总产量(件)	230	210	210	—
单位完工产品成本	170	20	10	200
完工产品总成本	30 600	3 600	1 800	36 000
月末在产品成本	8 500	600	300	9 400

B半成品的加权平均单位成本=(4 800+32 000)÷(30+200)=160(元)

产成品车间领用B半成品200件的总成本=200×160=32 000(元)

将生产费用在产成品和月末在产品之间进行分配:

单位产成品负担的B半成品成本=(7 100+32 000)÷(180+50)=170(元/件)

完工产成品负担的B半成品成本=180×170=30 600(元)

月末在产品负担的B半成品成本=50×170=8 500(元)

单位产成品直接人工成本=(1 200+3 000)÷(180+50×60%)=20(元/件)

完工产成品直接人工成本=180×20=3 600(元)

月末在产品直接人工成本=50×60%×20=600(元)

单位产成品制造费用=(500+1 600)÷(180+50×60%)=10(元/件)

完工产成品制造费用=180×10=1 800(元)

月末在产品制造费用=50×60%×10=300(元)

根据完工入库产成品成本编制如下会计分录:

借：库存商品——甲产品   36 000
　　贷：生产成本——基本生产成本——甲产品   36 000

2. 按计划成本结转

采用这种结转方法，半成品日常收发均按计划单位成本计算。在半成品实际成本计算出来后，再计算半成品成本差异额和差异率，调整半成品成本差异。

半成品按计划成本综合结转所用账表的特点如下：

（1）自制半成品明细账不仅要反映半成品收发和结存的数量及实际成本，而且要反映半成品收发和结存的计划成本、成本差异额及成本差异率。

（2）在产品生产成本明细账中，对于所耗用半成品的成本，可以直接按照调整成本差异后的实际成本登记；也可以按照计划成本和成本差异率分别登记，以便于分析上一步骤半成品成本差异对本步骤成本的影响。如采用后一种方法，产品成本明细账中的"半成品"项目应分别设置"计划成本""成本差异""实际成本"三栏，其格式如表8-7所示。

表8-7   产品生产成本明细账

第三步骤：甲产品

摘　要	产量 （件）	半　成　品			直接材料	直接人工	制造费用
		计划成本	成本差异	实际成本			

以【例8-1】中公司资料来列式半成品按计划成本结转的方法，自制半成品明细账如表8-8所示（每件计划成本为165元）。

表8-8   自制半成品明细账

名称：B半成品

月份	月初余额			本月增加			合　计					本月减少		
	数量 （件）	计划 成本	实际 成本	数量 （件）	计划 成本	实际 成本	数量 （件）	计划 成本	实际 成本	成本 差异	差异 率	数量 （件）	计划 成本	实际 成本
	①	②	③	④	⑤	⑥	⑦＝ ①＋ ④	⑧＝ ②＋ ⑤	⑨＝ ③＋ ⑥	⑩＝ ⑨－⑧	⑪＝ ⑩÷ ⑧	⑫	⑬	⑭＝ ⑬＋ ⑬× ⑪
6	30	4 950	4 800	200	33 000	32 000	230	37 950	36 800	－1 150	－3.03%	200	33 000	32 000 （四舍 五入）
7														

按计划成本结转半成品成本具有以下优点：

第一，可以简化和加速半成品核算和产品成本计算工作。按计划成本结转半成品成本，可以简化和加速半成品书法的凭证计价和记账工作；半成品成本差异率如果不是按半成品品种而是按类别计算，则可以省去大量计算工作；如果月初半成品存量较大，本月耗用的半成品大部分甚至全部是以前月份生产的，本月所耗用半成品成本差异调整也可以根据上月半成品成本差异率计算，这样不仅简化了计算工作，而且各步骤的成本计算也可以同时进行，从而加速产品成本的计算工作。

第二，便于各步骤进行成本考核和分析。按计划成本结转半成品成本，可以在各步骤的生产成本计算单中分别反映所耗用半成品的计划成本和成本差异，因而在考核和分析各步骤产品成本时，可以剔除上一步半成品成本节约或超支的影响，正确地反映各生产步骤的成本超支或节约的情况，便于成本考核和分析工作的进行。

（二）综合结转分步法的成本还原

综合结转分步法的产成品成本，是根据最后一个步骤的生产资料计算出来的，产成品直接成本项目是半成品和最后步骤的材料费用、人工费用及制造费用等。这些成本项目不能反映产品的原始成本资料，必须进行成本还原。

成本还原，是指将产成品中的半成品项目按照一定的标准还原为直接材料、直接人工、制造费用等原始的成本项目。还原的方法是采用倒顺序法，从最后一个步骤起，把各步骤所耗上一步骤半成品的综合成本，按本月所产这种半成品的成本结构进行还原，然后将各步骤相同的成本项目数额相加，即可求得按原始成本项目反映的产成品成本，产品有 N 个生产步骤，就要进行 $N-1$ 次成本还原。

成本还原计算公式如下：

还原分配率＝本期产成品耗用上一步骤半成品成本合计÷本期生产该种半成品成本合计

还原后各成本项目金额＝本期生产该种半成品成本中各成本项目金额×还原分配率

【例 8-2】　沿用【例 8-1】中的数据资料，对甲产品进行成本还原，并编制产成品成本还原计算表。

【解析】

1. 第一次还原

还原分配率＝30 600÷32 000＝0.956 25

甲产品所耗 B 半成品费用中的直接材料＝18 000×0.956 25＝17 212.50（元）

甲产品所耗 B 半成品费用中的直接人工＝8 000×0.956 25＝7 650（元）

甲产品所耗 B 半成品费用中的制造费用＝30 600－17 212.50－7 650＝5 737.50（元）

2. 第二次还原

还原分配率＝17 212.50÷15 000＝1.147 5

甲产品所耗 A 半成品费用中的直接材料＝7 500×1.147 5＝8 606.25（元）

甲产品所耗 A 半成品费用中的直接人工＝4 500×1.147 5＝5 163.75（元）

甲产品所耗 A 半成品费用中的制造费用＝17 212.50－8 606.25－5 163.75

＝3 442.50（元）

甲产品耗用直接材料费用＝8 606.25 元

甲产品耗用直接人工费用＝3 600＋7 650＋5 163.75＝16 413.75(元)

甲产品耗用直接材料费用＝1 800＋5 737.50＋3 442.50＝10 980(元)

还原后产成品成本＝还原前产成品成本＝8 606.25＋16 413.75＋10 980＝36 000(元)

产成品成本还原计算表,如表 8－9 所示。

表 8－9　产成品成本还原计算表

产品名称:甲产品　　　　　　　　　　　　2023 年 6 月　　　　　　　　　　　　单位:元

摘　要	还原分配率	第二步骤B半成品	第一步骤A半成品	直接材料	直接人工	制造费用	合计
还原前产成品成本		30 600			3 600	1 800	36 000
第二步骤 B 半成品成本			18 000		8 000	6 000	32 000
第二步骤半成品成本还原	0.956 25		17 212.50		7 650	5 737.50	
第一步骤 A 半成品成本				7 500	4 500	3 000	15 000
第一步骤半成品成本还原	1.147 5			8 606.25	5 163.75	3 442.50	
还原后产成品成本				8 606.25	16 413.75	10 980.00	36 000

按照上述方法进行成本还原比较简单,但由于未考虑以前月份所产半成品成本的影响,在各月所产半成品的成本结构变化较大的情况下,采用这种方法进行成本还原会产生误差。如果企业有半成品的定额成本或计划成本并且较准确,可以按半成品的定额成本或计划成本的成本结构进行还原。

采用综合结转分步法计算产品成本,便于分析和考核各步骤所耗半成品成本费用水平,有利于加强内部成本控制,但还原工作量较大。因此,一般适用于管理上既要求单独计算各步骤半成品费用又不要求成本还原的情况。

四、分项结转分步法

分项结转分步法,是指将各生产步骤所耗用的上一步骤半成品成本,按照成本项目分项转入各该步骤产品成本计算单的对应各个成本项目中。如果半成品经过仓库收发,那么在自制半成品明细账中登记半成品成本时,也要按照成本项目分别登记。

分项结转分步法既可以按半成品实际单位成本结转,也可以按其计划成本结转。在按计划成本结转时,要分成本项目调整成本差异,因而计算工作量较大。实际工作中,一般按实际成本分项结转。

【例 8－3】　南京顺昌电器有限公司有三个基本生产车间,大量生产乙产品,其生产过程是:原材料在第一步骤一次性投入,并将原材料加工成 A 半成品;第二步骤将 A 半成品加工成 B 半成品;第三步骤将 B 半成品加工成乙产品。各步骤没有半成品库存。2023年 6 月的产量记录单和各车间成本资料如表 8－10 和表 8－11 所示。

表 8-10　产量记录单

产品名称：乙产品　　　　　　　　2023 年 6 月　　　　　　　　　　单位：件

项　目	第一车间	第二车间	第三车间
月初在产品	60	160	140
本月投产	1 040	980	1 020
本月完工	980	1 020	1 060
月末在产品	120	120	100
完工程度	60%	50%	40%

表 8-11　各车间成本资料

产品名称：乙产品　　　　　　　　2023 年 6 月　　　　　　　　　　单位：元

成　本　项　目		直接材料	直接人工	制造费用	合　计
第一车间	月初在产品成本	11 160	1 440	1 700	14 300
	本月发生费用	148 340	23 808	24 600	196 748
第二车间	月初在产品成本	15 080	7 400	9 760	32 240
	本月发生费用		46 600	85 280	131 880
第三车间	月初在产品成本	12 040	5 600	7 000	24 640
	本月发生费用		24 100	24 900	49 000

【解析】

（1）第一步骤基本生产成本计算单，如表 8-12 所示。

表 8-12　第一步骤基本生产成本计算单

车间名称：第一步骤　　　　　　　　　　　　　　　　　　　完工产量：980 件
产品名称：A 半成品　　　　　　　2023 年 6 月　　　　　　　金额单位：元

项　目	直接材料	直接人工	制造费用	合　计
月初在产品成本	11 160	1 440	1 700	14 300
本月生产费用	148 340	23 808	24 600	196 748
合　计	159 500	25 248	26 300	211 048
单位产品成本	145	24	25	194

续　表

项　　目	直接材料	直接人工	制造费用	合　计
完工半成品成本	142 100	23 520	24 500	190 120
月末在产品成本	17 400	1 728	1 800	20 928

有关计算过程：

直接材料单位成本＝159 500÷(980＋120)＝145(元)

直接人工单位成本＝25 248÷(980＋120×60％)＝24(元)

制造费用单位成本＝26 300÷(980＋120×60％)＝25(元)

(2) 第二步骤基本生产成本计算单,如表 8-13 所示。

表 8-13　第二步骤基本生产成本计算单

车间名称：第二步骤　　　　　　　　　　　　　　　　　　　　　　　　完工产量：1 020 件

产品名称：B 半成品　　　　　　　　　　2023 年 6 月　　　　　　　　　金额单位：元

项　　目	直接材料	直接人工	制造费用	合　计
月初在产品成本	15 080.00	7 400.00	9 760.00	32 240.00
上步骤转入费用	142 100.00	23 520.00	24 500.00	190 120.00
本月生产费用		46 600.00	85 280.00	131 880.00
合　计	157 180.00	77 520.00	119 540.00	354 240.00
单位产品成本	137.88	71.78	110.69	320.35
完工半成品成本	140 637.60	73 215.60	112 903.80	326 757.00
月末在产品成本	16 542.40	4 304.40	6 636.20	27 483.00

有关计算过程：

直接材料单位成本＝157 180÷(1 020＋120)＝137.88(元)

直接人工单位成本＝77 520÷(1 020＋120×50％)＝71.78(元)

制造费用单位成本＝119 540÷(1 020＋120×50％)＝110.69(元)

(3) 第三步骤基本生产成本计算单,如表 8-14 所示。

表 8-14　第三步骤基本生产成本计算单

车间名称：第三步骤　　　　　　　　　　　　　　　　　　　　　　　　完工产量：1 060 件

产品名称：乙产品　　　　　　　　　　　2023 年 6 月　　　　　　　　　金额单位：元

项　　目	直接材料	直接人工	制造费用	合　计
月初在产品成本	12 040.00	5 600.00	7 000.00	24 640.00
上步骤转入费用	140 637.60	73 215.60	112 903.80	326 757.00

续　表

项　　目	直接材料	直接人工	制造费用	合　计
本月生产费用		24 100.00	24 900.00	49 000.00
合　计	152 677.60	102 915.60	144 803.80	400 397.00
单位产品成本	131.62	93.56	131.64	356.82
完工半成品成本	139 517.20	99 173.60	139 538.40	378 229.20
月末在产品成本	13 160.40	3 742.00	5 265.40	22 167.80

有关计算过程：

直接材料单位成本＝152 677.60÷(1 060＋100)＝131.62(元)

直接人工单位成本＝102 915.60÷(1 060＋100×40%)＝93.56(元)

制造费用单位成本＝144 803.80÷(1 060＋100×40%)＝131.64(元)

（4）汇总产品总成本和单位成本，如表 8－15 所示。

表 8－15　产品总成本和单位成本

产品名称：乙产品　　　　　　　　　　2023 年 6 月

完工产量：1 060 件

单位：元

成本项目	总　成　本	单位成本
直接材料	139 517.20	131.62
直接人工	99 173.60	93.56
制造费用	139 538.40	131.64
合　计	378 229.20	356.82

从以上表可以看出，采用分项结转分步法，能够直接、准确地按原始成本项目反映企业的产品成本构成，不需要进行成本还原。但成本结转工作比较复杂，而且在各步骤完工产品成本中看不出所耗用上一步骤半成品成本以及本步骤发生的加工费用。所以，分项结转分步法方法一般适用于在管理不要求考核各步骤所耗上一步骤半成品成本以及本步骤加工费用的情况。

任务解答

综合结转分步法和分项结转分步法的区别主要在于企业是否对各步骤所耗上一步骤半成品成本单独核算。汽车制造公司生产流程特点是在各车间分别生产汽车配件，在中间或最后环节进行焊接和装配，每个车间相对独立，各车间的产量并不形成统一的配比关系,往往根据装配需要领用各步骤完工半成品,汽车制造公司需要对每个步骤的半成品成本核算清楚,在装配环节也需考核所耗上一步骤半成品成本,所以适用综合结转分步法;面粉生产属于连续生产工艺,且原材料在综合成本中占比较大,每个步骤形成的半成品都是下一步骤的原料,并且会全部投入下一步骤,很少出现半成品产多用少的情况,所以对各步骤所耗上一步骤半成品成本核算需求不高,面粉厂可使用分项结转分步法。

任务三 运用平行结转分步法计算产品成本

任务提出

思考:综合结转分步法和平行结转分步法下,在产品约当产量计算方式有什么区别?

理论学习

知识详解:
平行结转分
步法的概念
与特点

一、平行结转分步法概述

平行结转分步法,是指各生产步骤不计算也不结转本步骤完工半成品成本,只归集本步骤自身发生的费用和计算这些费用中应由最终完工产成品成本负担的"份额",最后将这些"份额"进行平行结转、汇总,以计算产品成本的方法。

平行结转分步法具备以下特点:半成品的成本不随着半成品的实物转移而结转;各步骤基本生产成本明细账只归集自身发生的费用,只在企业的产成品入库时,才将各步骤费用中应计入产成品成本的"份额",从各步骤基本生产成本明细账中转出,平行结转汇总计算完工产成品的成本;平行结转分步法下的在产品是广义的在产品,既包括本步骤加工中的在产品,又包括本步骤已经完工转入以后各步骤继续加工和入半成品库但尚未最后产成的半成品。

平行结转分步法主要适用于成本管理上不要求计算半成品成本的企业,特别是半成品不对外销售的大量大批装配式多步骤生产企业。这些企业中,从原材料投入生产到产成品制成,先由各生产步骤对各种原材料平行地加工成各种零部件(半成品),然后再由装配车间(最后步骤)装配成各种完工产品。如果这些企业各生产步骤半成品的种类比较多,半成品对外销售的情况很少,采用平行结转分步法,可以简化和加速成本计算工作。在某些连续式多步骤生产企业,如果各生产步骤所产半成品仅供本企业下一步骤继续加工,不准备对外出售,也可以采用平行结转分步法。

知识详解:
平行结转分
步法的应用

二、平行结转分步的计算程序

(1)按产品生产步骤和产品品种开设生产成本明细账,各步骤成本明细账按成本项目归集本步骤发生的生产费用(不包括耗用上一步骤半成品成本)。

（2）月末，将各步骤归集的生产费用在产成品和广义在产品之间进行分配，计算各步骤应计入产成品成本的"份额"。

平行结转法的关键在于合理计算各生产步骤应计入产成品的"份额"。一般采用以下计算公式：

$$\begin{matrix}某步骤计入\\产成品的"份额"\end{matrix}=\begin{matrix}产成品\\数量\end{matrix}\times\begin{matrix}单位产成品耗用\\该步骤半成品数量\end{matrix}\times\begin{matrix}该步骤半成品\\单位成本\end{matrix}$$

分配各步骤生产费用可以采用约当产量比例法、定额比例法或定额成本法来求出各步骤应计入产成品的"份额"。

（3）将各步骤生产费用总额减去本步骤应计入产成品成本的"份额"，即为本步骤月末在产品成本。

（4）将各步骤应计入产成品成本的"份额"平行汇总相加，就得到产成品总成本，除以完工产品数量，即为单位成本。

三、平行结转分步法计算方法

（一）约当产量比例法下"份额"的计算

相关计算公式如下：

$$\begin{matrix}各成本项目\\单位成本(分配率)\end{matrix}=\left(\begin{matrix}该项目月初\\生产费用\end{matrix}+\begin{matrix}该项目本月\\生产费用\end{matrix}\right)\Big/\begin{matrix}该步骤\\约当产量\end{matrix}$$

$$\begin{matrix}某步骤\\约当产量\end{matrix}=\begin{matrix}产成品所耗用\\该步骤半成品数量\end{matrix}+\begin{matrix}该步骤月末广义\\在产品约当产量\end{matrix}$$

$$\begin{matrix}该步骤月末广义\\在产品约当产量\end{matrix}=\begin{matrix}该步骤月末狭义\\在产品约当产量\end{matrix}+\begin{matrix}该步骤已完工留存在半成品库和\\以后步骤继续加工的半成品数量\end{matrix}$$

【例 8-4】　南京顺昌电器有限公司生产的丁产品经过三个车间连续加工制成，第一车间生产 D 半成品直接转入二车间加工制成 H 半成品，H 半成品直接转入三车间加工成丁产品。其中，1 件丁产品耗用 1 件 H 半成品，1 件 H 半成品耗用 1 件 D 半成品。原材料于第一车间生产开始时一次投入，各车间月末在产品完工程度均为 50%。各车间生产费用在完工产品和在产品之间的分配采用约当产量法。

（1）各步骤产量资料，如表 8-16 所示。

表 8-16　各步骤产量资料

产品：丁产品　　　　　　　　　　2023 年 6 月　　　　　　　　　　单位：件

项　　　目	第一步骤	第二步骤	第三步骤
月初在产品	20	50	40
本月投入或上步转入	180	160	180

续　表

项　　目	第一步骤	第二步骤	第三步骤
本月完工转入下步或入库	160	180	200
月末在产品	40	30	20

（2）各步骤成本资料，如表8-17所示。

表8-17　各步骤成本资料

产品：丁产品　　　　　　　　　　　　　2023年6月　　　　　　　　　　　　　单位：元

摘　　要		直接材料	直接人工	制造费用	合　计
第一步骤	月初在产品成本	1 000	60	100	1 160
	本月生产费用	18 400	2 200	2 400	23 000
第二步骤	月初在产品成本		200	120	320
	本月生产费用		3 200	4 800	8 000
第三步骤	月初在产品成本		180	160	340
	本月生产费用		3 450	2 550	6 000

要求：根据上述资料，按平行结转分步法计算丁产品成本。

【解析】

（1）平行结转分步法下各步骤约当产量计算方法，如表8-18所示。

表8-18　约当产量计算表

单位：件

摘　　要	直接材料	直接人工	制造费用
第一步骤 约当产量	290 （200＋40＋30＋20）	270 （200＋40×50％＋30＋20）	270 （200＋40×50％＋30＋20）
第二步骤 约当产量		235 （200＋30×50％＋20）	235 （200＋30×50％＋20）
第三步骤 约当产量		210 （200＋20×50％）	210 （200＋20×50％）

（2）计算各步骤产品成本计算单，如表8-19、表8-20、表8-21所示。

表 8‑19　第一步骤产品成本计算单

车间：第一步骤　　　　　　　　　　　2023 年 6 月　　　　　　　　产品名称：丁产品（D 半成品）

金额单位：元

摘　　　要	直接材料	直接人工	制造费用	合　　计
月初在产品成本	1 000	60	100	1 160
本月发生费用	18 400	2 200	2 400	23 000
合　　计	19 400	2 260	2 500	24 160
第一步骤的约当产量	290	270	270	
分配率	66.90	8.37	9.26	84.53
应计入产成品的成本份额	13 380	1 674	1 852	16 906
月末在产品成本	6 020	586	648	7 254

表 8‑20　第二步骤产品成本计算单

车间：第二步骤　　　　　　　　　　　2023 年 6 月　　　　　　　　产品名称：丁产品（H 半成品）

金额单位：元

摘　　　要	直接材料	直接人工	制造费用	合　　计
月初在产品成本		200	120	320
本月发生费用		3 200	4 800	8 000
合　　计		3 400	4 920	8 320
第一步骤的约当产量		235	235	
分配率		14.47	20.94	35.41
应计入产成品的成本份额		2 894	4 188	7 082
月末在产品成本		506	732	1 238

表 8‑21　第三步骤产品成本计算单

车间：第三步骤　　　　　　　　　　　2023 年 6 月　　　　　　　　产品名称：丁产品

金额单位：元

摘　　　要	直接材料	直接人工	制造费用	合　　计
月初在产品成本		180	160	340
本月发生费用		3 450	2 550	6 000
合　　计		3 630	2 710	6 340

续 表

摘　　要	直接材料	直接人工	制造费用	合　计
第一步骤的约当产量(件)		210	210	
分配率		17.29	12.9	30.19
应计入产成品的成本份额		3 458	2 580	6 038
月末在产品成本		172	130	302

（3）将各步骤应计入产成品的成本"份额"平行汇总相加，产品成本汇总表如表 8-22 所示。

表 8-22　产品成本汇总表

产品名称：丁产品　　　　　　　　　　　2023 年 6 月　　　　　　　　　　金额单位：元

项　　目	数量(件)	直接材料	直接人工	制造费用	总成本	单位成本
第一车间		13 380	1 674	1 852	16 906	84.53
第二车间			2 894	4 188	7 082	35.41
第三车间			3 458	2 580	6 038	30.19
合　　计	200	13 380	8 026	8 620	30 026	150.13

（4）编制产成品完工入库的会计分录。

借：库存商品——丁产品　　　　　　　　　　　　　　　30 026

　　贷：生产成本——基本生产成本——一车间　　　　　　16 906

　　　　　　　　　　　　　　　——二车间　　　　　　　 7 082

　　　　　　　　　　　　　　　——三车间　　　　　　　 6 038

（二）定额比例法下"份额"的计算

采用定额比例法计算应计入产成品成本的"份额"，就是将各步骤生产耗费按照完工产成品与月末广义在产品定额成本或定额耗用量的比例进行分配，以确定各步骤费用中应计入产成品成本的份额。其中，直接材料按原材料的定额成本比例分配，直接人工和制造费用等加工费用一般根据定额工时比例分配。相关的计算公式如下：

$$\text{直接材料费用分配率} = \left(\text{月初直接材料费用} + \text{本月直接材料费用}\right) \div \left(\text{完工产品定额材料成本} + \text{广义在产品定额材料成本}\right)$$

$$\text{应计入完工产品成本的材料费用"份额"} = \text{完工产品定额材料成本} \times \text{直接材料费用分配率}$$

$$\begin{matrix}广义在产品\\应负担的材料费用\end{matrix}=\begin{matrix}广义在产品定额\\材料成本\end{matrix}\times\begin{matrix}直接材料费用\\分配率\end{matrix}$$

$$\begin{matrix}加工费用\\分配率\end{matrix}=\left(\begin{matrix}月初\\加工费用\end{matrix}+\begin{matrix}本月\\加工费用\end{matrix}\right)\div\left(\begin{matrix}完工产品\\定额工时\end{matrix}+\begin{matrix}广义在产品\\定额工时\end{matrix}\right)$$

$$\begin{matrix}应计入完工产品\\成本的加工费用"份额"\end{matrix}=\begin{matrix}完工产品\\定额工时\end{matrix}\times\begin{matrix}加工费用\\分配率\end{matrix}$$

$$\begin{matrix}广义在产品\\应负担的加工费用\end{matrix}=\begin{matrix}广义在产品\\定额工时\end{matrix}\times\begin{matrix}加工费用\\分配率\end{matrix}$$

【例8-5】 南京顺昌有限公司丙产品有两个生产步骤,各步骤月初及本月生产费用资料,如表8-24、表8-25所示。成本计算采用平行结转分步法,按定额比例进行完工产品与月末产品的费用分配,其中材料费用按定额费用比例分配,其他费用采用按定额工时比例分配。2023年6月份的丙产品定额标准如表8-23所示。

表8-23 丙产品定额资料表

部 门	广义完工产品		广义月末在产品	
	材料定额(元/件)	工时定额(工时/件)	材料定额(元/件)	工时定额(工时/件)
第一车间	600	50	400	10
第二车间	800	60	500	20
合 计	1 400	110	900	30

本月完工产品产量为50件,月末在产品数量为10件。

【解析】

(1)编制第一步骤生产成本计算单,如表8-24所示。

表8-24 第一步骤产品成本计算单

车间:第一步骤　　　　　　　　　　2023年6月　　　　　　　　　　产品名称:丙产品

金额单位:元

项 目	月初在产品	本月发生费用	生产费用合计	分配率	产成品份额		月末在产品	
					定额	实际	定额	实际
直接材料	15 600	35 400	51 000	1.5	30 000	45 000	4 000	6 000
直接人工	2 565	5 755	8 320	3.2	2 500	8 000	100	320
制造费用	3 240	4 300	7 540	2.9	2 500	7 250	100	290
合 计	21 405	45 455	66 860			60 250		6 610

完工产品定额材料成本＝50×600＝30 000(元)

广义在产品定额材料成本＝10×400＝4 000(元)

直接材料费用分配率＝(15 600＋35 400)÷(30 000＋4 000)＝1.5

应计入完工产品成本的材料费用"份额"＝30 000×1.5＝45 000(元)

广义在产品应负担的材料费用＝4 000×1.5＝6 000(元)

完工产品定额工时＝50×50＝2 500(小时)

广义在产品定额工时＝10×10＝100(小时)

直接人工费用分配率＝(2 565＋5 755)÷(2 500＋100)＝3.2

应计入完工产品成本的直接人工费用"份额"＝2 500×3.2＝8 000(元)

广义在产品应负担的直接人工费用＝100×3.2＝320(元)

制造费用分配率＝(3 240＋4 300)÷(2 500＋100)＝2.9

应计入完工产品成本的制造费用"份额"＝2 500×2.9＝7 250(元)

广义在产品应负担的制造费用＝100×2.9＝290(元)

(2) 编制第二步骤生产成本计算单,如表 8－25 所示。

表 8－25   第二步骤产品成本计算单

车间：第二步骤   2023 年 6 月   产品名称：丙产品

金额单位：元

项　目	月初在产品	本月发生费用	生产费用合计	分配率	产成品份额		月末在产品	
					定额	实际	定额	实际
直接材料	16 440	21 810	38 250	0.85	40 000	34 000	5 000	4 250
直接人工	1 390	3 730	5 120	1.6	3 000	4 800	200	320
制造费用	3 240	4 120	7 360	2.3	3 000	6 900	200	460
合　计	21 070	29 660	50 730			45 700		5 030

计算过程同第一步骤(略)。

(3) 将各步骤应计入产成品的成本"份额"平行汇总相加,产品成本汇总表如表 8－26 所示。

表 8－26   产品成本汇总表

产品名称：丙产品   2023 年 6 月   单位：元

项　目	直接材料	直接人工	制造费用	合　计
一车间	45 000	8 000	7 250	60 250
二车间	34 000	4 800	6 900	45 700
成本合计	79 000	12 800	14 150	105 950
单位成本	1 580	256	283	2 119

(4) 编制产成品完工入库的会计分录。

借：库存商品—丙产品 　　　　　　　　　　　　　　　　　　　105 950
　　贷：生产成本——基本生产成本———车间 　　　　　　　　　60 250
　　　　　　　　　　　　　　　　　　　——二车间 　　　　　　　45 700

四、平行结转分步法的优缺点

平行结转分步法具有以下优点：

（1）各步骤可以同时计算产品成本，然后将应计入完工产品成本的"份额"平行汇总相加计入产成品成本，不必逐步结转半成品成本，从而可以简化和加速成本计算工作。

（2）能够直接提供按原始成本项目反映的产成品成本资料，不必进行成本还原，省去大量繁琐的工作。

但是，由于采用这一方法时各步骤不计算、不结转半成品成本，因而存在以下缺点：

（1）不能提供半成品成本资料及各步骤耗用上一步骤半成品费用资料，因而不能全面反映各步骤生产耗费的水平，不利于各步骤的成本管理。

（2）各生产步骤不计算、不结转半成品成本，不能为在产品的实物管理和资金管理提供资料。

 **任务解答**

（1）综合结转分步法下，在产品为狭义在产品，约当产量计算比较简单，只需考虑本步骤在产品情况，即本步骤在产品数量×本步骤完工程度即可；

（2）平行结转分步法下，因为是直接将本车间发生费用分配在最终产成品和在产品上，所以在产品为广义在产品，计算在产品约当产量需考虑所有步骤。

第一步骤在产品约当产量算法为本步骤在产品数量×本步骤完工程度＋后续步骤在产品数量，因为考虑到后续步骤在产品必然是在第一步骤完成的情况下才能用于后续步骤，后续步骤在产品在第一步骤的完成度必然是 100%，所以可将后续步骤在产品数量直接相加。

以此类推，中间步骤在产品约当产量算法可参照第一步骤。

最终步骤在产品约当产量算法为最终步骤在产品数量×完工程度，不考虑前步骤，上个步骤在产品没有占用本步骤生产费用，所以不参加本步骤费用分配和约当产量计算。

任务四　# Excel 在分步法中的应用

 任务提出

思考：Excel 里可用来查找引用数据的常用函数有哪些？

▣ **理论学习**

一、综合结转分步法成本计算单的设计

由于分步法分类较多,较为复杂,本小节仅以综合结转分步法为代表介绍 Excel 在分步法中的应用。

(1)制作表头。在 Excel 空白表格中,选中 A1:J1 单元格区域,单击 Excel 上方【开始】工具栏中的【合并后居中】按钮,合并单元格后,输入表头"综合结转分步法成本计算单",可设置字体字号以使表头更加醒目。

(2)制作表体。选中 A2 单元格区域,同样进行单元格合并居中,并输入"车间:第一车间"或"步骤:第一步骤";另起一行,在 A3 单元格内输入"产品品种:××产品",也可在后面添加其他产品信息,如产品信息较多,也可分两行输入;选中 B3:C3 单元格区域,进行单元格的合并居中,输入"×年×月";在 E3 单元格内输入"金额单位:元"。

(3)选中 A4 单元格区域,输入"项目";分别选中 B4、C4、D4、E3 单元格区域,依次输入"直接材料""直接人工""制造费用""合计",第二步骤及以后步骤还需在"直接材料"前增设"上一步骤结转半成品"项目;在 A5:A13 单元格区域的单元格中,依次输入"月初在产品成本""本月发生生产费用""本月生产费用合计""月末完工产品数量""月末在产品数量""约当产量"或其他分配方法的"分配率""完工产品成本""单位完工产品成本""月末在产品成本"。

(4)选中 A2:E13 单元格区域,单击 Excel 上方【开始】工具栏中的【格式】,在【格式】按钮下拉列表中选择【自动调整列宽】命令,将表格内容调制合适的列宽。

(5)选中 A2:E13 单元格区域,设置边框【所有框线】;可将 A4:E4 单元格区域填充颜色使该区域更加明显直观,设置完成的成本计算单如图 8-1、图 8-2 所示。

	A	B	C	D	E
1	综合结转分步法成本计算单				
2	车间:第一车间				
3	产品品种:A半成品	年　　月			金额单位:元
4	项目	直接材料	直接人工	制造费用	合计
5	月初在产品成本				
6	本月发生生产费用				
7	本月生产费用合计				
8	月末完工产品数量				
9	月末在产品数量				
10	约当产量				
11	完工产品成本				
12	单位完工产品成本				
13	月末在产品成本				

图 8-1　综合结转分步法第一步骤成本计算单

图 8-2 综合结转分步法第二步骤成本计算单

二、运用 Excel 进行综合结转分步法的计算

为方便说明,使用【例 8-1】中数据输入并进行计算演示介绍。具体操作步骤如下:

(1)先将第一步骤的"月初在产品成本""本月发生生产费用""月末完工产品数量""月末在产品数量"这些基础数据信息输入空白表格,然后进行"本月生产费用合计"的计算,在 B7 单元格输入"=B5+B6",并将公式复制到 C7 和 D7 单元格。再进行约当产量的计算,在 B10 单元格中输入"=B8+B9",在 C10 单元格中输入"=C8+C9×30%",并将公式复制到 D10 单元格。

(2)再在 B12 单元格中输入"=B7÷B10",并将公式复制到 C12 和 D12 单元格,从而计算出单位完工产品成本。接着在 B11 单元格中输入"=B12×B8",并将公式复制到 C11 和 D11 单元格,计算出完工产品成本。然后再计算月末在产品成本,在 B13 单元格输入"=B7-B11",并将公式复制到 C13 和 D13 单元格。

(3)横向合计公式输入方式有两种,第一种是在 E5 单元格输入"=B5+C5+D5",第二种是选取 B5:D5 区域后,点击【开始】工具栏中的【求和】,E5 单元格会自动使用 SUM 函数进行合计计算,E5 单元格公式输入完成后,将公式复制到 E6、E7、E11、E12、E13 单元格。

完整的公式输入及计算结果如图 8-3 所示。

图 8-3 第一步骤成本计算单公式输入和计算结果

（4）第二、第三步骤的公式输入可参照第一步骤，但由于完工程度不同，成本项目的增加，约当产量和横向合计的计算公式是有区别的，具体公式输入及计算结果如图 8-4、图 8-5 所示。

综合结转分步法成本计算单
车间：第二车间
产品品种：B半成品　　　　2023年6月　　　　金额单位：元

项目	上一步骤结转半成品	直接材料	直接人工	制造费用	合计
月初在产品成本	6,600.00		1,800.00	1,600.00	=B5+D5+E5
本月发生生产费用	15,000.00		7,000.00	5,000.00	=B6+D6+E6
本月生产费用合计	=B5+B6		=D5+D6	=E5+E6	=B7+D7+E7
月末完工产品数量	200		200	200	
月末在产品数量	40		40	40	
约当产量	=B8+B9		=D8+D9*50%	=E8+E9*50%	
完工产品成本	=B12*B8		=D12*D8	=E12*E8	=SUM(B11:E11)
单位完工产品成本	=B7/B10		=D7/D10	=E7/E10	=SUM(B12:E12)
月末在产品成本	=B7-B11		=D7-D11	=E7-E11	=SUM(B13:E13)

车间：第二车间
产品品种：B半成品　　　　2023年6月　　　　金额单位：元

项目	上一步骤结转半成品	直接材料	直接人工	制造费用	合计
月初在产品成本	6,600.00		1,800.00	1,600.00	10,000.00
本月发生生产费用	15,000.00		7,000.00	5,000.00	27,000.00
本月生产费用合计	21,600.00		8,800.00	6,600.00	37,000.00
月末完工产品数量	200		200	200	
月末在产品数量	40		40	40	
约当产量	240		220	220	
完工产品成本	18,000.00		8,000.00	6,000.00	32,000.00
单位完工产品成本	90.00		40.00	30.00	160.00
月末在产品成本	3,600.00		800.00	600.00	5,000.00

图 8-4　第二步骤成本计算单公式输入和计算结果

综合结转分步法成本计算单
车间：第三车间
产品品种：甲产品　　　　2023年6月　　　　金额单位：元

项目	上一步骤结转半成品	直接材料	直接人工	制造费用	合计
月初在产品成本	7,100.00		1,200.00	500.00	=B5+D5+E5
本月发生生产费用	32,000.00		3,000.00	1,600.00	=B6+D6+E6
本月生产费用合计	=B5+B6		=D5+D6	=E5+E6	=B7+D7+E7
月末完工产品数量	180		180	180	
月末在产品数量	50		50	50	
约当产量	=B8+B9		=D8+D9*60%	=E8+E9*60%	
完工产品成本	=B12*B8		=D12*D8	=E12*E8	=SUM(B11:E11)
单位完工产品成本	=B7/B10		=D7/D10	=E7/E10	=SUM(B12:E12)
月末在产品成本	=B7-B11		=D7-D11	=E7-E11	=SUM(B13:E13)

综合结转分步法成本计算单
车间：第三车间
产品品种：甲产品　　　　2023年6月　　　　金额单位：元

项目	上一步骤结转半成品	直接材料	直接人工	制造费用	合计
月初在产品成本	7,100.00		1,200.00	500.00	8,800.00
本月发生生产费用	32,000.00		3,000.00	1,600.00	36,600.00
本月生产费用合计	39100.00		4200.00	2100.00	45,400.00
月末完工产品数量	180		180	180	
月末在产品数量	50		50	50	
约当产量	230		210	210	
完工产品成本	30,600.00		3,600.00	1,800.00	36,000.00
单位完工产品成本	170.00		20.00	10.00	200.00
月末在产品成本	8,500.00		600.00	300.00	9,400.00

图 8-5　第三步骤成本计算单公式输入和计算结果

（5）另外在基础数据的输入上，除了可以直接复制粘贴料工费明细账中的数据，也可使用 VLOOKUP 函数在相关成本表格中进行数据引用，VLOOKUP 表示在表格数组的首列查找指定的值，并由此返回表格数组当前行中其他列的值，V 表示垂直方向。将需要引用的查找值、表格名、列序号、匹配条件等输入函数括号内，即可自动录入所需数据。

任务解答

（1）ROW 或 COLUMN，可引用单元格数据；

（2）MATCH 或 INDEX，可引用特定条件位置的数据；

（3）VLOOKUP 或 HLOOKUP，可引用设定条件区域的数据，前者纵向查找，后者横向查找。

 知识拓展

人 工 智 能

人工智能，是一个以计算机科学为基础，由计算机、心理学、哲学等多学科交叉融合的交叉学科、新兴学科,研究、开发用于模拟、延伸和扩展人的智能的理论、方法、技术及应用系统的一门新的技术科学,企图了解智能的实质,并生产出一种新的能以人类智能相似的方式做出反应的智能机器,该领域的研究包括机器人、语言识别、图像识别、自然语言处理和专家系统等。

现实生活中有很多人工智能的实践案例,如 2021 年 4 月 26 日,中国火星探测工程联合百度发布的全球首辆火星车数字人"祝融号"亮相。祝融号可通过百度智能云设计的轻量深度神经网络模型以及国内首创的基于高精度 4D 扫描的口型预测技术等先进技术创造而来的 AI 数字人,准确率接近 99%,祝融号未来将应用于知识科普、虚拟主持等多个场景。

再如,高准确度人脸识别系统"证照家"平台,让考生只需有一部手机就可足不出户享受简捷、高效、经济的证照采集、检测服务,还可以"证照 AI 合规性检测"大幅减轻了考试审核工作量,提升了工作效率。

AI 技术应用如此广泛高能,将来在成本核算工作上,也必然会加大人工智能的使用率,原本大量的成本单据编制和审核工作可交由财务机器人完成,原本复杂的成本计算方法也可以通过 AI 计算复核,并可以快速生成成本报告。未来的成本会计工作会与人工智能结合得更加紧密。

素养园地

红 船 精 神

2005 年 6 月 21 日,时任浙江省委书记的习近平同志在《光明日报》上发表《弘扬"红船精神"走在时代前列》的重要文章,首次概括了红船精神的深刻内涵和历史地位,指出:"开天辟地、敢为人先的首创精神,坚定理想、百折不挠的奋斗精神,立党为公、忠诚为民的奉献精神,是中国革命精神之源,也是红船精神的深刻内涵。"红船诞生了中国共产党,是中国革命源头的象征。红船所代表和昭示的是时代高度,是发展方向,是奋进明灯,是铸就在中华儿女心中的永不褪色的精神丰碑。

2023 年是全面贯彻党的二十大精神的开局之年。党的二十大提出:大会的主题是高举中国特色社会主义伟大旗帜,全面贯彻习近平新时代中国特色社会主义思想,弘扬伟大建党精神,自信自强、守正创新,踔厉奋发、勇毅前行,为全面建设社会主义现代化国家、全面推进中华民族伟大复兴而团结奋斗。"红船精神"集中体现了中国共产党的建党精神,是我们党战胜风险、夺取胜利的精神丰碑和磅礴力量。

分步法是成本计算方法中最复杂、计算量最大的方法,它适用的对象也多为规模庞大、产品工艺最为复杂的工业企业,无论是初步的成本单据收集和审核,还是整体的成本管理,都会遇到各种各样的问题和困难,但作为成本会计人员,应发扬红船精神,坚定原则,克服困难,力求做到准确可靠,向信息使用者提交有决策参考意义的成本数据。

练习巩固

一、单项选择题

1. 产品成本计算的分步法适用于( )。
   A. 大量大批的多步骤生产　　　　　　B. 小批生产
   C. 单件生产　　　　　　　　　　　　D. 大量大批的单步骤生产

2. 管理上不要求分步骤计算成本的多步骤生产,适合采用的成本计算方法是( )。
   A. 简化的分批法　　　　　　　　　　B. 分批法
   C. 品种法　　　　　　　　　　　　　D. 分类法

3. 成本还原的对象是( )。
   A. 本步骤生产费用　　　　　　　　　B. 上步骤转来的生产费用
   C. 产成品成本　　　　　　　　　　　D. 各步骤所耗上一步骤半成品的综合成本

4. 在产品成本计算的分步法下,假设本月产成品所耗半成品费为 a 元,而本月所产半成品成本为 b 元,则还原分配率为( )。
   A. $a/(a-b)$　　　B. $(a-b)/a$　　　C. a/b　　　　　D. b/a

5. 在逐步结转分步法下,其完工产品与在产品之间的费用分配,是指在( )之间的费用分配。
   A. 产成品与广义的在产品
   B. 完工半成品与月末加工中的在产品
   C. 产成品与月末在产品
   D. 前面各步骤完工半成品与加工中的在产品,最后步骤的产成品与加工中的在产品

6. 在平行结转分步法下,其完工产品与在产品之间的费用分配,是指在( )之间的费用分配。
   A. 完工半成品与广义在产品　　　　　B. 广义在产品与狭义在产品
   C. 产成品与月末广义在产品　　　　　D. 产成品与月末狭义在产品

7. 在平行结转分步法下,产成品的含义是指( )。
   A. 本步骤在产品　　B. 狭义在产品　　　C. 广义在产品　　　　D. 最终产成品

二、多项选择题

1. 广义在产品包括( )。
   A. 尚在各步骤加工的在产品　　　　　B. 转入各半成品库准备继续加工的半成品
   C. 对外销售的自制半成品　　　　　　D. 已入库的外购半成品

2. 产品成本计算的分步法,可以分为( )。
   A. 品种法　　　　B. 逐步结转法　　　　C. 分类法　　　　D. 平行结转法

3. 在大量大批生产的情况下,根据管理要求的不同可以采用的产品成本计算的基本方法有( )。
   A. 品种法　　　　B. 分批零件法　　　　C. 约当产量法　　　D. 分步法

4. 采用逐步结转分步法,按照结转的半成品成本在下一步骤产品成本明细账中的反映方法,可分为( )。

A. 平行结转法　　　　　　　　B. 按实际成本结转法

C. 分项结转法　　　　　　　　D. 综合结转法

5. 平行结转分步法的适用情况有( )。

A. 半成品对外销售

B. 半成品不对外销售

C. 管理上不要求提供各步骤半成品资料

D. 半成品种类较多,逐步结转半成品成本工作量较大

6. 半成品成本随实物转移而转移的分步法包括( )。

A. 综合结转分步法　　　　　　B. 分项结转分步法

C. 平行结转分步法　　　　　　D. 定额法

三、判断题

1. 平行结转分步法的完工产品为每步骤完工的半成品,在产品为各步骤尚未加工完成的在产品和各步骤已完工但尚未最终完成的产品。 ( )

2. 分步法下,无论是逐步结转还是平行结转,最终都需要通过"自制半成品"会计科目进行成本核算。 ( )

3. 采用逐步结转分步法计算成本时,各步骤的费用由两部分组成,一部分是本步骤发生的费用,另一部分是上一步骤转入的半成品成本。 ( )

4. 在逐步结转分步法下,各步骤的在产品均为广义在产品。 ( )

5. 分项结转分步法需要进行成本还原。 ( )

四、实训题

金龙机械厂有两个基本车间,生产甲产品,生产开始时一次投入全部原材料,按加工顺序进行加工,第二车间生产出产成品。在产品按定额成本法计价,车间之间半成品直接转移,不通过半成品库。该厂 2023 年 6 月份甲产品的产量、工时和成本资料分别如表 8-27、表 8-28、表 8-29、表 8-30 所示。

表 8-27　产品产量资料表　　　　　　　　单位:件

项　　目	一车间	二车间
月初在产品	40	20
本月投入或上车间转入	600	625
本月产成品	625	620
月末在产品	15	25

表 8-28 月初各车间在产品定额总成本资料 单位：元

成 本 项 目	一车间	二车间
直接材料（半成品）	1 800	1 000
直接人工	342	228
制造费用	118	172
合 计	2 260	1 400

表 8-29 月末单位在产品定额成本资料 单位：元

成 本 项 目	一车间	二车间
直接材料（半成品）	45	50
直接人工	8.55	11.40
制造费用	2.95	8.60
合 计	56.50	70

表 8-30 各车间甲产品本月发生的生产费用资料 单位：元

成 本 项 目	一车间	二车间
直接材料	25 000	
直接人工	9 348	4 332
制造费用	5 142	3 240
合 计	39 490	7 572

要求：

（1）采用综合结转分步法计算甲产品成本，填制各步骤成本计算单（表 8-31、表 8-32）。

（2）编制成本还原计算表（表 8-33）。

（3）编制完工产品入库的会计分录。

注：分配率如遇不能整除，保留四位小数，金额保留两位小数。

表 8-31 产品成本计算单

生产车间：一车间　　　　　　　　　　　　　　　　　　　产量：625 件
产品名称：甲半成品　　　　　　　　　2023 年 6 月　　　　金额单位：元

项 目	直接材料	直接人工	制造费用	合 计
月初在产品成本				
本月生产费用				

续　表

项　　目	直接材料	直接人工	制造费用	合　计
生产费用合计				
完工产品数量				
月末在产品数量				
单位定额成本				
完工半成品成本				
月末在产品成本				

表 8 - 32　产品成本计算单

生产车间：二车间　　　　　　　　　　　　　　　　　　　　　　　　产量：620 件
产品名称：甲产品　　　　　　　　　2023 年 6 月　　　　　　　　金额单位：元

项　　目	直接材料(半成品)	直接人工	制造费用	合　计
月初在产品成本				
本月生产费用				
生产费用合计				
完工产品数量				
月末在产品数量				
单位定额成本				
完工产品成本				
月末在产品成本				

表 8 - 33　成本还原计算表　　　　　　　　　　　　　　　　　　　单位：元

成 本 项 目	还原前总成本	上一步骤半成品成本	还原分配率	还原额	还原后成本
直接材料(半成品)					
直接人工					
制造费用					
合　计					

 **任务总结**

一、复习思考

1. 什么是产品成本计算的分步法?
2. 分步法的特点和适用范围是什么?
3. 逐步结转分步法的特点和优缺点是什么?
4. 平行结转分步法的特点和优缺点是什么?
5. 为什么在综合结转分步法下要进行成本还原?
6. 逐步结转分步法和平行结转分步法有何不同?

二、总结评价

根据要求完成本项目所有任务后,请填写运用分步法计算产品成本项目训练总结评价表(表 8 - 34)。

表 8 - 34   运用分步法计算产品成本项目训练总结评价表

考评内容标准	评 价			
	熟练	较好	一般	不会
分步法概念的理解情况				
分步法原理的掌握情况				
分步法计算的运用情况				
分步法 EXCEL 的操作情况				
总结与反思				

项目九

编制和分析成本报表

 学习目标 ～～～～～～～～～～～～～～～～～～～～～～～～

知识目标：

1. 了解成本报表的概念；

2. 掌握主要成本报表的编制；

3. 熟悉成本报表的分析；

4. 了解从审计视角下成本项目的会计处理和管理。

技能目标：

1. 能根据成本核算结果，熟练编制成本报表；

2. 能根据成本报表数据进行成本分析；

3. 能够具备会计分析能力和职业判断能力，为成本决策提供建议。

素养目标：

1. 理解方法论的理论体系；

2. 培养在成本会计学科当中运用方法论解决问题的意识。

税务局向广东某装饰工程有限公司发出《行政处罚决定书》《税务事项通知书》，指出其存在虚开增值税发票、成本核算不实、少缴企业所得税等违法行为。

其中，对成本核算不实违法行为是这样描述的：你公司 2018 年度的成本核算不真实，账面列支的"主营业务成本"32 884 729.06 元，主要是"材料"32 593 495.97 元，没有人工费，"材料"占"主营业务收入"91.76%、占"主营业务成本"99.11%，不符合建筑装饰工程的生产经营成本构成，并且所列支的"材料"中绝大部分是在没有真实货物交易的情况下，让 DT 建筑材料有限公司、XT 建筑材料有限公司虚开发票作为支出凭证。责成你公司提供 2018 年承接工程项目采购材料的合法有效的发票、付款凭据、材料验收入库凭据、材料领用出库凭据，工人的人数、姓名、身份资料、入职时间、考勤记录、工价核定、工资薪金发放凭据，但是你公司未能提供。对于该项违法事实，你公司未提出异议。……我局决定对你公司 2018 年度企业所得税采用核定方式征收，按照营业收入 35 518 639.01 元作为企业所得税计税收入，所属建筑行业的应税所得率 8%，企业所得税税率 25%，核定应纳税所得额和应纳税额，具体核定如下：你公司 2018 年度申报营业收入 35 518 639.01 元，核定应纳税所得额为 2 841 491.12 元（35 518 639.01×8%），应纳所得税额 710 372.78 元（2 841 491.12×25%），已纳税额 94 034.50 元，你公司 2018 年度少缴企业所得税 616 338.28 元（710 372.78 － 94 034.50）。

思考：

（1）税务机关是如何发现成本不实情况的？

（2）成本数据的变化会影响到哪些方面？

任务一　认知成本报表

任务提出

思考：在"基础会计"课程中，都学习过财务报表的概念与编制方法，那么成本报表与财务报表的联系与区别分别是什么？

理论学习

一、成本报表概述

（一）成本报表的定义

成本报表，是指为加强对成本的管理，根据日常成本核算资料定期编制的，用以反映企业一定时期产品成本水平及其构成、考核产品成本计划和生产费用预算执行情况的书面报告。成本报表编制与分析是成本核算管理工作的一项重要内容。

（二）成本报表的意义和作用

产品成本是综合反映企业生产技术和经营管理工作水平的一项重要指标，任何企业都会在保证产品质量的同时，力求降低成本，通过加强成本管理来提高企业的经济效益。通过对成本报表各项指标的变动以及指标之间相互关系的分析可以揭示企业各项成本指标计划的完成情况和原因，全面了解企业一定时期的成本工作情况，揭示存在的问题和差距，分清经济责任，促使企业致力寻找降低成本的途径和方法，总结失败的经验和教训，提高管理水平。成本报表分析是成本核算工作的继续，是成本会计的重要组成部分，也可以为企业编制成本计划、预算或经营决策提供可靠的依据。

二、成本报表的分类

（一）按反映内容分类

成本报表按其所反映的内容不同可分为产品成本报表和费用支出报表，成本报表分类如图 9-1 所示。

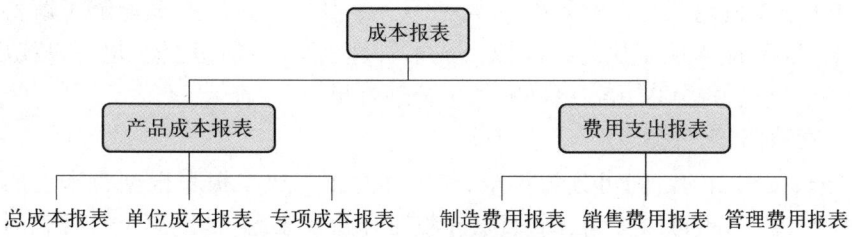

图 9-1　成本报表分类

1. 产品成本报表

产品成本报表,主要反映企业为生产一定种类和一定数量产品所支出的生产费用的水平及其构成情况,并与计划水平、上年实际水平、历史最高水平或同行业同类产品先进水平相比较,反映产品成本的变动情况和变动趋势。产品成本报表主要包括产品总成本报表、产品单位成本报表、专项成本报表等。

产品总成本报表、单位成本报表主要反映报告期内企业各种产品的实际成本水平,通过本期实际成本与前期平均成本,本期计划成本对比,可以了解企业成本发展变化趋势和成本计划的完成情况,找出差距,发现薄弱环节,进一步采取有效措施,为挖掘降低成本内部潜力提供有效的资料。有些企业还会出于特殊目的编制专项成本报表。例如,企业为了提高产品质量管理效果,可能需要编制质量成本报表;为了提高环境成本管理效果,可能需要编制环境成本报表等。专项成本报表可根据企业的成本管理需要选择使用。

2. 费用支出报表

费用支出报表,主要反映企业在一定时期内各种费用总额及其构成情况,并与计划(预算)水平、上年实际水平对比,反映各项费用支出的变动情况和变动趋势。费用支出报表主要有制造费用明细表、销售费用明细表、管理费用明细表和财务费用明细表等,可帮助企业了解一定时期内的费用支出总额及其构成,费用支出的合理性及其变动趋势,有利于企业和主管部门正确制定费用预算,控制费用支出,考核费用支出指标的合理性,明确有关部门和人员的经济责任,防止随意扩大费用开支范围。

(二) 按反映方式分类

成本报表按反映方式不同,可分为不可比成本报表和可比成本报表。

1. 不可比成本报表

不可比成本报表所反映的产品成本都是当期收发存实际成本,可以按一般成本项目反映,不做任何对比。在企业只是想单纯反映产品成本构成内容,或缺乏前期成本数据的情况下可以选择此种报表,从而全面了解产品成本构成信息。如果需要成本分析,就必须单独进行成本分析。

2. 可比成本报表

《企业会计制度》总则第十一条第(五)项规定:"企业的会计核算应当按照规定的会计处理方法进行,会计指标应当口径一致,相互可比。"

一般可比报表都是为了实现成本管理目的,在报表上同时设置成本数据和分析的列项,将反映和分析作用二合一。在反映产品总成本或单位成本时,通过实际成本与计划、定额或者目标成本的对比,本期产品成本与其他时期、其他品种、其他企业等产品成本进行对比,分析成本的增长率、降低率、差异率等。编制可比成本报表能够了解实际成本发生是否符合预期,成本控制执行情况以及成本管理水平。通过比较,也可以找出原因,改变成本管理制度或方法,以达到更好的成本管理效果。

(三) 按编制时间分类

成本报表按编制的时间可分为年报、季报和月报。成本报表根据管理上的要求一般可按月、季、年编报,也可以按旬、周、日甚至按工作班次来编报,以满足日常临时或特殊任务管理的需要,使成本报表及时服务于生产经营的全过程。

任务解答

　　财务报表分为外部报表和内部报表,成本报表属于内部报表。财务报表主要指外部报表,财务会计类课程介绍的也都是外部报表的相关内容。它是一种综合性报表,总体上反映某一特定日期或特定时期内企业的财务状况、经营成果、现金流量等,并且要对外报送给预期使用者,以便使用者决策、监督。而成本报表是一种专项性报表,主要反映企业某一特定日期或特定时期内的成本水平,并且主要内部使用,促使企业自省自觉调整完善成本管理制度。

任务二 # 编制和分析主要成本报表

 任务提出

　　思考:如何使用对比分析法对【例9-3】中的主要产品单位成本报表各项指标逐一进行分析,并进行总体评价?

理论学习

一、主要成本报表的编制

　　成本报表在编制时,不仅要体现当期产品的产量、实际成本、在产品等情况,为了便于成本分析从而进行成本管理,还可以体现计划成本、定额成本、成本累计数、经营管理费用等,或者其他可以用于参照、对比的数据,甚至可以加入一定的差异计算、比率计算之类的计算分析内容,让报表使用者能通过报表了解到成本实际执行情况与预期值的差异程度,能更直观地获知成本关键信息。

　　成本报表的计划成本数据一般来源于企业的计划成本表,实际成本数据一般来源于成本明细账,产品数量需要通过原始凭证获得,累计成本需要对实际成本汇总计算,分析性数据需要通过不同方式运算得出。

　　(一)编制全部产品生产总成本表

　　编制总成本表可以只反映当期全部产品的实际发生成本,也可以编制与计划、定额或目标成本的对比报表。反映实际成本时,可以编制可比性报表,也可以编制不可比报表。成本报表作为内部报表,在内容设计上除了遵循一般成本报表的编制习惯,还要结合企业成本管理要求或报表编制要求。

　　1.不可比成本表

　　【例9-1】　根据项目六中北京恒锋电器有限公司2023年3月实际成本核算数据编

制全部产品生产总成本表,如表 9-1 所示。

表 9-1　全部产品生产总成本表

编制单位:北京恒锋电器有限公司　　　　　　　　2023 年 3 月　　　　　　　　　　金额单位:元

项　　目	双桶波轮式洗衣机	全自动波轮式洗衣机
本月生产费用:		
直接材料	2 107 415.10	2 892 339.75
直接人工	624 153.60	764 588.16
制造费用	88 025.60	107 831.36
小　计	2 819 594.30	3 764 759.27
加:期初在产品成本	233 418.30	394 553.01
减:期末在产品成本	367 332.60	538 384.28
完工产品总成本合计	2 685 680.00	3 620 928.00

【解析】

本期完工产品成本的计算公式为:

$$本期完工产品成本=期初在产品成本+本期生产费用-期末在产品成本$$

表 9-1 中项目是根据公式计算内容设置,除了反映生产费用的构成,也体现了多种产品总成本计算形成的过程,即将当月生产费用放在最前面,反映企业当月生产投入情况,再结合在产品成本的计算,最终得出当月所有产品品种的完工总成本。该报表既能形成投入产出的对比,也能直观看到所有品种产品的成本概况。除此之外,还能加入本年累计成本、产量等内容,使成本信息被反映得更加全面。

2. 可比成本表

【例 9-2】　根据项目六中北京恒锋电器有限公司 2023 年 3 月实际成本核算数据,再假设两种产品计划单位成本分别为 670 元/台和 753 元/台,去年同期单位成本分别为 669.20 元/台和 755 元/台,编制全部产品生产总成本表,如表 9-2 所示。

表 9-2　全部产品生产总成本表

编制单位:北京恒锋电器有限公司　　　　　　　　2023 年 3 月　　　　　　　　　　金额单位:元

产 品 名 称	计量单位	本月产量 ①	本月总成本 ②	单位成本 ③=②÷①	计划总成本 ④	成本差异 ⑤=②-④	去年同期总成本 ⑥	成本增长率 ⑦=(②-⑥)÷⑥
双桶波轮式洗衣机	台	4 000	2 685 680	671.42	2 680 000	5 680	2 676 800	0.33%
全自动波轮式洗衣机	台	4 800	3 620 928	754.36	3 614 400	6 528	3 624 000	-0.08%

续 表

产 品 名 称	计量单位	本月产量 ①	本月总成本 ②	单位成本 ③=②÷①	计划总成本 ④	成本差异 ⑤=②－④	去年同期总成本 ⑥	成本增长率 ⑦=(②－⑥)÷⑥
合 计			6 306 608		6 294 400	12 208	6 300 800	

【解析】

可比成本表中的比较项目是根据企业成本管理要求设定,企业可以单独进行横向比较或纵向比较,也可以混合起来,集中在一张表上设置所有需要的比较项目。表9-2是以实际成本与计划成本的比较,和相对去年同期的增长比较为例设计的可比成本表,企业设计成本表时还可以添加全年累计总成本的比较,产值成本率、投入产出比等项目。

企业若想从报表中获知实际成本相较于计划的执行情况,便将每种产品的实际总成本减去计划总成本得出成本差异。企业一般在每个期间核算开始前会专门编制计划成本单价表,以供实际成本核算时参照比较,填列计划成本一栏,需找到每种产品对应计划成本单价乘以当月产量得出计划总成本,然后才能填写到报表中。填列成本差异为正数,说明实际成本超支完成,计划执行较差,需查明原因,以后期间规避相同问题;成本差异为负数,说明实际成本节约完成,计划执行较好,也可找到节约原因,以后期间继续发扬优势。

企业若想知道相较于去年同期,成本是否存在控制不力不降反增的情况,可以先找到去年的成本报表,使用去年同期的单位实际成本乘以本月产量计算出去年同期相同产量下的总成本,然后再计算出成本增长率,其计算公式如下:

$$可比产品成本增长率 = \left(\begin{array}{c} 本月产品 \\ 实际总成本 \end{array} - \begin{array}{c} 去年同期产品 \\ 实际总成本 \end{array} \right) \div \begin{array}{c} 去年同期产品 \\ 实际总成本 \end{array} \times 100\%$$

增长率若为正数,说明成本增长,需调查原因,加大成本控制力度;增长率若为负数,说明成本降低,取得了一定的成本管理成效。从表9-2中我们可以看到,双桶波轮式洗衣机计算结果为正数比例,说明成本有所增长,后期需加强管控。

(二) 编制主要产品单位成本表

如果企业产品品种较单一,在编制单位成本表时可以包括全部产品品种,但若企业产品品种较多,如服装企业、家电企业等,一般基于重要性原则,会选择在企业中所占比重较大,能代表企业经营特点的产品来编制报表。

总成本表和单位成本表的作用和意义是不同的,总成本表反映的是一定时期内企业的总体支出情况,总成本最终要与收入配比形成利润数据,生成对外财务报表进行报送;而单位成本表才真正体现了成本管理水平,成本分析、业绩考核、产品定价也必须通过单位成本去实现。

【例9-3】 根据项目六中北京恒锋电器有限公司2023年3月双桶波轮式洗衣机实

际成本核算数据,以及【例9-2】中计划单位成本和去年同期单位成本数据,再假设去年实际平均单位成本和基准单位成本(行业内最高管理水平单位成本)数值,编制主要产品单位成本表,如表9-3所示。

表9-3　主要产品单位成本表
2023年3月

产品名称:双桶波轮式洗衣机　　规格型号:XQB72-M1168　　销售单价:2 000元/台　　金额单位:元

成 本 项 目	实际 单位成本	去年同期 单位成本	去年实际平均 单位成本	基准 单位成本	计划 单位成本
直接材料	502.28	499.81	500.66	488.00	499.04
其中:控制装置	204.92	202.22	204.10	200.00	203.60
洗涤电动机	86.56	85.00	86.03	82.00	86.00
直接人工	148.35	148.39	149.01	143.00	149.96
制造费用	20.79	21.00	20.69	19.00	21.00
合　　计	671.42	669.20	670.36	650.00	670.00

【解析】

　　如果仅仅在单位成本表上体现当期主要产品实际单位成本时不够的,为了能充分发挥报表的成本分析作用,应在报表中加入多种指标单位成本以便对比分析。参考指标可以是历史先进水平数据、去年同期或去年平均数据、上期数据、标准单位成本、计划单位成本、基准单位成本等,应根据企业成本管理制度和成本分析要求来选择指标进行设置。

　　表9-3中,"实际单位成本"这一列成本项目的单位成本是将每个成本项目成本除以实际产量计算得出,其中每种直接材料的单位成本根据完工产品领用材料成本除以实际产量得出,或根据计划单位成本和材料成本差异率折算得出,会计核算中实际单位成本是根据当期会计核算出的完工产品总成本除以实际产量计算得出,表中合计数应与会计核算结果相符。

　　去年同期数据和去年平均数据都可以在去年的成本报表中寻找,找到后填写在表格中即可。基准单位成本数据来自行业内成本管理水平最高的标杆企业,可通过该企业网上公示数据或行业分析研究报告获悉,或在对方同意下借阅或调取成本相关数据。计划单位成本来自企业事前编制的计划成本表,找到对应项目或材料,将数据抄写过来即可。

二、主要成本报表的分析

(一) 对比分析法

对比分析法,是根据实际成本指标与不同时期、不同角度的指标进行对比,来揭示差异,发现成本管理疏失的一种方法,是最基础、使用最广泛、最容易理解的一种分析方法。

进行对比分析时,设置不同的对比指标可满足不同的分析目的,所以编制成本分析表时,应首先结合社会经济环境、企业财务制度等因素确定比较标准,应尽量选择具有相同比较基础的指标,再去寻找对应数据填列表格。比较标准不同,所依据的成本管理制度可能不同,也可能会导致分析方法和分析内容的变化。常见对比指标如下:

1. 计划或定额成本指标

与这种指标对比能体现企业成本预期值完成情况,实际发生成本与指标的差异性能为进一步成本分析提供调查方向。

2. 前期(历史先进水平、去年同期或上期)实际成本

与这种类型指标对比可以体现成本指标的变化情况、发展势头和发展趋向,可以反映企业成本控制能力和生产经营管理水平是否得到了提高。

3. 国内外同行业先进成本指标

使用这种指标来对比是源自成本的基准管理方式,通过比较可以看出企业管理水平在行业内是否属于先进水平,与其他企业的差距是多少以及行业内所处发展阶段是什么,有了一个明确的榜样指标,企业才能向更高的目标努力,取得更好的发展。

分析结果如果出现了较大差异,不能直接作出企业成本管理水平较差或者下降的判断,应先查明对比指标采用的计价标准、会计政策、时间、单位等情况,判断指标是否具有可比性。还要考虑技术上、经济上和政策上是否存在明显差异或重大调整,如出现以上情况,应考虑重新选取指标。

（二）比率分析法

1. 增加减少变动比率

统计成本指标增加减少变动情况是最常见的分析手段,也是最能直接体现成本管理成效的分析数据。对于这一比率,如果总体呈现增长趋势,可称其为增长率;如整体呈现下降趋势,可称其为降低率;如增长下降皆有可能,可命名为变动率(以下统称变动率)。变动率比较参照值可以是去年同期数值,也可以是上期数值。与去年同期数值比较的方法叫做同比,与上期数值比较叫做环比,使用同比方法可以排除一定淡旺季影响因素,而没有淡旺季区分的企业,而环比的结果更能体现成本管控的进程。两种方法结合使用,会使成本水平的展示更加全面客观。如某公司毛利率增减变动率计算法,如表9-4所示。

表9-4 毛利率增减变动率计算表

2021年3月31日

产　品	3月份 毛利率%	上年同期 毛利率%	2月份 毛利率%	同比变动率% (增加十/减少一)	环比变动率% (增加十/减少一)
漂白毛巾	24.30%	19.52%	22.26%	24.49%	9.16%
素色毛巾	25.54%	26.35%	24.35%	－3.07%	4.89%
印花巾	29.82%	30.33%	27.61%	－1.68%	8.00%

审核：高云森　　　　　　　　　制单：翁清宁

该表数据取自2021年财务会计国赛样题,从表9-4中可以看到,这张分析表同时使用了同比和环比的分析方法,而对比结果相差较大:漂白毛巾同比与环比结果相差了15.33个百分点,可见漂白毛巾的毛利在2021年大幅提升,月份之间增长速度较缓,但也在逐步增长当中;素色毛巾和印花毛巾同比结果都呈现少量下降,但环比结果却是少量增长,可见这两种毛巾的毛利在2021年第一季度利润空间有所压缩,但仍然有缓慢增长的迹象,企业应调查其变动率下降的原因,如进行了优惠促销活动、成本管控疏漏等。

2. 构成比率

构成比率,是指某项经济指标的各个组成部分占指标总体的比重。例如,如将构成产品成本的各个成本项目同产品总成本相比,就能计算出各个成本项目的占比,从而确定各个成本项目对总成本的影响能力。计算出成本构成比率后,也可以结合同比、环比分析方法,统计产品成本构成的变动情况,对于企业了解市场环境及生产活动对产品成本的影响十分有利。产品成本构成比率的计算公式如下:

$$产品成本构成比率=成本项目金额÷产品总成本×100\%$$

【例9-4】 根据项目六中北京恒锋电器有限公司2023年3月实际成本核算数据计算产品成本构成比率,如表9-5所示。

表9-5 产品成本构成比率表

编制单位:北京恒锋电器有限公司　　　　　　　2023年3月　　　　　　　金额单位:元

项　目	双桶波轮式洗衣机	构成比率	全自动波轮式洗衣机	构成比率
成本项目:				
直接材料	2 009 120.00	74.81%	2 780 880.00	76.80%
直接人工	593 400.00	22.09%	734 304.00	20.28%
制造费用	83 160.00	3.10%	105 744.00	2.92%
产品总成本	2 685 680.00		3 620 928.00	

【解析】

通过构成比率的计算可以看出,北京恒锋电器有限公司在2023年3月完工的两种产品都属于原材料为主要成本的产品类型,原材料构成均达到了70%以上,所以北京恒锋在日常活动中应着重加强对原材料成本的管控。

3. 指标性比率

指标性比率,是指把两个不同类型但又有相关性的指标进行配比,通过求出两者的比率从而知晓成本管理水平是否达到了企业战略目标要求,企业如果只专注于单方面的成本管理,将会满足于短期内显现的管理效果,但这种效果对于企业的盈利目标、长远发展目标的实现可能是不够的,只有与多方面指标结合分析,才能更加清楚成本在其中所起到的作用。例如,将成本指标与产值、反映经营成果营业收入、利润进行对比,求出产值成本

率、成本毛利率、成本费用率等指标,这些指标可以看出企业的投入产出情况、成本对利润的压缩情况等,具体的计算公式如下:

$$产值成本率=\left(\begin{matrix}实际或\\计划产量\end{matrix}\times\begin{matrix}实际或计划\\单位成本\end{matrix}\right)\div\left(\begin{matrix}实际或\\计划产量\end{matrix}\times\begin{matrix}实际或计划\\出厂价格\end{matrix}\right)$$

$$成本毛利率=(主营业务收入-主营业务成本)\div主营业务成本$$

$$成本费用率=(主营业务成本+期间费用)\div主营业务收入$$

(三) 其他分析法

除了对比分析法和比率分析法以外,还有差额分析法、因素分析法等。差额分析法是利用各个因素的目标值与实际值的差额来计算其对成本的影响程度,是一种简化的因素分析法。因素分析法也叫做连锁置换法,是将每个综合性指标分解为各个相互关联的因素,然后测定这些因素对综合性指标差异额的影响程度,从而分析各种因素对成本形成的影响。

随着成本管理方法的不断发展和更新,当前很多企业会建立成本模型来计算和管控成本数据。这种方法可以提前将影响成本的固有因素和变动因素分别在模型中进行设定,分析时根据实际发生情况,代入相关数值,经过推演得出分析结果。成本模型是通过科学的方式来计算分析,分析结果更加全面也更加精准可靠。

任务解答

步骤一: 成本差异计算。在表格中进行差异计算并完成成本分析表,如表9-6所示。

表9-6　主要产品单位成本分析表
2023年3月

产品名称:双桶波轮式洗衣机　　　规格型号:XQB72-M1168　　　销售单价:2 000元/台　　　单位:元

	实际	去年同期	差异①	去年平均	差异②	基准	差异③	计划	差异④
成本项目:									
直接材料	502.28	499.81	2.47	500.66	1.62	488.00	14.28	499.04	3.24
其中:控制装置	204.92	202.22	2.70	204.10	0.82	200.00	4.92	203.60	1.32
洗涤电动机	86.56	85.00	1.56	86.03	0.53	82.00	4.56	86.00	0.56
直接人工	148.35	148.39	-0.04	149.01	-0.66	143.00	5.35	149.96	-1.61
制造费用	20.79	21.00	-0.21	20.69	0.10	19.00	1.79	21.00	-0.21
合　计	671.42	669.20	2.22	670.36	1.06	650.00	21.42	670.00	1.42

步骤二: 差异分析。差异①即当期实际单位成本与去年同期相比超支2.22,主要超

支集中在材料部分；差异②即当期实际单位成本与去年平均指标相比超支 1.06，差异较小，基本与去年水平持平；差异④即当期实际单位成本与计划成本相比超支 1.42，超支较小，但超支原因主要来自材料部分；差异③即当期实际单位成本与基准水平相比超支 21.42，相差较大，主要超支还是在于材料部分。

步骤三： 得出总体结论。当期实际单位成本与本企业其他指标相比，虽有超支但总体差异较小，主要差异集中于材料部分，直接人工和制造费用甚至有下降的现象，可见企业成本管控重点应集中于原材料的把控，压低采购成本，加强领用计划管理，减少浪费；当期数据与基准水平对比有较大差距，可见企业成本管理水平在行业内未处于领先地位，这会使企业在市场竞争中，产品价格很难压低，从而失去价格优势，而主要差异还是在于原材料，企业应当考虑重新选择供应商争取更有利货源，只有尽可能压缩成本才能争取更大利润空间。

任务三　了解成本项目审计

理论学习

一、成本审计内容与方法

（一）成本审计内容

从原材料采购到产品完工、成本形成，成本形态历经了三个阶段——采购成本、生产成本及完工产品成本，审计中会分别针对三个阶段成本进行检查测试。在循环审计中，将企业经济活动分为不同的循环链条，从经济活动的最初形态追踪到循环结束阶段，以达到检查验证监督的目的，其中与成本有关的循环审计是"采购与付款循环审计"和"生产与存货循环审计"。其中，由于存货金额占比较大，在流动资产中占有重要地位，除了循环测试以外，还可以对存货进行单项审计。

（二）主要成本审计方法

1. 穿行测试

穿行测试，是注册会计师了解被审计单位业务流程及相关内部控制时最常使用的审计程序，它是指从交易源头一直追踪至结束阶段，了解交易事项在财务报告信息系统中的处理过程。将初始数据输入事先设计好的内部控制流程，贯穿整个流程和所有关键环节，把运行结果与设计要求对比，以发现内部控制流程缺陷。

2. 检查

检查，是指注册会计师检查被审计单位的财务记录或文件以及有形资产，包括纸质、电子或其他介质形式存在的，内部或外部生成的记录或文件，和现金、存货、固定资产等有形资产。可以按检查的顺序分为顺查法和逆查法，也可以按照检查书面资料的数量范围分为详查法和抽查法。

3. 观察

观察,是指注册会计师在被审计单位相关人员的工作现场观察正在从事的活动或实施的程序,例如对客户执行的存货盘点进行观察,这种观察也叫做监盘。

4. 重新计算

重新计算,是指注册会计师通过人工方式或使用计算机等辅助手段对财务记录或文件中的数据重新计算或进行准确性核对。例如重新加总日记账、明细账的发生额合计数,检查计提折旧计算的准确性等。

5. 分析程序

分析程序,是指注册会计师通过分析不同财务数据之间,以及财务数据与非财务数据之间的内在关系,对财务信息的真实性、准确性、合理性等方面作出评价。

6. 询问

询问,是指注册会计师通过书面或口头方式向被审计单位内部或外部、高层或基层人员获取财务信息和其他信息,并对询问结果进行评价的方法。

二、采购与付款循环的审计内容

采购与付款循环大致可以分为八个环节(图9-2),其中与成本核算关系密切的主要是前四个环节。

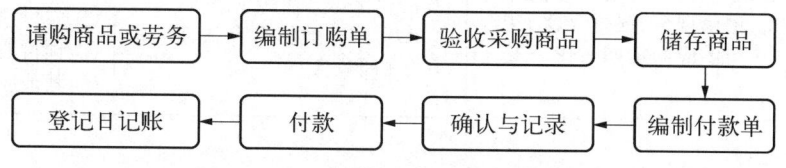

图9-2 采购与付款循环业务流程

(一) 请购商品或劳务

企业各部门如果需要购买商品或劳务,应由仓库部门先核对需要购买的商品是否有库存,有库存可直接领用,没有库存或库存不足,核对存货清单后,仓库部门填写请购单。请购单是审计中用来证明相关采购交易的真实发生的认定凭据之一,也是本循环的起点。

(二) 编制订购单

采购部门收到请购单后,只能根据经过批准的请购单汇总所需商品信息,并联络好供应商、谈好价格条件之后,编制订购单并发出。审计中会检查是否正确填写所需商品的品名、数量、价格、厂商名称及地址等,是否顺序编号并经过授权审批。订购单是认定采购交易的完整性、是否真实发生的重要证据,也是后续流程中核验采购成本的重要依据。

(三) 验收采购商品

验收部门应比较所收商品与订购单上的要求是否相符并编制一式多联的验收单,签字审批后,将各联次分别送交到仓库、财务部等相关部门。其中原材料采购的验收单也可以命名为“收料单”,财务部一般根据收料单确认材料入库情况,并根据收料数量计算采购成本。审计中会通过检查验收单来认定原材料或固定资产是否存在或发生,采购交易是否完整的被记录。

(四) 储存商品

已验收商品需妥善保管,防止变质、损坏、被盗窃等情况。审计中会检查企业对商品储存是否做到了不相容职责相分离、限制接触等内部控制手段,以此判断企业产品成本计算的准确性和真实性。

采购与付款循环业务情况汇总表,如表 9-7 所示。

表 9-7 采购与付款循环业务情况汇总表

业务类型	主要业务活动	主要业务凭证和记录	涉及报表项目
采购	① 编制采购计划 ② 获取供应商清单 ③ 请购商品和劳务 ④ 编制订购单 ⑤ 验收商品 ⑥ 储存已验收的商品 ⑦ 确认与记录负债 ⑧ 申请付款	① 采购计划 ② 供应商清单 ③ 请购单 ④ 订购单 ⑤ 收料单 ⑥ 入库单 ⑦ 付款审批单	① 存货 ② 其他流动资产 ③ 固定资产 ④ 无形资产 ⑤ 销售费用 ⑥ 管理费用
付款	① 办理付款并编制付款凭单 ② 记录现金、银行存款支出 ③ 与供应商定期对账	① 付款凭证 ② 应付账款等往来账户明细账 ③ 库存现金或银行存款日记账 ④ 供应商对账单	① 货币资金 ② 应付账款 ③ 应付票据 ④ 预付账款 ⑤ 其他应付款等

三、生产与存货循环的审计内容

生产与存货循环总体上大致分为六大环节(图 9-3),具体落实到各个部门又可以分成若干个明细环节。其中与成本核算直接相关的是二至六环节。

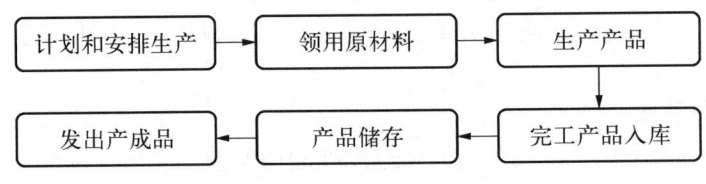

图 9-3 生产与存货循环业务流程

(一) 领用原材料

审计中会检查仓库部门是否根据生产部门提交的领料单发出原材料,以及领料单上列示的材料数量、种类,用途等信息是否和实际情况一致,是否经过授权审批。通过对领料单的检查,可以确认产品中原材料成本的真实性与准确性。

(二) 生产产品

产品生产过程当中,生产部门应将生产情况进行记录,形成产量和工时记录。产量和工时是成本核算中的生产费用分配、生产成本核算所依据的重要条件。审计当中会对所有生产记录进行检查,以确保顺序编号、数量准确,与生产计划尽量相符,与计划的差异性也是企业的成本关键控制点和审计的审查重点。

(三)完工产品入库

产品一旦完工入库,也意味着产品成本将正式计算形成。为了能够得出正确的产品成本,会计部门应在平时尽可能地收集各种记录、通知单、领料单、计算单等文件资料,做好检查与核对。有关会计记录的人员必须经过严格的资格认证与授权,且应依据成本会计制度进行核算,所形成的各种分配表、计算表、汇总表也应当进行审核并妥善保管。审计将会对这些原始记录和成本计算表进行抽检,以确保生产活动以及在生产过程中的材料耗费、人工支出、其他支出都是真实发生、完整记录且分类恰当。

(四)产品储存

对于入库完工产品的储存,仓库部门除了应当分类存放、做好标签并做好收发存记录,并且还要实施限制接触、不相容职务相分离等控制手段,还需定期进行盘点核对,以确保产品库存准确。实际库存数量与账面库存数量的差异性可能会引起产品单位成本的变化,做好存货管理,保障资产安全也是成本管理重要的一环。在审计中为了了解企业存货仓储情况,审计人员除了检查仓库收发存记录,还会在存货盘点时进行监盘,来验证账面成本的可靠性。

(五)发出产成品

发出产成品必须有经过授权批准的发运通知单,才能装货运输,并且仓库部门要编制出库单作为发货凭据。出库单是重要的产品发出记录,审计中会对出库单进行抽检,与销售发票、销售清单等记录进行核对,以此来验证销售收入的真实性与成本计价的准确性。

任务四　Excel 在编制与分析成本报表中的应用

任务提出

思考:如何在一个单元格中插入计算公式?有几种方式?

理论学习

一、成本报表的内容格式设计

由于成本报表分类较多,无法一一介绍,以下学习仅以【例 9-2】中的表 9-2 全部产品生产总成本表为例。具体步骤如下:

(1)选择 A1:I1 单元格,单击【合并居中】按钮""。在 A1 单元格中输入"全部产品生产总成本表",并按相关制作要求设置字体、字号、对齐方式等格式。

操作示范: Excel 在编制与分析成本报表中的应用

（2）选择 A2：C2 单元格，单击【合并居中】按钮。在 A2 单元格中输入"编制单位："，并设置格式。

（3）选择 D2：F2 单元格，单击【合并居中】按钮。在 D2 单元格中输入"年 月 日"并设置格式，注意年月日中间留空以便填入具体日期数字。

（4）在 I2 单元格中输入"金额单位：元"，并设置格式。

（5）在 A3：I3 单元格中分别输入"产品名称""计量单位""本月产量""本月总成本""单位成本""计划总成本"等，并设置格式。

（6）选择 A3：A4 单元格，单击【合并居中】按钮；选择 B3：B4 单元格，单击【合并居中】按钮，并设置单元格垂直对齐方式为居中。

（7）在 C4：I4 单元格中分别依次输入①②③等数字序号，其中"单位成本""成本差异"和"成本增长率"三项内容需要计算，在第四行标注序号时需同时用序号指代相关内容写出计算公式。

（8）空出一些行次后选择一行比如第 8 行，在 A8 单元格中输入"合计"，并设置格式。

（9）选择报表中除了第 1 行和第 2 行以外的所有单元格，在"开始"栏上找到边框快捷按钮"田·"，选择"所有框线"，或单击鼠标右键，在弹出的快捷菜单中选择【设置单元格格式】命令，打开【边框】选项卡，选择"外边框"以及"内部"，单击【确定】按钮。

可根据具体的报表制作要求进行列宽、行高的调整，还可以在表头和合计行设置底纹增加表格的美观性。

（10）在 A9、D9、G9 单元格分别输入"单位负责人：""财务负责人：""制表会计："。Excel 完成的结果如图 9-3 所示。

产品名称	计量单位	本月产量	本月总成本	单位成本	计划总成本	成本差异	去年同期总成本	成本增长率

全部产品生产总成本表

编制单位： 年 月 日 金额单位:元

产品名称	计量单位	本月产量	本月总成本	单位成本	计划总成本	成本差异	去年同期总成本	成本增长率
		①	②	③=②/①	④	⑤=②-④	⑥	⑦=（②-⑥）/⑥
合 计								

单位负责人： 财务负责人： 制表会计：

图 9-4 全部产品生产总成本表内容格式

二、成本报表的具体编制步骤

（一）单元格数据的获取

使用信息化方式进行成本数据管理的企业，通常会把成本计算过程中的相应数据一一记录并生成电子表格。在编制成本报表时，并非所有数据都得手动输入，对于已有数据，可通过直接引用或使用函数"SUMIF"或"VLOOKUP"条件引用的方式获得数据。引用方式最大的好处是可以避免因手工输入产生的人为失误，提高数据可靠性也可以提高工作效率。

对于需要计算产生的数据，可在单元格设置公式，只有相关单元格输入数字便可在公式单元格自动计算，只需提前设置好数字格式即可，如单位成本的计算可能会有除不尽的小数，就需要提前设置好保留小数点后两位小数。

（二）计算项目公式的设置

一般计算项目需要设置公式时，在单元格输入"="，便可开启公式设置模式，点击相关单元格，输入运算符号，最后敲击回车键，公式便设置完成。也可根据需要使用对应函数来设置公式，如设置合计栏计算公式便可以使用"SUM"统计函数，选择需要合计的区间便可以自动生成合计算式。

（三）具体编制步骤

以【例 9-2】为例：

（1）先在第二行填入单位名称、报表期间等报表基本信息，日期小写即可，金额单位根据金额大小可选择"元"或者"万元"。

（2）在 A5 和 A6 单元格中输入两种产品的名称，在 B5 和 B6 单元格中输入计量单位"台"。

（3）C5 和 C6 的产量可以找到企业产量统计表引用已有数据，也可手动输入。

（4）D5 和 D6 的本月总成本可引用项目六中已有数据：单击单元格 D5，输入"="，找到产品成本计算表单击 I6 单元格，这是 D5 单元格就会显示为"＝产品成本计算表！＄I＄6"，按回车键，这时 D5 单元格中就生成了双桶洗衣机的本月总成本数据。D6 单元格的编制方式参照 D5，也可以复制 D5 单元格公式直接粘贴到 D6 单元格。

（5）E5 和 E6 单元格需要计算生成数据，根据表头的公式提示，先单击单元格 E5，输入"="，再单击 D5 单元格，输入"/"，再单击 C5 单元格，按回车键。设置单元格数据格式为"数值"，小数位数设置为"2"。E6 单元格的编制方式参照 E5，也可以复制 E5 单元格公式直接粘贴到 E6 单元格。

（6）F5 和 F6 单元格需要计算生成数据，是根据【例 9-2】中给出的计划单位成本 670 元/台和 753 元/台和产量相乘而得。

（7）G5 和 G6 单元格需要计算生成数据，先单击单元格 G5，输入"="，再单击 D5 单元格，输入"－"，再单击 F5 单元格，按回车键。G6 单元格的编制方式参照 G5，也可以复制 G5 单元格公式直接粘贴到 G6 单元格。

（8）编制 H5 和 H6 单元格可以找到去年同期全部产品生产总成本报表引用已有数据，也可手动输入。

（9）I5 和 I6 单元格需要计算生成数据，根据表头的公式提示，先单击单元格 I5，输入"="，输入"("，单击 D5 单元格，输入"－"，单击 H5 单元格，输入")"和"/"，再单击 H5 单元格，按回车键。设置单元格数据格式为"百分比"，小数位数为"2"。I6 单元格的编制方式参照 I5,也可以复制 I5 单元格公式直接粘贴到 I6 单元格。

（10）表格中 D、F、G、H 四列可以进行纵向合计,可使用合计函数设置公式。单击 D8 单元格,输入"="，输入"SUM()",单击括号中间位置,输入 D5：D7 的合计区间后敲击回车。或者单击 D5 后手指不要放开鼠标左键直接拖取合计区间,合计区间全部变成阴影后,点击公式栏自动求和按钮" $\sum_{\text{自动求和}}$ "后,会自动在阴影下方单元格显示合计结果。将 D8 单元格公式复制到 F8、G8、H8 单元格,分别生成各自合计数后,报表编制完成,如图 9-4 所示。

	A	B	C	D	E	F	G	H	I
1	全部产品生产总成本表								
2	编制单位：北京恒锋电器有限公司			2023 年 03 月 31 日					金额单位：元
3	产品名称	计量单位	本月产量	本月总成本	单位成本	计划总成本	成本差异	去年同期总成本	成本增长率
4			①	②	③=②/①	④	⑤=②-④	⑥	⑦=(②-⑥)/⑥
5	双桶波轮式洗衣机	台	4000	2685680	671.42	2680000	5680	2676800	0.33%
6	全自动波轮式洗衣机	台	4800	3620928	754.36	3614400	6528	3624000	-0.08%
7									
8	合　计			6306608		6294400	12208	6300800	
9	单位负责人：			财务负责人：			制表会计：		

图 9-5　编制完成的全部产品生产总成本表

	A	B	C	D	E	F	G	H	I	J
1	产品成本计算表									
2	产品名称	成本项目	月初在产品成本	生产费用合计		期末在产品约当产量	完工产品产量	单位成本	完工产品成本	期末在产品成本
3	双桶	直接材料	203072.9	2107415.10	2310488.00	600	4000	502.28	2009120.00	301368.00
4		直接人工	27102.9	624153.60	651256.50	390	4000	148.35	593400.00	57856.50
5		制造费用	3242.5	88025.60	91268.10	390	4000	20.79	83160.00	8108.10
6		小计	233418.30	2819594.30	3053012.60			671.42	2685680.00	367332.60
7	全自动	直接材料	352020.25	2892339.75	3244360.00	800	4800	579.35	2780880.00	463480.00
8		直接人工	35191.28	764588.16	799779.44	428	4800	152.98	734304.00	65475.44
9		制造费用	7341.48	107831.36	115172.84	428	4800	22.03	105744.00	9428.84
10		小计	394553.01	3764759.27	4159312.28			754.36	3620928.00	538384.28
11										

图 9-6　被引用的产品成本计算表

📖 任务解答

插入公式的方式有如下三种：

（1）单击需要插入公式的单元格,输入"="，然后可以手动输入计算公式,公式中如果需要用到其他单元格数字,可以在输入时直接单击被取用单元格,然后输入加减乘除运算符号,最后单击回车键,自动计算出结果。

（2）单击需要插入公式的单元格,然后找到公式栏" fx 插入函数"按钮,单击后会出现插入函数窗口(图 9-7),选择或者输入需要的函数,输入适当的条件,即可得出运算结果。

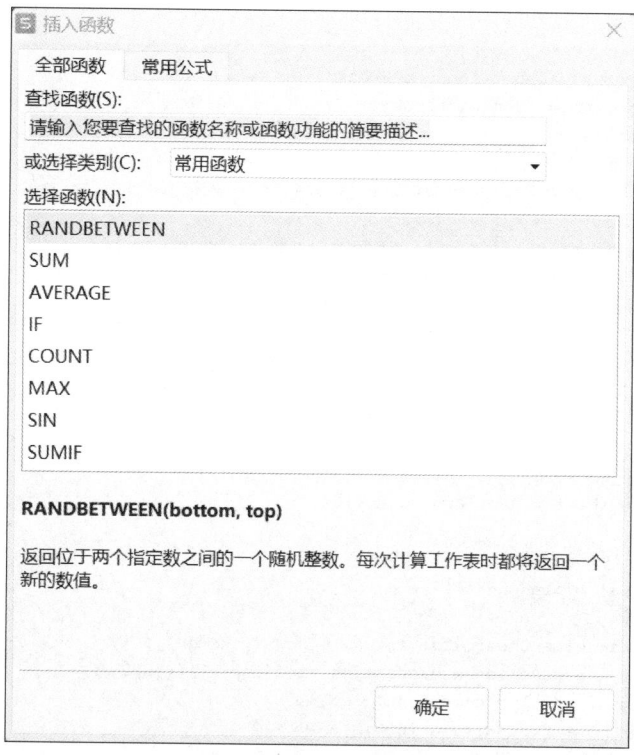

图 9-7　插入函数窗口

（3）如果其他单元格已输入需要的公式，可以复制其他单元格，单击需要插入公式的单元格，再点击鼠标右键，点击"选择性粘贴"，选择粘贴"公式"，也可以得到需要的计算结果。

 知识拓展

Python 数据分析

Python 是一种计算机程序设计语言，是面向对象的解释性的脚本语言，能够把用其他计算机语言制作的各种模块轻松地联合在一起。由于相对于其他计算机语言，具有操作简单，更容易理解和上手，能处理大量数据的特点，成为目前企业当中比较普及的一种数据处理和分析的软件，在大数据时代背景下，甚至于已经在逐渐取代 Excel 成为一种新型高效办公软件。

与 Excel 不同的是，如果用 Python 制作成本表格，只需要通过代码将数值输入软件数据库提前保存，再通过代码设置表格然后提取出对应数据，也能够提取其他已经生成表格中的数值。接着就可以自动生成一张报表并自动完成所有计算分析，而计算分析结果会在软件内自动保存为.CSV 文件，并且导出为 Excel 文件格式，非常方便高效。Excel 软件虽然经典，但更适用于数据量较少时候的处理，一旦数据量变得庞大，便会出现卡顿或出错的现象。无论是几十个数值，还是几亿个数值，Python 都能迅速完成提取和分析，对于智能化时代下的大数据处理，Python 能大量提升报表制作与分析的效率。

```
from openpyxl import load_workbook
production_wb = load_workbook('../工作/工人产量日报表.xlsx')
production_sheet = production_wb.active
production_dict = {}
for row in production_sheet.iter_rows(min_row=3, values_only=True):
    workshop_num = row[0][:2]
    if production_dict.get(workshop_num) == None:
        production_dict[workshop_num] = {row[1]: row[4]}
    else:
        if production_dict[workshop_num].get(row[1]) != None:
            production_dict[workshop_num][row[1]] += row[4]
        else:
            production_dict[workshop_num][row[1]] = row[4]

template_wb = load_workbook('../工作/检验记录表模板.xlsx')
template_sheet = template_wb.active

plan_wb = load_workbook('../工作/生产计划表.xlsx')
plan_sheet = plan_wb.active

for row in plan_sheet.iter_rows(min_row=3, values_only=True):
    actual_production = production_dict[row[1]][row[2]]
    rate = actual_production / row[3]
    rate = str(round(rate*100, 2)) + '%'
```

图 9 - 8   用 Python 制作成本表格的代码示范

每日检验记录表

序号	车间号	产品编号	计划数量	今日完成	记录日期: 2023-4-25 目标达成率
1	S1	A35840325	480	170	35.42%
2	S1	A97815049	380	213	56.05%
3	S1	A66984536	400	122	30.5%
4	S1	A86228032	300	85	28.33%
5	S2	Z88416884	480	175	36.46%
6	S2	Z57573209	380	218	57.37%
7	S2	Z72550149	400	113	28.25%
8	S2	Z66735713	300	77	25.67%
9	S3	Q86869427	480	157	32.71%
10	S3	Q23402722	380	197	51.84%
11	S3	Q23179274	400	132	33.0%
12	S3	Q50637506	300	83	27.67%
13	S3	Z57573209	380	205	53.95%

图 9 - 9   运行代码生成的成本表格

素养园地

方法论的意义

1637 年,法国哲学家笛卡尔出版了一部著名哲学论著《方法论》,正式提出了方法论的理论,这对当时的思维方式、思想观念和科学研究方法产生了极大的影响。后来方法论经过演变和发展,又出现了经验主义方法论、唯理论、马克思和恩格斯的辩证唯物论等。

　　方法论,就是关于人们认识世界、改造世界的方法的理论,是指人们用什么样的方式、方法来观察事物和处理问题。随着时代的发展,经济的崛起,方法论在社会科学发展中的比重日益提高,对社会科学发展的作用也越发突出,人们明显感受到,使用正确有效的方法,才能更快更精准地解决问题、改变现状。

　　成本会计发展到今天,已经是一门成熟的会计学课程,企业对成本会计的运用也已经到达了一个较为成熟的水平,并且还在不断发展和完善中。现阶段,已经发展出多种多样的成本费用分配方法、成本计算方法、成本报表制作和分析方法等,但仍然存在企业无法选择恰当的方法进行成本管控,或者现有的方法尚且解决不了一些固有问题等情况。成本管理仍是企业管理中的重难点,未能达到管理者理想的效果。只有有效的成本管理才能扩展企业利润空间,让企业利润最大化,使用科学的成本管理方法就显得至关重要。今后还会有更多更有效的方法被开发,随着智能化时代的到来,成本管理方法也将日益与信息系统、领先科技结合得更加紧密。

练习巩固

一、单项选择题

1. 企业编制全部产品总成本表时应按(　　　)分别编制。
   A. 产品品种　　　　　B. 成本项目　　　　　C. 产品种类　　　　　D. 核算对象

2. 按照《企业会计准则》规定,成本报表是(　　　)。
   A. 对外报表
   B. 对内报表(或称内部报表)
   C. 既是对外报表,又是对内报表
   D. 对内还是对外,由企业自行决定

3. 成本报表的种类、格式、项目、指标的设计和编制方法、编报日期、具体报送对象,由(　　　)。
   A. 企业自行决定
   B. 国家统一规定
   C. 国家作原则规定
   D. 上级主管机关规定

4. 将两个性质不同但又相关的指标对比求出的比率,称为(　　　)。
   A. 构成比率　　　　　B. 相关指标比率　　　C. 动态比率　　　　　D. 效益比率

5. (　　　)是反映工业企业在报告期内生产的各种主要产品单位成本构成情况的报表。
   A. 主要产品单位成本表
   B. 制造费用明细表
   C. 产品生产成本表
   D. 管理费用明细表

6. 产值成本率是产品总成本与(　　　)的比率。
   A. 总产值
   B. 产品产值
   C. 净产值
   D. 总产值或产品产值

二、多项选择题

1. 主要产品单位成本表可以反映该主要产品的(　　　　　)。

　　A. 产品产量　　　　　　　　　　　B. 产品单位成本

　　C. 期末在产品　　　　　　　　　　D. 产品生产总成本

2. 主要产品单位成本表反映的单位成本,包括(　　　　　)单位成本。

　　A. 本月计划　　　　　　　　　　　B. 同行业同类产品实际

　　C. 本年计划　　　　　　　　　　　D. 上年实际平均

3. 编报技术经济指标变动对产品成本影响分析表,应突出(　　　　　)等特点。

　　A. 及时性　　　　　B. 全面性　　　　　C. 针对性　　　　　　D. 灵活性

4. 主要产品单位成本项目分析包括(　　　　　)。

　　A. 直接材料费用分析　　　　　　　B. 主要技术经济指标分析

　　C. 直接人工费用分析　　　　　　　D. 制造费用分析

三、判断题

1. 产量变动之所以影响产品单位成本,是因为在产品总成本中包括一部分变动损耗。

(　　)

2. 可比产品成本降低计划就是指可比产品成本计划降低率。　　　　　　　　(　　)

3. 可以采用比率分析法,先把对比的数值变成相对数,求出比率,然后再进行对比分析。

(　　)

4. 销售成本率、成本费用率都是指标性比率。　　　　　　　　　　　　　　(　　)

5. 通过对比某一经济指标不同时期构成比例的变动,可以了解该项经济指标的增长速度。

(　　)

四、实训题

　　沿用项目六中实训二和实训三的实际成本资料数据,假设产品 B 和产品 C 为相似款型产品,为可比产品,因成本计算方法不同,导致成本管理效果有差异。

　　要求:编制两种产品的成本分析报表(表 9-8),并根据成本项目在总成本中的构成比率情况,对产品 B 和产品 C 进行比较分析,并给出结论。

表 9-8　可比产品单位成本分析表

编制单位:　　　　　　　　　　　　　　　　年　月　　　　　　　　　　　　单位:元

产品总成本	B产品	占比%	C产品	占比%	占比差异
成本项目:					
直接材料	69 000		9 500		
直接人工	29 000		3 200		
制造费用	13 000		2 000		
合　计	111 000		14 700		

 **任务总结**

一、复习思考

1. 成本报表编制和分析的作用是什么？
2. 成本报表分析的程序是什么？
3. 比率分析法和对比分析法的作用和区别是什么？
4. 对成本报表进行分析的重点是什么？

二、总结评价

根据要求完成本项目所有任务后，请填写编制与分析成本报表项目训练总结评价表（表9-9）。

表9-9 编制与分析成本报表项目训练总结评价表

考评内容标准	评价			
	熟练	较好	一般	不会
成本报表概念的理解情况				
成本报表编制的掌握情况				
成本分析方法的运用情况				
成本报表 Excel 的操作情况				
总结与反思				

项目十

运用和拓展成本核算

 学习目标

知识目标：

1. 了解商业企业的运作模式以及由此产生的成本计算方法；

2. 了解服务业企业的运作模式以及由此产生的成本计算方法；

3. 掌握环境成本的含义及简单计量；

4. 掌握环境成本的简单会计处理；

5. 了解成本会计的智能化发展趋势。

技能目标：

1. 能够掌握商业企业的成本计算方法；

2. 能够掌握服务业企业的成本计算方法并明确与工业企业的不同；

3. 能够对环境成本有简单的认知和理解。

素养目标：

1. 明确成本会计的许多计算方法的产生都源自实践的成果；

2. 了解近年来实践产生的成本会计新内容。

2023 年 4 月 4 日，湖北证监局对启迪环境下发了《行政处罚事先告知书》。

经查明，启迪环境披露的 2017 年、2018 年年度报告在主营业务收入、主营业务成本方面，以及 2019 年公开发行绿色公司债券募集说明书存在虚假记载。

启迪环境是在宜昌、荆州、吉首、南宁四个项目的会计处理中存在虚假成本记载。经过对启迪环境对外对内报表的审计分析认定，2017 年至 2018 年间，通过伪造虚假分包合同及节点结算单确认成本，虚构了相关 PPP（Public-Private Partnership）项目合同完工百分比，提前确认或虚假确认总包合同收入。经汇总，四个总包项目的核算中，虚报分包及总包工程量，共造成 2017 年年报虚增主营业务收入 6.63 亿元，虚增主营业务成本 5.32 亿元，虚增利润总额 1.31 亿元，占披露利润总额的 8.70%；2018 年年报虚增主营业务收入 3.67 亿元，虚增主营业务成本 2.59 亿元，虚增利润总额 1.08 亿元，占当期披露利润总额的 12.99%。

资料来源：新浪财经网，经编者编写。

思考：

（1）合同完工百分比对收入、成本的确认和计算的作用是什么？

（2）是否所有企业在成本核算时都需要需要考虑合同完成程度？

任务一　了解其他行业企业成本核算

任务提出

　　某商场采用售价金额法核算库存商品。2023 年 3 月 11 日,该商场期初库存商品的进价成本总额为 180 万元,售价总额为 250 万元;本月购入商品的进价成本总额为 500 万元,售价总额为 750 万元;本月实现的销售收入总额为 700 万元。不考虑其他因素。

　　要求:计算 2023 年 3 月 31 日该商场期末库存商品的成本总额。

理论学习

一、商业企业成本核算

(一) 售价金额核算法

　　商业企业因为商品品种繁多而且进销情况往往随市场行情波动,所以无法像工业企业那样对每个品种产品进行详细的记录追踪和计量,施行金额数量双重管理,其只能采取实物责任制,对不同区域实物分别设置责任人,责任人对实物只以售价记账,只记金额,不记数量,最后汇总反映售价总金额至财务部门,财务人员将销售成本按售价结转,期末时计算求出进销差价率,并据此计算已销商品的进销差价金额即销售得利,最后倒挤出商品成本。具体计算公式如下:

$$\frac{\text{商品进销}}{\text{差价率}} = \left(\frac{\text{期初库存}}{\text{商品进销差价}} + \frac{\text{本期发生的}}{\text{商品进销差价}} \right) \div \left(\frac{\text{期初库存}}{\text{商品售价}} + \frac{\text{本期发生的}}{\text{商品售价}} \right) \times 100\%$$

$$\text{本期已售商品应分摊的进销差价} = \text{本期商品销售收入} \times \text{进销差价率}$$

$$\frac{\text{本期已销商品}}{\text{的实际成本}} = \frac{\text{本期商品}}{\text{销售收入}} - \frac{\text{本期已销商品}}{\text{应分摊的进销差价}}$$

$$\frac{\text{期末库存商品的}}{\text{进价成本}} = \frac{\text{期初库存}}{\text{商品的进价}} + \frac{\text{本期购进商品的}}{\text{进价成本}} - \frac{\text{本期销售商品的}}{\text{实际成本}}$$

　　【例 10-1】(单项选择题)某商场采用售价金额法核算库存商品。2023 年 3 月 11 日,该商场期初库存商品的进价成本总额为 180 万元,售价总额为 250 万元;本月购入商品的进价成本总额为 500 万元,售价总额为 750 万元;本月实现的销售收入总额为 600 万元。不考虑其他因素,2023 年 3 月 31 日该商场已销售商品的成本总额为( )万元。

　　A. 408　　　　　　　B. 400　　　　　　　C. 272　　　　　　　D. 192

　　【答案】　A

【解析】　根据售价金额核算法公式可得：

商品进销差价率＝[(250－180)＋(750－500)]÷(250＋750)×100％＝32％

本期已售商品应分摊的进销差价＝600×32％＝192(万元)

本期已销商品的实际成本＝600－192＝408(万元)

(二) 进价金额核算法

与售价金额核算法相反，这是一种以进价金额控制商品进销存的核算方法，一般工作量比较大，主要适用于单位价值大的大宗商品、鲜活商品的核算。日常核算中，库存商品明细账和总账一律以进价入账，只记金额，不记数量。发生销售时，只确认销售收入，不核算销售成本。待到月末，则通过实地盘点库存商品，采取倒挤的方式计算商品销售成本并结转。具体计算公式如下：

$$\text{本期已销商品的实际成本}=\text{期初库存商品成本}+\text{本期进货总额}-\text{期末库存商品进价金额}$$

【例 10-2】　(单项选择题)某商场采用进价金额法核算库存商品。2023 年 3 月 11 日，该商场期初库存商品的进价成本总额为 180 万元，本月购入商品的进价成本总额为 500 万元，本月实现的销售收入总额为 600 万元，期末盘点的结存库存商品进价成本为 268 万元。不考虑其他因素，2023 年 3 月 31 日该商场已销售商品的成本总额为(　　)万元。

A. 408　　　　　　B. 400　　　　　　C. 272　　　　　　D. 412

【答案】　D

【解析】　根据进价金额核算法公式可得：

本期已销商品的实际成本＝180＋500－268＝412(万元)

(三) 毛利率法

毛利率法，是根据本期销售净额乘以前期实际(或本月计划)毛利率匡算本期销售毛利，据此计算发出存货和期末存货的一种方法，适用于经营品种多、按月计算商品销售成本有困难的企业。具体计算公式如下：

$$\text{销售净额}=\text{商品销售收入}-\text{销售退回与折让}$$

$$\text{毛利率}=\text{销售毛利}\div\text{销售净额}\times100\%$$

$$\text{销售毛利}=\text{销售净额}\times\text{毛利率}$$

$$\text{销售成本}=\text{销售净额}-\text{销售毛利}=\text{销售净额}\times(1-\text{毛利率})$$

$$\text{期末结存存货成本}=\text{期初结存存货成本}+\text{本期购货成本}-\text{本期销售成本}$$

【例 10-3】　(单项选择题)某商场采用毛利率法核算库存商品。2023 年 3 月 11 日，该商场期初库存商品的进价成本总额为 180 万元，本月购入商品的进价成本总额为 500 万元，本月实现的销售收入总额为 600 万元，未产生任何退货或折让，根据本月计划成本匡算的毛利率为 30％。不考虑其他因素，2023 年 3 月 31 日该商场期末结存存货成本为(　　)万元。

A. 272　　　　　　B. 268　　　　　　C. 260　　　　　　D. 192

【答案】　C

【解析】　根据毛利率法公式可得：

销售成本＝600×(1−30％)＝420(万元)

期末结存存货成本＝180＋500−420＝260(万元)

二、服务业企业成本核算

服务业的成本核算与工业企业并无原则的差别,而后者已相当完善并日趋成熟,服务业完全可以将工业的先进方法合理引进。企业可以根据自己服务产品的特点,并结合自己所处服务行业的特征,自主选择适合自己的成本管理方法,进行成本核算与控制。通常情况下,服务业企业会根据服务进度或业务完成程度来确认阶段性收入、计算阶段性成本并结转。如何确定完工程度即完工百分比是服务业成本核算的关键,一般通过合同约定、专业技术测量、第三方机构评估等方式来确定当前业务完成情况。具体计算公式如下：

$$完工百分比＝已经完工的合同工作量÷合同预计总工作量×100％$$

或：

$$完工百分比＝已经发生的实际成本÷预计总成本×100％$$

 任务解答

通过资料可得：

商品进销差价率＝[(250−180)＋(750−500)]÷(250＋750)×100％＝32％

本期已销商品的实际成本＝700×(1−32％)＝476(万元)

期末库存商品的进价成本＝180＋500−476＝204(万元)

任务二　认知与核算环境成本

 任务提出

思考：某企业生产前需要采购一批环保材料作为产品原材料,如何做出采购情况下环境成本的相关会计处理？

理论学习

一、环境成本概述

(一) 环境成本的定义

1998 年 2 月,联合国国际会计和报告标准政府间专家工作组第 15 次会议文件《环境会计和财务报告的立场公告》中,对环境成本作出了较为权威的定义:环境成本是指本着对环境负责的原则,为管理企业活动对环境造成的影响而被要求采取的措施成本,以及因企业执行环境目标和要求所付出的其他成本。环境成本概念的提出目的是希望企业能意识到经营管理活动可能对环境造成的影响,将环境保护作为自己的社会责任,共同致力于社会可持续性发展。

(二) 环境成本的作用

将企业对环境的影响所产生的资源损耗和预防环境污染措施所导致的开支列入环境成本,可以让企业意识到任何环境资源使用者,都应当以节约环境资源为己任,同时环境维护也可以为企业带来效益。

随着环境生态问题的日益加剧,世界各国对于环境问题越发重视,以及我国环保法规的逐渐强化,企业在环保方面的费用支出将越来越大。如何对环境资产的善加利用,减少消耗和损害,并转化为环境收益;如何维护环境权益,避免他人的侵占和破坏;如何充分发挥环境成本的效率,使环保支出尽可能为企业带来经济效益等,都是当前企业应当考虑的问题。随着我国对企业环境问题监管日益严格,企业是否重视环境问题也成为企业风险管理当中的一项内容,企业应提前预防和治理环境危害,避免生产经营因环境威胁而中断,而且降低环境风险也可以为企业市场价值的增加,良好口碑的获得带来助益。

二、环境成本的分类

(一) 按核算内容分类

环境成本的产生原因往往是其分类的主要依据,而这样的分类也同样运用于核算中"环境成本"账户下明细账户的设置,所以环境成本核算时可以主要分成以下类别:

(1) 资源消耗成本,即企业因为生产经营对自然资源的消耗或使用从而形成的成本。

(2) 环境破坏成本,即企业"三废"排放或事故、意外等原因造成环境污染与破坏所带来的损失。

(3) 环境修复成本,即企业对自身已经造成的环境污染与破坏进行补偿、清理、整治等所产生的支出,如未达到环保标准赔付的罚款、废弃物的处理费用等。

(4) 环境预防成本,即企业为了防止将来可能出现的环境污染与破坏提前采取预防措施而产生的支出,如添设废水净化系统、为了资源再利用产生的收集清理花费等。

(5) 环境维护成本,即企业为了维护环境现状,令当前环境不被破坏而发生的支出,如定期不定期的环境指标测试费用,放弃有害材料改为环保材料导致的材料成本差异等。

(6) 环境研发成本,即企业因开发环保产品、资源循环利用系统、环保工艺等而产生的研究开发支出。

(7) 环境管理成本,即企业为了环境预防维护而在企业内部实施一系列管理措施而产生的支出,如环境保护培训费、建立环境管理体系的花费、聘请专门的环保技术人员的薪酬花费等。

(8) 环境支援成本,即企业为了支援环保、响应环保政策号召而产生的支出,例如对环保公益活动的捐款或赞助、环保税的缴纳、自发组织开展环保活动等。

(9) 其他环境成本,即上述成本以外其他因为环境问题支付的成本,如资源过度开发的成本、资源开发后闲置产生的成本等。

(二) 按作用分类

环境成本按作用不同,可分为内部化环境成本和外部性环境成本。

1. 内部化环境成本

由于企业生产经营活动导致的,并已明确应该由企业承担和支付的环境费用,都属于可内部化环境成本,如资源消耗、污染治理费,环境维护预防费用、环保产品研发费用,环境保护培训费等。

2. 外部性环境成本

1920 年,庇古在其《福利经济学》中正式提出外部性理论。他提出"外部经济"和"外部不经济"的概念,以及边际社会净产值和边际私人净产值概念。环境污染是一种典型的外部不经济性,庇古认为,通过征税和补贴可以实现外部效应的内部化,后来这种观点变成了现在对企业征收排污费或环境税的理论依据。我国目前对于环境的保护方式主要采用行政管制模式、排污收费模式及部分地区试点排污权交易模式,而排污收费模式的理论依据就是庇古的外部性理论。所以,目前排污费和环境税在我国为典型外部性环境成本,如能去除外部性,企业也可并入产品成本中核算。

除此之外,由于企业经济活动引起的环境破坏,但暂时不能确定是否由企业承担或不能确切计量的部分,只能作为一种或有环境负债对待,不能内部化,只能暂时作为外部性环境成本,如化学气体泄漏造成的空气污染,并未对其他地方造成财产损失或其他明显的损害,只是导致了空气污染数值的上升,这种环境破坏就很难量化,只能作为隐性环境成本。

三、环境成本的确认和计量

(一) 环境成本的确认

如果是环境保护法律法规强制实施的标准费用或政府监管部门监管过程中产生的收费可以做法规性确认,依据相关法规来确定金额;如果是非强制性费用,企业自发用于环境问题的花费可做自主性确认,依据实际花费的金额进行确认。环境成本的确认条件有:① 成本的产生是由于环境保护导致的;② 经济利益大概率会流出企业;③ 成本金额能够可靠计量。

(二) 环境成本的计量

环境成本的计量既要遵循财务会计中一般计量原则,即可靠性、相关性、可比性、谨慎性等原则,还要遵循经济效益和环境效益兼顾原则、规范化与自主性兼容原则等。环境成本是环境问题上宏观调控的产物,是为了保障自然环境的生态平衡和国家的可持续性发展,目前对企业环境维护的监管体系还在不断完善中,当前还没有办法摆脱对经济的依赖从而全面强制监管,很大一部分还取决于企业的自觉性。

四、环境成本的会计处理

(一) 账户设置

总分类核算可以设置"环境成本"一级账户,并设置"资源消耗成本""环境破坏成本"

"环境修复成本"等二级账户,还可将二级成本再细化开设下一级明细账户,或根据具体的费用类型开设,如"环境成本——环境维护成本——环境监测成本(人工费用)"或"环境成本——环境维护成本(人工费用)",必要时,也可以将二级账户作为一级账户使用,如"环境维护成本——环境监测成本(人工费用)"。

(二) 主要环境成本核算

1. 资本性支出核算

购进环保设备、环保设备更新改造等属于资本性支出,而购入环保设备可投资抵免,采购支出不含增值税,并且根据《企业所得税法》第三十四条,企业购置用于环境保护、节能节水、安全生产等专用设备的投资额,可以按一定比例实行税额抵免。《企业所得税法实施条例》第一百条解释道,企业所得税法第三十四条所称税额抵免,是指企业购置并实际使用《环境保护专用设备企业所得税优惠目录》《节能节水专用设备企业所得税优惠目录》和《安全生产专用设备企业所得税优惠目录》规定的环境保护、节能节水、安全生产等专用设备的,该专用设备的投资额的 10% 可以从企业当年的应纳税额中抵免;当年不足抵免的,可以在以后 5 个纳税年度结转抵免。

相关的会计处理如下:

借:环境资产——资产名称
　　贷:银行存款
借:环境成本——环境成本分类——费用名称
　　贷:环境资产——资产名称

2. 费用化支出核算

(1) 可以计入产品成本的会计处理

借:环境成本——环境成本分类——费用名称
　　贷:银行存款/环境负债——应交(明细)环境费用
借:生产成本——产品名称——环境成本
　　贷:环境成本——环境成本分类——费用名称

(2) 不计入产品成本的会计处理

借:环境费用——环境费用分类——费用名称
　　贷:银行存款
借:管理费用/营业外支出——环境管理费用
　　贷:环境费用——环境费用分类——费用名称

3. 环境成本回收和处置的核算

相关的会计处理如下:

借:环境成本——回收和处置环境成本——费用名称
　　贷:预计负债——环境预计负债
借:生产成本——产品名称——环境成本
　　贷:环境成本——回收和处置环境成本——费用名称

【例 10-4】 2022 年 1 月,某公司计划对原来的一台用于污染监测的 A 环保设备进行更新改造,该设备原值 100 万元,已提折旧 47.5 万元,更新改造过程中,又耗用原材料

10 万元,支付改装费 6 万元,并于 2022 年 6 月改造完成形成 B 设备并投入使用,假设预计净残值为 0,预计使用寿命 5 年。

要求:编制更新改造相关的会计分录,并计提 2022 年累计折旧。

【解析】

(1)环保设备账面剩余价值结转。

借:在建工程——B 设备　　　　　　　　　　　　　　　　525 000

　　环境资产累计折旧折耗——A 设备　　　　　　　　　475 000

　　　贷:环境资产/环境固定资产——A 设备　　　　　　　　　1 000 000

(2)更新改造支出核算。

借:在建工程——B 设备　　　　　　　　　　　　　　　　160 000

　　贷:原材料　　　　　　　　　　　　　　　　　　　　　　100 000

　　　　银行存款　　　　　　　　　　　　　　　　　　　　　60 000

(3)改造完成并投入使用。

借:环境资产/环境固定资产——B 设备　　　　　　　　　685 000

　　贷:在建工程——B 设备　　　　　　　　　　　　　　　　685 000

(4)2022 年年末计提折旧并计入产品成本时的核算。

借:环境成本——环境预防成本——环境监测成本　　　　　68 500

　　贷:环境资产累计折旧折耗——A 设备　　　　　　　　　　68 500

📖 任务解答

步骤一:确认采购成本。采购环保设备一般不含增值税,所以无须进行增值税抵扣处理,但若采购环保原材料,采购价格中仍然包含增值税,如果材料用于生产用途,还是要进行增值税抵扣处理。其会计分录如下:

借:环境成本——环境预防成本——采购成本

　　应交税费——应交增值税(进项税额)

　　贷:银行存款/应付账款

步骤二:存货入库。其会计分录如下:

借:存货——环境存货——存货名称

　　贷:环境成本——环境预防成本——采购成本

📖 知识拓展

成本可视化

在实际的企业日常活动中,往往要对企业所有品种产品的全年数据进行核算和分析,数据计算量庞大,数据分析工作任务重。原先企业仅以表格形式展现数据处理结果,但渐渐发现,以图片形式向信息使用者展示将更加清晰直观,也更高效,于是成本可视化成为成本分析工作重要的一部分。

在很长一段时间里,企业财会人员都是使用 Excel 软件制作成本分析图,不管是曲线图、柱状图、饼图还是其他形式分析图形，Excel软件均可满足，但随着大数据时代到来，企业数据量的增大，以及对分析图形的观赏性、清晰性要求增强，近年来很多企业开始使用 Power BI(简称 PBI)专业画图软件来制作分析图形。PBI 采集的数据可以是 Excel 电子表格，也可以是云端和本地混合数据库的集合，使用 PBI 可以调取任何存储点数据且数据源自动更新；还可以人机问答，操作更加智能化；还可根据需要与他人共享，且可视化效果更加逼真。Excel 和 PBI 可视化效果对比，如图 10 - 9 所示。

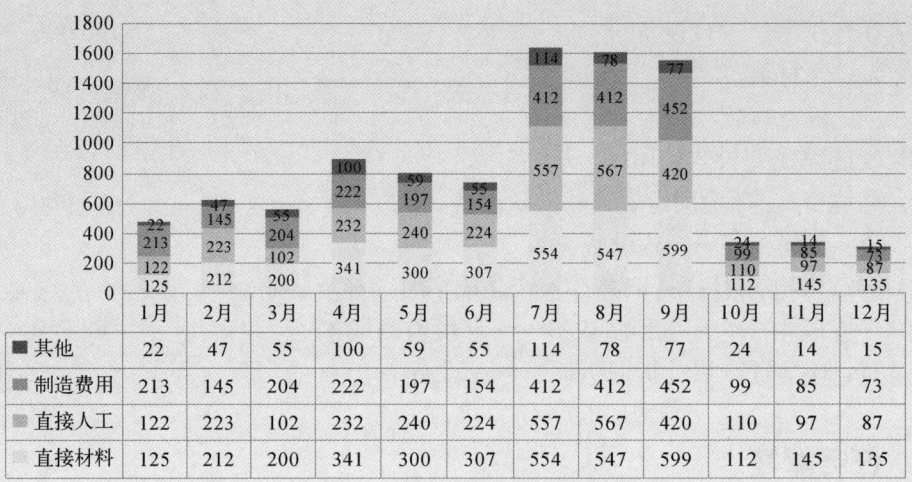

	1月	2月	3月	4月	5月	6月	7月	8月	9月	10月	11月	12月
■其他	22	47	55	100	59	55	114	78	77	24	14	15
■制造费用	213	145	204	222	197	154	412	412	452	99	85	73
▨直接人工	122	223	102	232	240	224	557	567	420	110	97	87
□直接材料	125	212	200	341	300	307	554	547	599	112	145	135

(1) Excel可视化效果

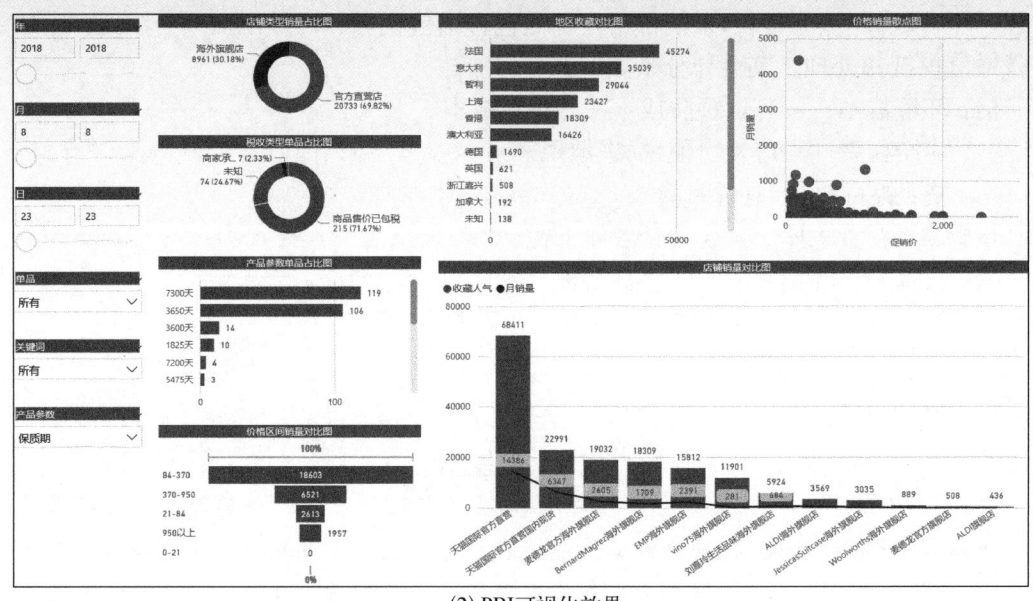

(2) PBI可视化效果

图 10 - 9　Excel 和 PBI 可视化效果对比

素养园地

实践改变世界

实践是一种改变世界的现实具体和物质性的力量,亚里士多德基于德性和善的价值理念,把实践理解为人们日常社会生活的伦理行为,尤以政治生活为赞;康德则把实践看作理性意志自由和道德自由,而马克思主义哲学反对旧唯物主义的直观片面,也反对唯心主义的抽象思辨,认为应当从人的感性活动方面去理解实践。

马克思主义实践观认为,实践是认识的来源,是认识发展的根本动力,是检验认识正确与否的唯一标准。实践与认识是辩证统一的关系,实践决定认识,认识对实践有巨大的反作用。正确的科学的认识促进实践的发展,错误的认识阻碍实践的发展。认识要随着实践的发展而不断进步。

纵观成本会计的发展过程,也是人类在经济活动管理上不断实践出真知的过程,无论是成本计算方法、成本计算工具还是成本管理模式都随着经济的不断发展,认知的不断更新而随之革新。从最早的完全成本法发展为制造成本法,又发现了目标成本法、作业成本法、标准成本法等,从最开始的手工核算到 Excel 电算化操作再到如今的云计算、Python、PBI 等软件的问世,从开始的预算管理到目标管理再到当前最新的基准管理,无不是一代又一代财务人员和企业管理者实践创新的结果,将来随着科学技术的进步,相信会有更加高效的成本核算管理方式问世。

 练习巩固

一、单项选择题

1. 某商场在库存商品成本的核算上,一直都是只记售价金额,不记数量,月末销售成本也是随售价结转,那么该商场采用的成本核算方法是(　　　)。
   A. 毛利率法　　　　　　　　　　　　B. 定额成本法
   C. 售价金额核算法　　　　　　　　　D. 进价金额核算法

2. 下列费用中,属于环境修复成本的是(　　　)。
   A. 环保主题培训费　　　　　　　　　B. 环保活动赞助
   C. 资源税　　　　　　　　　　　　　D. 破坏环境所缴纳的罚款

3. 企业原先购入一台废水净化设备,已使用 2 年,净水效果已达不到环保标准,于是企业决定对这台设备进行更新改造,那么更新改造的支出属于(　　　)成本。
   A. 环境修复　　　　B. 环境维护　　　　C. 环境预防　　　　D. 环境研发

二、多项选择题

1. 服务业企业确定完工程度的方式有(　　　　　　)。
   A. 按专业测量师测量的结果确定
   B. 按提供的劳务量占应提供劳务总量的比例确定

  C. 按时间比例来确定

  D. 按已发生成本占估计总成本的比例来确定

2. 下列费用中,属于环境维护、预防成本的有(　　　　　　)。

  A. 职工环境保护培训费

  B. 环保包装的采购成本

  C. 聘请专业团队处理重金属污染的生产排放物

  D. 破坏环境所缴纳的罚款

3. 本月企业应环保组织邀请参加了一场环保活动并为该活动提供了赞助,对这笔赞助支出应做出的会计分录是(　　　　　　)。

  A. 借:环境成本——环境支援成本——环保活动赞助费

    贷:银行存款

  B. 借:环境费用——环境营业外支出——环保活动赞助费

    贷:银行存款

  C. 借:生产成本——甲产品——环境成本

    贷:环境成本——环境支援成本——环保活动赞助费

  D. 借:营业外支出——环境营业外支出

    贷:环境费用——环境营业外支出——环保活动赞助费

三、判断题

1. 企业发生的所有和环境保护有关的支出都属于内部化环境成本。　　　　　　(　　)

2. 商业企业在选择成本核算方法时,自主选择适合自己的成本管理方法,进行成本核算与控制。　　　　　　(　　)

3. 采购环保性质的设备属于资本化支出,应将采购成本记入"环境成本"账户借方,计提折旧时,从"环境成本"账户贷方结转。　　　　　　(　　)

4. 如果环境成本在未来并不会给企业带来经济利益,那么应将其作为费用计入损益。

                             (　　)

 **任务总结**

一、复习思考

1. 商业企业为何采用倒挤方式计算成本?

2. 服务业行业如何确认收入和成本?

3. 环境成本包括哪些成本类型?

4. 环境成本如何设置会计账户?

二、总结评价

  根据要求完成本项目所有任务后,请填写运用与拓展成本核算项目训练总结评价表(表 10-7)。

表 10-7　运用与拓展成本核算项目训练总结评价表

考评内容标准	评价			
	熟练	较好	一般	不会
商业企业成本核算方式				
服务业企业成本核算方式				
环境成本基本概念				
环境成本简单核算				
总结与反思				

主要参考文献

［1］笪建军,等.成本会计［M］.3 版.北京：中国人民大学出版社,2019.

［2］孙茂竹,于富生.成本与管理会计(立体化数字教材版)［M］.3 版.北京：中国人民大学
出版社,2020.

［3］张敏,黎来芳,于富生.成本会计学(立体化数字教材版)［M］.9 版.北京：中国人民大
学出版社,2021.

［4］丁增稳,余畅.成本会计实务［M］.北京：高等教育出版社,2020.

［5］赵春宇,何秀秀,郑兴东.成本会计实训(附空白账表)［M］.北京：高等教育出版
社,2022.

［6］喻竹,等.Excel 在会计中的应用［M］.2 版.北京：高等教育出版社,2019.

［7］袁广达.环境管理会计［M］.北京：经济科学出版社,2016.

［8］袁广达.会计视角的资源环境核算与管理［M］.北京：经济科学出版社,2016.

［9］高翠莲.审计基础与实务［M］.6 版.北京：高等教育出版社,2018.

期中考试模拟试卷

一、单项选择题

1. 下列项目中,计入产品成本的有( )。
   A. 制造费用
   B. 利息费用
   C. 固定资产盘亏损失
   D. 流动资产盘亏损失

2. 辅助生产车间一般不设置"制造费用"账户核算,其原因不可能是( )。
   A. 辅助车间发生的制造费用较少
   B. 为了简化核算工作
   C. 辅助生产车间没有制造费用
   D. 辅助生产车间规模较小

3. 生产车间领用的低值易耗品,应记入( )。
   A. 基本生产成本的借方
   B. 制造费用的借方
   C. 原材料的贷方
   D. 周转材料的借方

4. 汽车制造企业按照生产工艺过程划分属于( )。
   A. 大量生产
   B. 多步骤生产
   C. 成批生产
   D. 单步骤生产

5. 划分产品成本计算基本方法和辅助方法的标准是( )。
   A. 成本计算工作的简繁
   B. 对成本管理作用的大小
   C. 对于计算产品实际成本是否必不可少
   D. 应用是否广泛

6. 品种法适用的生产组织是( )。
   A. 大量成批生产
   B. 大量大批生产
   C. 小批单件生产
   D. 大量小批生产

7. 费用要素是指按其( )的分类。
   A. 经济用途
   B. 经济内容
   C. 计入成本的方式
   D. 与生产工艺的关系

8. 车间管理人员的培训费应计入( )账户。
   A. 基本生产成本
   B. 管理费用
   C. 辅助生产成本
   D. 制造费用

9. 下列材料费用中,可以计入"直接材料"成本项目的是( )。
   A. 为组织管理生产用的机物料
   B. 为组织管理生产用的低值易耗品

  C. 生产过程中间接耗用的材料　　　　　D. 直接用于生产过程中的原材料

10. 辅助生产车间产生的制造费用核算方法是(　　)。

  A. 单独设置"制造费用——辅助生产车间"账户

  B. 直接记入"辅助生产成本"账户

  C. 可以单独设置"制造费用"总账账户,也可以直接记入"辅助生产成本"账户

  D. 先记入"辅助生产成本"账户,再转入"制造费用"账户

11. 辅助生产费用的分配方法中最为简便、最容易操作的分配方法是(　　)。

  A. 代数分配法　　　B. 交互分配法　　　C. 直接分配法　　　D. 计划成本分配法

12. 某企业有供电和供汽两个辅助生产车间,采用交互分配法分配辅助生产费用。本月供电车间花费 20 万元,提供 40 万度电,其中供汽车间耗用 2 万度电;供汽车间花费 40 万元提供了 20 万吨燃气,其中供电车间耗用 1 万吨。下列说法错误的是(　　)。

  A. 供电车间应分配给供汽车间 1 万元　　B. 供汽车间应分配给供电车间 2 万元

  C. 供电车间对外分配金额为 18 万元　　　D. 供汽车间对外分配金额为 38 万元

13. "制造费用"是指企业生产车间发生的各项(　　)。

  A. 间接费用　　　B. 变动费用　　　C. 固定费用　　　D. 直接费用

14. 下列各项中,不应通过"制造费用"账户核算的是(　　)。

  A. 生产车间机物料消耗　　　　　　　　B. 车间管理人员福利费

  C. 车间固定资产折旧费　　　　　　　　D. 行政管理部门办公费

15. 基本生产车间小明主任出差回企业财务部报销差旅费 4 800 元,冲销出差前向财务处所借 6 000 元备用金,剩余现金退回。该笔业务中制造费用确认金额为(　　)元。

  A. 4 800　　　　　B. 6 000　　　　　C. 1 200　　　　　D. 0

二、多项选择题

1. 大中型企业的成本会计工作一般不会采取(　　)。

  A. 集中工作方式　　　　　　　　　　　B. 统一领导方式

  C. 分散工作方式　　　　　　　　　　　D. 会计岗位责任制

2. 下列各项中,不属于直接生产费用的有(　　)。

  A. 产品生产工人的薪酬费用

  B. 企业行政管理人员的薪酬费用

  C. 企业行政管理部门用固定资产的折旧费

  D. 生产车间管理人员的工资

3. 下列各项中,属于按照生产工艺划分的有(　　)。

  A. 单步骤生产　　　B. 多步骤生产　　　C. 大量大批生产　　　D. 小批单件生产

4. 下列各项中,属于原材料费用分配方法的是(　　)。

  A. 定额耗用量比例法　　　　　　　　　B. 计划成本法

  C. 定额费用比例法　　　　　　　　　　D. 生产工时比例法

5. 下列各项中,不属于成本项目的有(　　)。

  A. 外购动力　　　B. 职工薪酬　　　C. 外购燃料　　　D. 直接材料

三、判断题

1. 在生产多种产品的企业或车间中,直接生产费用和间接生产费用都可以直接计入产品成本。　　　　　　　　　　　　　　　　　　　　　　　　　　　　（　　）

2. 在复杂生产中,为了加强各生产步骤的成本管理,都应当按照生产步骤计算产品成本。　　　　　　　　　　　　　　　　　　　　　　　　　　　　　　　（　　）

3. 在采用计时工资形式下,对于生产多种产品的成本核算,可采用一定的分配标准分配工资费用,然后再计入各种产品成本明细账"直接人工"项目。　　　　　（　　）

4. 辅助生产车间发生的辅助生产成本都必须通过"制造费用"账户核算。　（　　）

5. "制造费用"账户月末绝对无余额。　　　　　　　　　　　　　　　　（　　）

四、计算题

1. 某企业 7 月份耗电 120 000 万千瓦·时,每度电单价 1.50 元,应付电费 180 000 万元,尚未支付。该企业基本生产车间耗用 99 000 千瓦·时,其中车间照明用电 9 000 千瓦·时;企业行政管理部门耗用 21 000 千瓦·时。企业基本生产车间生产 A、B 两种产品,A 产品生产工时 108 000 小时,B 产品生产工时 72 000 小时。

   要求:

   (1) 计算分配电费,其中 A、B 产品电费按生产工时分配。

   (2) 编制分配电费的会计分录。

2. 某企业共设供汽和机修两个辅助车间。根据登记完成的辅助生产车间明细账,2023 年 6 月供汽车间发生辅助生产费用 15 120 元,机修车间发生辅助生产费用 12 600 元,两车间当月提供的具体劳务量如表 1 所示。

表 1　辅助生产车间供应劳务数量表

受　益　对　象		供汽车间(立方米)	机修车间(小时)
基本生产车间 一车间	甲产品耗用	15 000	—
	一般耗用	2 500	1 000
基本生产车间 二车间	乙产品耗用	18 000	—
	一般耗用	1 000	2 000
辅助生产车间——供汽车间		—	200
辅助生产车间——机修车间		2 000	

续　表

受　益　对　象	供汽车间(立方米)	机修车间(小时)
行政管理部门	1 000	800
销售部门	2 500	200
合　计	42 000	4 200

要求：采用直接分配法计算并分配辅助生产费用，填写辅助生产费用分配表(表2)，并编制会计分录。

表 2　辅助生产费用分配表
2023 年 6 月　　　　　　　　　　　　　　　　　　金额单位：元

项　　目		供汽车间		机修车间		合计金额
		劳务数量	金额	劳务数量	金额	
待分配辅助生产费用						
对外提供劳务数量						
费用分配率(单位成本)						
基本生产成本	甲产品					
	乙产品					
制造费用	一车间					
	二车间					
管理费用						
销售费用						
合　　计						

期末考试模拟试卷

一、单项选择题

1. 成本会计最基本的任务和中心环节是（ 　　）。
   A. 进行成本预测，编制成本计划
   B. 审核和控制各项费用的支出
   C. 进行成本核算，提供实际成本的核算资料
   D. 参与企业的生产经营决策

2. 下列各项中，不属于费用要素的是（ 　　）。
   A. 外购材料　　　B. 外购动力　　　　　C. 职工薪酬　　　　　D. 制造费用

3. 分批法适用的生产组织是（ 　　）。
   A. 大量小批生产　B. 大量大批生产　　　C. 小批单件生产　　　D. 大量成批生产

4. 下列方法中，不属于成本计算的基本方法的是（ 　　）。
   A. 品种法　　　　B. 分批法　　　　　　C. 分步法　　　　　　D. 分类法

5. 在辅助生产车间的各种分配方法中，能分清内部经济责任、有利于实行厂内经济核算的是（ 　　）。
   A. 顺序分配法　　B. 交互分配法　　　　C. 直接分配法　　　　D. 计划成本分配法

6. 下列关于辅助生产费用直接分配法的表述中，不正确的是（ 　　）。
   A. 分配结果不够准确　　　　　　　　　B. 计算简单
   C. 只需要分配一次　　　　　　　　　　D. 适用于所有企业

7. 月初在产品成本、月末在产品成本、本月生产费用和本月完工产品成本四者之间的关系，可用公式表示为（ 　　）。
   A. 月初在产品成本－本月生产费用＝本月完工产品成本＋月末在产品成本
   B. 月初在产品成本＋本月生产费用＝本月完工产品成本＋月末在产品成本
   C. 月初在产品成本＋本月生产费用＝本月完工产品成本－月末在产品成本
   D. 月初在产品成本－本月生产费用＝本月完工产品成本－月末在产品成本

8. 按完工产品和月末在产品数量比例,分配计算完工产品和月末在产品成本,必须具备的条件是(   )。

    A. 在产品已接近完工   B. 原材料在生产开始时一次投料

    C. 在产品原材料费用比重较大   D. 各项消耗定额比较准确、稳定

9. 分批法的成本计算对象通常是(   )。

    A. 产品批别   B. 产品品种   C. 客户要求   D. 产品步骤

10. 进行完工产品成本的结转时应记入(   )账户。

    A. "生产成本"   B. "制造费用"

    C. "原材料"   D. "辅助生产成本"

11. 在产品成本计算的分步法下,假设本月产成品所耗半成品费为 a 元,而本月所产半成品成本为 b 元,则还原分配率为(   )。

    A. $a/(a-b)$ B. $(a-b)/a$ C. a/b D. b/a

12. 在逐步结转分步法下,其完工产品与在产品之间的费用分配,是指在(   )之间的费用分配。

    A. 产成品与广义的在产品

    B. 完工半成品与月末加工中的在产品

    C. 产成品与月末在产品

    D. 前面各步骤完工半成品与加工中的在产品,最后步骤的产成品与加工中的在产品

13. 按照企业会计准则规定,成本报表是(   )。

    A. 对外报表   B. 对内报表(或称内部报表)

    C. 既是对外报表,又是对内报表   D. 对内还是对外,由企业自行决定

14. 将两个性质不同但又相关的指标对比求出的比率,称为(   )。

    A. 构成比率   B. 相关指标比率   C. 动态比率   D. 效益比率

15. 主要产品单位成本项目分析不包括(   )。

    A. 直接材料费用分析   B. 管理费用分析

    C. 直接人工费用分析   D. 制造费用分析

二、多项选择题

1. 在制造成本下,下列各项中应计入产品成本的有(   )。

    A. 企业行政管理部门用固定资产的折旧费

    B. 车间厂房的折旧费

    C. 车间生产用设备的折旧费

    D. 车间管理人员的工资

2. 下列费用中,应计入产品成本的有(   )。

    A. 管理费用   B. 财务费用   C. 制造费用   D. 销售费用

3. 下列项目中,不属于制造费用的有(   )。

    A. 行政管理人员工资   B. 生产工人工资

    C. 车间管理人员工资   D. 采购部门人员工资

4. 下列各项支出中,明确计入产品成本的支出有( )。

    A. 折旧费用   B. 生产设备的折旧费用

    C. 管理人员的工资   D. 生产工人的薪酬费用

5. 下列关于辅助生产费用分配中直接分配法的表述中正确的是( )。

    A. 对内分配   B. 核算简单

    C. 只需要分配一次   D. 适用于辅助生产成本影响不大的企业

6. 下列费用中,不属于制造费用的有( )。

    A. 产品生产工人的工资、奖金、津贴和补贴

    B. 车间管理人员的工资、奖金、津贴和补贴

    C. 生产车间固定资产的折旧费和无形资产的摊销费

    D. 行政管理部门固定资产的折旧费和无形资产的摊销费

7. 确定完工产品与月末在产品之间费用分配的方法时,应考虑的条件有( )。

    A. 各项费用比重的大小   B. 在产品数量的多少

    C. 定额管理基础的好坏   D. 各月在产品数量变化的程度

8. 下列情况中,可以采用简化分批法的有( )。

    A. 各月间接计入费用水平相差不多

    B. 月末未完工产品批数较多

    C. 同一月份投产的批数很多

    D. 各月间接计入费用水平相差较多

9. 半成品成本随实物转移而转移的分步法包括( )。

    A. 综合结转分步法   B. 分项结转分步法

    C. 平行结转分步法   D. 定额法

10. 下列费用中,不属于环境修复成本的有( )。

    A. 环保主题培训费   B. 环保活动赞助

    C. 资源税   D. 破坏环境所缴纳的罚款

三、判断题

1. 企业生产费用中,直接费用可直接计入各种产品成本。   ( )

2. 企业的生产按其生产工艺的特点划分,可分为大量生产和单个生产两类。 ( )

3. 在实行月薪制计算计时工资的单位,不论当月实际日历天数多少,只要职工按规定出勤,每月都可以得到相同的月标准工资。   ( )

4. 辅助生产车间生产的产品和提供的劳务服务于基本生产车间和其他部门,不能向其他辅助生产车间提供。   ( )

5. 当采用在产品按原材料费用计价法分配生产费用时,本月发生的加工费用,全部由在产品负担。   ( )

6. 分批法的成本计算期和生产周期不一致,与会计报告期一致。   ( )

7. 分步法下,无论是逐步结转还是平行结转,最终都要回归品种法进行成本核算。 ( )

8. 在逐步结转分步法下,各步骤的在产品均为广义在产品。   ( )

9. 通过对比某一经济指标不同时期构成比例的变动,可以了解该项经济指标的增长幅度。

(   )

10. 采购环保性质的设备属于资本化支出,应将采购成本记入"环境成本"账户的借方,计提折旧时,从"环境成本"账户的贷方向成本费用科目结转。

(   )

四、计算题

1. 绿源有限公司共设供汽和机修两个辅助车间。根据登记完成的辅助生产车间明细账,2023 年 6 月供汽车间发生辅助生产费用 15 120 元,机修车间发生辅助生产费用 12 600 元。辅助生产车间供应劳务数量表如表 1 所示。

表 1　辅助生产车间供应劳务数量表

受 益 对 象		供汽车间(立方米)	机修车间(小时)
基本生产车间 一车间	甲产品耗用	15 000	—
	一般耗用	2 500	1 000
基本生产车间 二车间	乙产品耗用	18 000	—
	一般耗用	1 000	2 000
辅助生产车间——供汽车间		—	200
辅助生产车间——机修车间		2 000	—
行政管理部门		1 000	800
销售部门		2 500	200
合　计		42 000	4 200

要求:采用交互分配法计算并分配辅助生产费用,填写辅助生产费用分配表(表 2),并编制会计分录。

表 2　辅助生产费用分配表
2023 年 6 月　　　　　　　　　　　　　金额单位:元

项　目		供汽车间			机修车间			合计 金额
		劳务 数量	分配率	分配 金额	劳务 数量	分配率	分配 金额	
待分配辅助生产费用								
交互 分配	供汽车间							
	机修车间							

续　表

项　目			供汽车间			机修车间			合计金额
			劳务数量	分配率	分配金额	劳务数量	分配率	分配金额	
对外分配辅助生产费用									
对外分配	基本生产成本	甲产品							
		乙产品							
	制造费用	一车间							
		二车间							
	管理费用								
	销售费用								
	合　计								

2. 绿源有限公司 2023 年 6 月份生产甲产品 240 件,乙产品 300 件和丙产品 260 件,三款产品共同耗用制造费用 8 350 元。三款产品的单位产品生产工时分别为 3 小时/件、1 小时/件和 2.5 小时/件。

要求:按照生产工人工时比例法分配制造费用,填写制造费用分配表(表 3),并编制会计分录。(分配率四舍五入保留 2 位小数,尾差在丙产品中调整)

表 3　制造费用分配表

产　品	生产工时(小时)	分配率	分配金额(元)
甲产品			
乙产品			
丙产品			
合　计			

3. 绿源有限公司生产甲产品需经过三道工序连续加工才能完成,材料在产品生产时一次投入,本月完工产品 600 件,在产品在各工序的完工程度均为 50%。

要求:

(1) 根据表 4 中提供的工时定额和在产品数量,计算在产品约当产量。

表4　在产品约当产量计算

项　　目	一工序	二工序	三工序	合计
工时定额(小时)	120	200	80	400
完工程度				
在产品数量(件)	160	120	100	380
在产品约当产量				

（2）根据基本生产成本计算单(表5)中提供的月初在产品成本和本月发生费用,计算完工产品成本与期末在产品成本。

表5　基本生产成本计算单

产品名称：　　　　　　　　　　　　　年　月　　　　　　　　　　　金额单位：元

项　　目	成　本　项　目			合　　计
	直接材料	直接人工	制造费用	
月初在产品成本	90 000	52 000	80 000	222 000
本月发生费用	280 000	225 000	292 000	797 000
合　计				
在产品约当产量				
完工产量				
分配率				
完工产品成本				
月末在产品成本				

感谢您使用本书。为方便教学，我社为教师提供资源下载、样书申请等服务，如贵校已选用本书，您只要关注微信公众号"高职财经教学研究"，或加入下列教师交流QQ群即可免费获得相关服务。

"高职财经教学研究"公众号

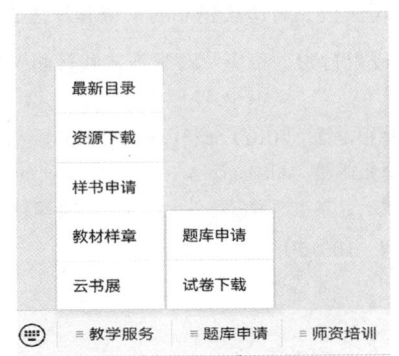

资源下载： 点击**"教学服务"**—**"资源下载"**，或直接在浏览器中输入网址（http://101.35.126.6/），注册登录后可搜索相应的资源并下载。（建议用电脑浏览器操作）

样书申请： 点击**"教学服务"**—**"样书申请"**，填写相关信息即可申请样书。

样章下载： 点击**"教学服务"**—**"教材样章"**，即可下载在供教材的前言、目录和样章。

题库申请： 点击**"题库申请"**，填写相关信息即可申请题库或下载试卷。

师资培训： 点击**"师资培训"**，获取最新会议信息、直播回放和往期师资培训视频。

🎯 联系方式

会计QQ3群：473802328　　会计QQ2群：370279388　　会计QQ1群：554729666

（以上3个会计QQ群，加入任何一个即可获取教学服务，请勿重复加入）

联系电话：（021）56961310　　电子邮箱：3076198581@qq.com

🎯 在线试题库及组卷系统

我们研发有十余门课程试题库："基础会计""财务会计""成本计算与管理""财务管理""管理会计""税务会计""税法""税收筹划""审计基础与实务""财务报表分析""EXCEL在财务中的应用""大数据基础与实务""会计信息系统应用""政府会计""内部控制与风险管理"等，平均每个题库近3000题，知识点全覆盖，题型丰富，可自动组卷与批改。如贵校选用了高教社沪版相关课程教材，我们可免费提供给教师每个题库生成的各6套试卷及答案（Word格式难中易三档，索取方式见上述"题库申请"），教师也可与我们联系咨询更多试题库详情。